《晨报副刊》新文学传播研究

崔燕 著

大连理工大学出版社
Dalian University of Technology Press

图书在版编目(CIP)数据

《晨报副刊》新文学传播研究 / 崔燕著. -- 大连：大连理工大学出版社，2022.8
ISBN 978-7-5685-3876-3

Ⅰ. ①晨… Ⅱ. ①崔… Ⅲ. ①报纸－副刊－新闻事业史－研究－中国－近代 Ⅳ. ①G219.295

中国版本图书馆 CIP 数据核字(2022)第 133280 号

CHENBAOFUKAN
XINWENXUE CHUANBO YANJIU

大连理工大学出版社出版
地址：大连市软件园路 80 号　邮政编码：116023
发行：0411-84708842　邮购：0411-84708943　传真：0411-84701466
E-mail：dutp@dutp.cn　URL：http://dutp.dlut.edu.cn
大连图腾彩色印刷有限公司印刷　　大连理工大学出版社发行

幅面尺寸：155mm×230mm　印张：13.75　字数：191 千字
2022 年 8 月第 1 版　　　　　　　2022 年 8 月第 1 次印刷

责任编辑：于　泓　　　　　　　　　　　　责任校对：白　璐
封面设计：邹　晶

ISBN 978-7-5685-3876-3　　　　　　　　定　价：45.00 元

本书如有印装质量问题，请与我社发行部联系更换。

「前言」

新文化运动掀开了中国新文学史序幕,以《晨报副刊》[①]创办十年(1918.12—1928.06)的时间段为研究样本可以看到,短短十年间,由于中西文化的激烈碰撞和一批怀着炽热中国心的新文化主将的努力,现代文坛出现空前繁荣局面;《晨报副刊》和其他进步报刊为新文学的创生与发展发挥出极其重要的传播作用,新文学刚在这块古老土地一诞生就留下了一个坚实的脚印。

研读新文学史可清晰地看到大众传媒发挥的渡航引进、摇旗呐喊的巨大传播作用;尤其被人津津乐道的是四大副刊——《晨报副刊》、《京报副刊》、《时事新报》副刊《学灯》、《民国日报》副刊《觉悟》。四大副刊传媒功绩最为显赫的应是《晨报副刊》。作为一份存在于现代新闻史十年之久的报纸副刊,《晨报副刊》拥有三大名主编——李大钊、孙伏园和徐志摩,不但刊登了鲁迅的惊世之作《阿Q正传》,转载了新文学史开山之作《狂人日记》,而且借助传媒平台扶植了一批文学新人在现代文坛迅速成长。这些均是载入新闻史册和新文学史册的传媒业绩。

现代社会,文学的发展必须借助于大众传媒的传播与助推已成为共识。只是学术界较少从《晨报副刊》视域关注报刊媒介对新文学的传播意义,极少见到运用大数据对《晨报副刊》进行传播效能量化分析与实证研究成果;而这恰是颇有学术价值的创新点。

本书研究思路与研究构架如下:

绪论部分由研究背景与意义,国内外文献综述,研究思路、研究内

[①] 《晨报副刊》在孙伏园主编期间,报眉印有鲁迅拟就的"晨报附刊"字样,报头定名《晨报副镌》,1925年10月1日徐志摩接编后改名为《晨报副刊》直至终刊。

容、研究方法等组成,阐述《晨报副刊》研究背景并概述其在新闻传播史和文学史上的价值和意义;对国内外文献进行梳理,深入同行学者研究成果的"内里",分析其学术贡献和价值以及未能涉及的研究盲点;阐述本书研究思路与论域、研究重点、研究内容和研究方法。

第一章梳理《晨报副刊》的创刊及其发展流变。从媒介发生学视域探究由《晨钟报》到《晨报》再到《晨报副刊》的媒介史,展现了以新文化的勃兴为己任的现代报人传媒理念、新文学传播模式的构建、新文学鼎力传播的媒介定位。

第二章对《晨报副刊》创办十年刊登的新文学作品传播进行实证研究。构建《晨报副刊》指标体系、传播效能评估体系、运用SPSS软件和大数据统计学方法,对新文学作家在《晨报副刊》的发文量进行数据量化分析;从大数据视角对《晨报副刊》新文学传播效能进行实证研究。

第三章介绍《晨报副刊》历任主编新文学传播策略的业绩。重点关注三大名主编——李大钊、孙伏园、徐志摩的新文学传播业绩,并对一直未能被学术界注意的其他主编《晨报副刊》传播业绩分析研究。

第四章介绍《晨报副刊》与新文学传播。从新闻传播学视域分析周氏兄弟与《晨报副刊》的渊源及传媒业绩。目标定位于《晨报副刊》对文学研究会、创造社和新月社的媒介支持,探讨新文学社团对媒介的掌控力;新文学社团借助媒介聚合人气、努力开拓新文学传播空间的举措。

第五章介绍《晨报副刊》与现代文学文体。考辨《晨报副刊》与现代文学文体变革,探究新闻文体小说、杂文、报告文学等现代文学文体特征;从传媒视域分析现代文学文体。

余论归结本书核心观点与研究结论,提出有待后续探讨的相关现象和问题。

崔 燕
2022年3月

「目录」

绪 论   1

第一节 研究背景与意义 …………………………………… 1
    一、研究概述及研究背景 ……………………………… 1
    二、研究意义与学术价值 ……………………………… 3

第二节 国内外文献综述 …………………………………… 6
    一、国外文献综述 ……………………………………… 6
    二、国内文献综述 ……………………………………… 9

第三节 研究思路、研究内容、研究方法 ………………… 18
    一、研究思路 …………………………………………… 18
    二、研究内容 …………………………………………… 20
    三、研究方法 …………………………………………… 21

第一章 《晨报副刊》的创刊及其发展流变   23

第一节 《晨报副刊》：彰显新文化副刊媒介特色 ………… 23
    一、《晨报副刊》始末 …………………………………… 23
    二、传媒视域解读《晨报副刊》 ………………………… 30

第二节 《晨报副刊》传媒定位：鼎力传播新文学 ………… 37
    一、灵活多变的新文学传播策略 ……………………… 37
    二、《晨报副刊》与新文学共融发展 …………………… 42

第二章 《晨报副刊》新文学传播实证研究　　49

第一节　指标体系构建与实证研究 ···················· 49
　　一、《晨报副刊》作品编码表 ···················· 50
　　二、《晨报副刊》前六任主编业绩数据统计分析 ········ 56
　　三、《晨报副刊》作家发文量对比主编时期单因素 ANOVA
　　　　方差分析 ································ 63
　　四、《晨报副刊》戏剧类文章发文量与自然科学研究类文章
　　　　发文量多元线性回归分析 ···················· 65
第二节　《晨报副刊》发文量实证研究 ················ 68
　　一、《晨报副刊》作品编码统计及数据可视化分析 ······ 69
　　二、《晨报副刊》发文类别及结构矩阵分析 ·········· 72
第三节　《晨报副刊》作家作品样本抽取与数据分析 ······ 74
　　一、鲁迅作品与《晨报副刊》实证研究 ·············· 74
　　二、《晨报副刊》作家作品样本抽取与量化分析 ······ 78
　　三、中国知网作家研究量对比《晨报副刊》作家发文量 ··· 81

第三章 《晨报副刊》历任主编新文学传播策略与业绩　　85

第一节　李大钊和孙伏园的新文学传播策略与业绩 ········ 85
　　一、李大钊：《晨报副刊》首任主编 ················ 85
　　二、孙伏园：以新文学的勃兴为己任 ················ 92
第二节　徐志摩和其他主编的编辑思路与编辑实践 ······· 103
　　一、徐志摩：《晨报副刊》另类主编 ················ 103
　　二、其他几任主编 ···························· 120

第四章 《晨报副刊》与新文学传播　　126

第一节 《晨报副刊》与周氏兄弟……………………………… 126
　　一、鲁迅：文学家兼传媒人…………………………………… 126
　　二、周作人："自己的园地"的耕耘者………………………… 135
第二节 《晨报副刊》：新文学社团的传媒场域……………… 144
　　一、文学研究会人气聚合的平台……………………………… 144
　　二、助推创造社扩大新文学影响力…………………………… 154
　　三、新月社同仁的挚爱………………………………………… 162

第五章 《晨报副刊》与现代文学文体　　167

第一节 《晨报副刊》与新闻文学文体………………………… 168
　　一、新闻文体小说历史回眸…………………………………… 168
　　二、助推报告文学的创生……………………………………… 178
第二节 《晨报副刊》与新文学文体的建构…………………… 184
　　一、杂文、小品文的缘起……………………………………… 184
　　二、话剧文体的建构…………………………………………… 192

余　论　　202

参考文献　　206

绪　论

第一节　研究背景与意义

一、研究概述及研究背景

　　五四新文化运动的功绩之一是古典文学被现代文学所取代,现代文学正式诞生在中国这块古老土地①。新文学的诞生既是历史的必然,也有人为助推,更离不开大众传播媒介(以下简称大众传媒)的传播,缺一不可。

　　清朝社会中叶起,封建社会看似坚固的大厦从外墙到内里开始层层脱落,脱落的速度并不会以统治者的意志为转移而放缓。社会矛盾、民族矛盾、阶级矛盾等各种矛盾空前尖锐。清王朝实行的是对内残酷压榨广大百姓、对外闭关锁国的统治政策,西方侵略者于1840年轻而易举地打开了清朝大门,中国由封建社会逐步沦为半殖民地半封建社会,社会性质发生了根本性改变。这一情形下,国运要想更新,国人要想自救,唯有思想启蒙不可。思想启蒙不可与文化启蒙脱钩则是早期有志于改变中国现状的知识分子的共识。思想启蒙与文化启蒙必须有

---

　　① 钱理群,温儒敏,吴福辉撰写的《中国现代文学三十年》指出:"1917年初发生的文学革命,在中国文学史上竖起一个鲜明的界碑,标示着古典文学的结束,现代文学的起始。"钱理群,温儒敏,吴福辉.中国现代文学三十年[M].北京:北京大学出版社,1998:3.

可供各类启蒙内容传播的媒介载体更是有志于改变中国现状的知识分子的共识。于是,"西学中用"产物之一——现代报刊纷至沓来,承担着传播现代社会先进思想和先进文化的媒介平台作用,成为社会文化与社会意识形态的重要组成部分。早期思想启蒙者和社会改革家的思想启蒙主张与新文化理念借助于大众传媒的传播作用力传于国人,数万万积贫积弱的国人开始了一个艰难的、但却是不可逆转的觉醒过程。

唯其是一个过程,报纸为了维持自身生存与发展,而在主要版面大量刊登商业广告(像《晨钟报》每期至少一半版面被安排刊登广告,其他报纸版面设置也大致相仿),使得亟须传播给广大百姓的民主自由思想直白式启蒙和文学作品导读式启蒙效果被严重弱化,原本想要依靠的主流媒体之首——报纸承接思想启蒙与文化启蒙重任的愿望于无奈中显得力不从心。

但是,对于19世纪末已经通过各种途径接受了西方先进思想熏陶,特别是对于新闻理论已有深刻认识的知识分子来讲,他们坚定地认为,报纸作为社会属性的新闻传播媒介,每日每时都向人们提供各类信息,使得社会大众在日常工作和生活中的信息沟通以及人与人的交往变得更加密切。报纸对新近发生的国际国内各类事件的及时报道,提供各种思想观点,倡导大众文化,按照一定目的引导社会舆论的功能是其他手段不具备的。基于此认知理念,梁启超、康有为、傅斯年等遵行"与其入政府,不如组党,与其组党,不如办报"的思想道出了知识分子义无反顾地要捍卫独立的批评立场的主张。当这批具有先进思想的知识分子发现报纸因商业广告氛围过于浓厚而无法独自承担思想启蒙与文化启蒙的重任时,就会自觉地将目光投向其他传播媒介。于是,以各类文学作品为主要刊登版面的报纸副刊成为他们的首选媒介,报纸副刊迅即成为引人注目的文学新气候。据统计,仅上海徐家汇藏书楼收藏的旧中国各种报纸、副刊和杂志就有5 000余种[①]。从全国各地大量创办的各类报纸副刊所刊登的新文学文章既可看到媒介新气象,又可把握现代文学发展脉络以及各类文艺思潮和文学流派的消长斗争。

---

① 冯并.中国文艺副刊史[M].北京:华文出版社,2001.

被誉为四大报纸副刊(《晨报副刊》《民国日报》副刊《觉悟》《京报副刊》《时事新报》副刊《学灯》)之首的《晨报副刊》创办十年①对新文学的传播功效不可轻视,极具研究价值。《晨报副刊》最初是《晨报》一个版面,即第七版,该版为文艺版,以刊登新文艺文章为主,偶尔插入几条商业广告。《晨报》前身是1916年创办的《晨钟报》,从1918年12月1日创办到1928年6月5日随着母报《晨报》停刊而停刊,《晨报副刊》只有十年历史,可谓短之又短。但就是这短之又短的十年,《晨报副刊》共刊登了各类小说、诗歌、散文等新文学作品12 206篇,这是一份非常了不起的成绩单。

新文学史已证明,《晨报副刊》和其他报纸副刊在新文化运动影响下为现代文学的产生与发展发挥出了巨大的传媒作用,使得现代文学刚在这块古老土地诞生,便留下了一个坚实脚印。《晨报副刊》所具有的新文学史料价值为本书撰写提供了厚实基础。

二、研究意义与学术价值

21世纪,研究者更加有意识地关注现代文学,这是因为只有不忘与中国文学一脉相承的历史,才能更好地弘扬中华优秀传统文化。中华民族需要在世人面前展现自己深厚绚丽的民族文化,现代文学研究显得非常重要和更加迫切。

1. 理论意义与学术价值

陈漱渝先生指出:"了解中外报刊史的行家说,外国的报纸副刊重书评,中国的报纸副刊重创作。然而,直到今天,对于现代文学与报刊互动的研究成果却极为少见,而且各种现代文学教材以传媒为视角考察新文学现象的内容也不多见。"②陈平原先生也指出:"现代中国的小

---

① 学界通常定义是:1918年12月1日,《晨钟报》更名为《晨报》复刊,其第七版(文艺版)即为《晨报副刊》,以此为《晨报副刊》创办起始时间,至1928年6月5日停刊,《晨报副刊》共创办了十年。本书沿用这一时间范畴概念。

② 陈漱渝.从研究系谈到晨报副刊[N].人民政协报,2005-08-11.

说、诗歌、戏剧等无不受'报章兴'这一历史变革的深刻影响。"①另有学者也说道:"对五四运动影响最大的传播方式,是街头演讲、杂志和副刊。正是通过这些宣传,酝酿并导致了运动的爆发,五四运动的深入发展,又推动了副刊的进一步的繁荣、发展和革新。……许多文学新人的第一篇作品就是在副刊刊登的,新文化运动和传播新文化的媒介之间,自有其千丝万缕的联系。"②学者观点切中了要领,国内众多现代文学史教材和著作确实较少见到从新闻传播学视角专章考察新文学史、文学社团和作家创作。不管是专著还是学术论文,其成果远少于对现代文学文本研究,这对于今后还有很长研究之路要走的现代文学研究自身来讲,无疑是一个缺失点。换一个思路审视,新文学发展史已证明,正是靠着报纸、副刊、杂志等出版物和大众传媒的传播作用力,创生了中国文学史重要组成部分——现代文学,要想夯实现代文学史研究基础,少了大众传媒与文学互动共融研究,就少了一个内外因紧密衔接的环节。

综上所述,选择与现代文学史创生同步的大众传媒之一的《晨报副刊》为研究基点,深入研究《晨报副刊》与现代文学相生互动发展缘由,剖析传媒与文学的学缘联结,对《晨报副刊》刊发的现代文学作品进行文体层面学理探索与发文量大数据分析研究,有着不菲的理论意义与学术价值。

2. 现实意义与学术价值

21世纪,随着科学技术的发展,新的传播媒介不断出现,人类先后迎来了印刷传播、电子传播和网络传播时代,计算机技术在短短几十年间,其迅猛发展态势已引领着全世界传播事业的变化与革新。一系列发展进程中验证出的结论是:正是依靠现代科学技术的高速发展方给人类的传播活动带来了巨大变化。广播、电视、网络迅速普及,大众传媒以不断创新的方式吸引着越来越多的受众并不断扩大其影响力,传

---

① 陈平原,山口守.大众传媒与现代文学[M].北京:新世界出版社,2003:1.
② 姚福申,管志华.中国报纸副刊学[M].上海:上海人民出版社,2007:117.

播的内容更加通俗多样化并涉及社会生活各个层面,凸显出更为丰富的文化意义。因而,当作为人类精神食粮的大众文化在今天比过去任何时代更加对百姓的精神生活产生重要影响之时,大众传媒自身更是无法脱离与文化的关系与融接,学者就此指出:"人在'文化'自然的同时也文化了自己,特别是文化了人与人的关系。"① 确实如学者所言,正是由于大众传媒具有不可替代的文化传承与交流功能、舆论导向功能、休闲娱乐功能等人类所需之诸多功能,方使得人类能够幸福地沐浴在文化中,尽情地享受文化,深切感受只有文化才能带给他们的那份极为重要的精神交流与审美愉悦。正如陈平原先生所说:"从1872年发行不到1 000份的《申报》,到今日几乎无远弗届的卫星电视,大众传媒的勇猛扩张,让我们切实感受到什么叫生活在大众传媒的时代。"②

21世纪,学术界更加重视文学史料研究。因此,20世纪对现代文学的创生与发展起到重要传播作用的文学报刊进入研究者视野。已有学者在关注与现代文学现代性特质联系最为密切的报纸副刊,着手还原20世纪20年代新文学传播的重要媒介——报刊副刊的新文学传播原貌,进而还原现代文学发生学原理。本书认为,媒介作为更新观念、改造社会的工具,将自身文化观念融入传媒立场、传媒功能,在文学传播过程中不断克服传媒带给主体的不利影响,积极运用传媒、建构传媒,最大限度地实现文学与传媒的互助互进、互相融合,是现代文学与大众传媒共融发展的基点,极具研究价值,应展开深入研究。基于此观点,本书将聚焦于《晨报副刊》新文学传播视域进行深入研究。

20世纪初新文化运动中诞生的新文学文体已成为现代乃至当今报刊文体样本,为现代文学史留下了宝贵财富,树立了典范,也为新闻文学史留下了宝贵财富。今天,文学经典与现代传媒的关系研究及其意义越来越被人重视,基于此,开展《晨报副刊》与现代文学文体研究则会为现代文学传统意义的文本研究再探一条通道。在新闻文体与现代文学文体结合研究之新闻学领域引出颇有价值的选题,意义是可观的。

---

① 陈家法,汪根堂.人生哲学[M].上海:复旦大学出版社,2004:2.
② 陈平原,山口守.大众传媒与现代文学[M].北京:新世界出版社,2003:561.

20世纪初,现代文学的产生与发展主要依托于报刊业与出版业,作为20世纪初的主流媒体——报纸和副刊来讲,为现代文学的产生与发展提供了媒介环境与信息载体,使得新文学创作与大众接受成为现实。特别是对民间办报限制的解除使得"公民空间"与"公民力量"的形成并与文学启蒙之间的内在关系的建立提供了媒介支持。从另一角度看,新文学的产生与发展尤其是文体的变革、审美观念的演变等,大众传媒均有着直接或间接的助推作用。因而,系统梳理并借助实证研究方法探究《晨报副刊》与现代文学的创生无疑具有重要的现实意义,可为现代文学研究提供研究范式。

第二节 国内外文献综述

一、国外文献综述

美国传播学学者西伯特等人撰写的《传媒的四种理论》一书以电影媒介为例对媒介的文化传播导向予以重点阐述。该书在学术界对传媒文化的后继研究有着如下影响,以文学作品研究为基点建立对叙事的结构分析,重点关注对新闻和报刊文体的表述,从语言结构模式对文化信息的生产范畴进行主题学研究。这种重在形式意义的研究方法对传统文学主题分析法则是一种新的学术探索,为传媒与现代文学文体研究指出了一条学术途径。

德国当代作家哈贝马斯曾提出"公共空间"概念,认为报刊是"公共领域最典型的机制。"[1]他构想的公共空间是让人们借助某个平台自由交换各种观点,自由畅谈文化,这种交换不受任何外界约束和干扰,任何人都可以发表意见,观点交换过程是平等的。其引申的另一观点则是媒介的作用不仅仅产生信息,而且是在媒介自身作用力导引下使信

---

[1] 哈贝马斯.公共领域的结构转型[M].曹卫东,译.北京:学林出版社,1991:91.

息变得更有意义。

美国文化学者波普诺从媒介和商业文化的相互作用方面进行追踪溯源:"在美国写小说、搞文学创作必须按客户要求完成,能否获取经济效益是首要因素,作者在经济利益的驱使下被迫失去了想象力和创造性。"①他认为美国的大众文化在从属于商业运作规矩的时候,必然会失去原本应有的想象力和创造力,失掉文化的原汁原味,成为单一的文化商品。这种情况在不少国家确实是一种较普遍现象,这种现象一直被学者质疑其对大众文化是一种有意识的拖累。英国文化社会学家斯威伍德专门对这一现象予以警示:"文化并不应仅仅成为一种手段,文化必须足以赋予人们塑造或改造社会,使之更为符合人性,文化应当是在社会关系的物质基础不断进步以后的一种新的社会实践。"②

文献查阅结果方面,只查到国外个别学者对本书研究内容涉及的相关现象偶然关注,其中最具参考价值的是美国学者白瑞华在《中国近代报刊史》中对 20 世纪初中国报业情况的研究,白瑞华认为:"副刊成为中文日报的一种常见附属刊物。每期副刊都聚集一个话题:金融、工业、文学评论、诗歌、小说、教育、家庭经济学、图画、智慧等。种种话题按一个固定顺序轮番出现,每天出版一期副刊,通过积累就可以构成报纸的一期伴侣杂志。"③通过对中国国内各类报纸副刊的研究,白瑞华得出以下结论:"在后来的岁月里,学术评论和研究性期刊大量涌现,日报社办的普通杂志和文学副刊发表大量的学术论文和文学作品。20世纪初期所有文学作品都采取短小的形式,其中大多数都是在期刊上发表。"④白瑞华是早年研究中国报纸和报纸副刊颇有影响力的外国学者,他不仅在中国生活了多年,而且参与了国内报刊一线编辑工作,有着实践经历,上述观点是其在传媒实践过程中积累的经验总结。结合

---

① 波普诺.美国媒介社会与它的商业文化[M].李强,等,译.北京:中国人民大学出版社,1999:34.
② 斯威伍德.大众文化的神话[M].冯建三,译.北京:生活·读书·新知三联书店,2003:8.
③ 白瑞华.中国近代报刊史[M].苏世军,译.北京:中央编译出版社,2013:145.
④ 白瑞华.中国近代报刊史[M].苏世军,译.北京:中央编译出版社,2013:144.

《晨报副刊》和其他早期报纸副刊的创办宗旨与报刊内容,白瑞华的观点颇具说服力。当时各种报刊,尤其是报纸副刊和文学类杂志已经成为新文学传播主阵地,对广大百姓思想启蒙与文化启蒙发挥出积极的传媒作用。白瑞华敏锐地看到了这一情形,加上其在中国多年生活经历和自身传媒素养,得出了较为切合实际的结论。

除了美国学者白瑞华的《中国近代报刊史》,美籍华人夏志清在《中国现代小说史》中有一小段叙述:"《阿Q正传》是现代中国小说中唯一享有国际盛誉的作品……鲁迅当时答应为北京《晨报副刊》写一部连载幽默,每期刊出一篇阿Q性格的趣事。后来,鲁迅对这个差事感到厌烦,就改变了原来计划,给主人公一个悲剧的收场,然而对于格调上的不连惯,他并没有费事去修正。"①夏志清用一种不以为然的口气论说《阿Q正传》发表经过,并未深究这篇小说是如何借助《晨报副刊》的传播从而在现代文学史产生了巨大影响力;未能从传媒与文学互动互促层面分析研究;更未从新文学文体变革视角探讨《阿Q正传》对新闻文体小说创作产生的示范作用。同时应看到,夏志清的这一说法与鲁迅创作与发表《阿Q正传》的实际情况有一定出入,事实并非如他所说,本书将在后面章节具体阐述。值得注意的是,《中国现代小说史》是国外学者首次从《晨报副刊》与现代文学作品视角切入进行评说的文献。

从已查阅的文献可看出,国外学者始终关注的是大众传媒的文化传播广义效应以及媒介的社会影响力,极少具体针对某一媒介其文学传播实绩进行专题研究,更未能就《晨报副刊》对新文学的传播、媒介与文学互动互融进行专题研究。近些年国外学术界开始转向对以计算机技术为代表的网络文学创作与文学评论文章为主要研究基点,重点研究不断涌现的新媒体在面向公众的文化传播过程中如何提高大众审美价值取向的导引作用。此外则是现代文学整体研究和文学现象研究,传媒与文学宏观层面研究,未能就《晨报副刊》对新文学的传播予以关注。《晨报副刊》新文学传播研究是一块有价值且有待开垦之地。

---

① 夏志清.中国现代小说史[M].刘绍铭,等,译.香港:中文大学出版社,2001:33-34.

二、国内文献综述

1. 传媒与现代文学研究

国内学者对国内传媒与现代文学研究成果较为可观,早在晚清时就有学者注意到现代传媒对文学的影响。1901年,梁启超在《清议报》发文谈道:"自报章兴,吾国之文体,为之一变。"①这是较早关注媒体承载文化传播时能够产生影响力的文章。另一位早期报学史研究学者胡道静认为:"五四以后的副刊是最先使用白话文的。五四时期的副刊对于各种思想、各种学说的介绍和讨论,是没有什么限制的。"②这篇发表于20世纪40年代的文章对五四时期副刊的媒介功能与文化传播效应做了一个客观归结,认为白话文得以成功推广并得到国人广泛认可应归功于五四时期创办的各类报纸副刊编辑所遵循的传媒思想,正是由于文章内容的载体——文字在报纸刊登时率先使用了白话文,使得通俗易懂且适宜于普通百姓阅读的白话文文体最终取代了文言文文体,以副刊为传播平台的媒介所起的传播作用是不可低估的。从新文学的诞生与发展过程看,其观点是符合新文学初创期副刊创办实际的,对于后续研究有着一定学术启迪意义。

国内学术界有关传媒与现代文学研究成果主要集中于近四十年间,阿英分析现代小说大量出现的原因时认为:"由西方引进的印刷技术使得刻书不再困难,加上新闻业的发达,不仅报纸刊载小说,而且专门刊登小说的杂志也大量出现。"③该文认定19世纪末随着国外先进印刷技术的传入以及外国人在中国兴办报纸,小说、诗歌、散文等文学作品的大众阅读需求得以实现,文学创作拥有了传播直通车,使报纸与杂志在民间兴起。这一观点是符合实际的,1909年,商务印书馆对美国传教士姜别利发明的汉字排字架做了改进,新改进的排铸机将铸字与排版两道工序合二为一,使之更适合于排印书籍,极大地提高了排版

---

① 《清议报》[N].1901:100期.
② 报学杂志[J].1948(1).
③ 阿英.晚清小说史[M].北京:人民文学出版社,1980:1-2.

效率。再以这一时期各类报刊版面设置为例，晚清至民初，北京、上海、天津等地主要报纸均安排版面专门刊登小说、诗歌、散文等文学作品，这些举措既可证实文学作品对新闻媒介的依赖，亦可证明先进印刷技术的引进促成了新闻业的发展进而对新文学落地生根产生着相当的助推作用。

20世纪80年代，萧乾开始关注大众传媒对文学新人的扶持，"遍翻几部现代中国文学史，看不到哪位文学史家正视过文学副刊对五四以来的新文学起过的作用，做出的贡献。然而多少作家是在20年代、30年代，在北平的《晨报》等开始写作的呀！"①老作家一语道出了核心意思，认真研读20世纪20年代、30年代的报纸和副刊就会发现文学新人的作品轮番在眼前掠过，这些作品的多数成了现代文学史经典，他在文中所指北平的《晨报》就是《晨报副刊》。这位曾受益于传媒扶持的老作家几十年后对学术界仍然没有这方面专题研究的进展深感遗憾，进而自心底发出真诚期盼。

20世纪90年代初，华东师范大学王晓明教授在《上海文学》发表《一份杂志和一个"社团"——重评五四传统》论文，文中肯定了大众传媒对现代文学的产生与发展起到的无可替代的传播作用："重读《新青年》，却不仅读上面发表的文章，更要读这份刊物本身，读它的编辑方针，它的编辑部……更注意到五四时期的报纸杂志和文学社团，注意到由它们共同构成的文学运行的机制"②作者着重谈的尽管是《新青年》，但意义已泛指其他文学期刊共同的运行机制，即选题策划、编辑方针、出版发行等。应注意的是，这是学术界关注传媒对现代文学贡献的较早专题学术论文，论文提出的"应关注20世纪初传媒对文学的传播作用力，特别要注意文本以外的新闻编辑学现象"的观点是颇有见地的，很具启发意义。根据20世纪初传媒环境看，以《晨报副刊》为代表的报纸杂志做出的传媒功绩非常之大，这是学术界开展大众传媒与现代文学主题研究需格外注意的研究动向。

---

① 王文彬.中国报纸的副刊[M].北京:中国文史出版社,1988:1.
② 王晓明.一份杂志和一个"社团"——重评五四传统[J].上海文学,1993(4).

20世纪90年代中期,李辉在《现代文人与副刊漫笔九章》中专门谈了学术界对于报纸副刊与现代文学研究的缺失,"现代文学史有过许多种,可是似乎尚未有专章论述'文人与副刊的关系'这一课题。其实,缺少这样的论述,文学史只能是一轮残月。"[①]李辉的观点看似尖锐,但是在当时却查不到专章论述"文人与副刊的关系"的文献是一个不争的事实。既如此,有人呼吁总比一直没人关注好,这种呼吁本身就是学术视野的拓展。从另一角度看,以《晨报副刊》为研究构架,进行"文人与副刊的关系"研究可探索更多有价值的学术矿藏。

进入21世纪,大众传媒与现代文学研究得到学者更多重视,按时间顺序有以下重要文献,杨义先生于2001年发表了《海派研究的方法论及其当代价值》,论文指出,现代文学与古典文学的根本性区别是因为有了大众传媒这一现代传播平台,古典文学几千年间之所以局限于一代又一代文人士大夫间传播而无法深入民间,没经由大众传媒传播是主要原因,这就导致文学作品无法实现平民化,文学只能在被认定为"庙堂文化"的神秘语境中缓慢前行。论文观点切中了大众传媒在新文学发展进程中的重要传播作用,只是杨义先生未能进一步指出报刊在现代文学第一个十年作为主流媒体具体在哪些方面影响着现代文学作家的创作、读者阅读过程中产生的在场参与和协调前行有哪些具体行为。

王富仁先生于2004年发表的《传播学与中国现代文学研究》直接认定,以白话文为标志的新文学是为了当时国内兴办的各类报刊的需要发生与发展的,这是现代文学之所以能够落地生根的直接原因,现代文学是依靠于传播媒介的作用力创生的。研读当时报刊刊登的各种题材的新文学作品和报纸版面编排、主编的办报理念等实际运作情况,就会认可王富仁先生的观点。2005年孙玉石先生在"中国现代文学文献问题笔会"发言指出:"现代报纸文艺副刊蕴藏了相当丰富的文献资源。但是,由于种种原因,至今未得到全部、完整的开发,没有充分地进入现

---

① 李辉.人生扫描[M].上海:远东出版社,1995:29.

代文学史的记忆和写作。"[①]报刊发表的大量文学作品已证明,近现代报纸副刊蕴藏着相当丰富的文献资源。学界指出:应该对现代文学产生与发展起到非常重要传播作用的报刊予以重视并展开专题研究,具体到《晨报副刊》与新文学传播专题研究成果同样不容乐观。究其原因,报纸副刊编辑和媒介自身面貌原本就不如书籍清晰,加上年代久远,相关资料收集与整理工作繁重庞杂,只有较少几家图书馆有完整的收藏,民间更是难以找到对近现代报刊完整收藏者。基于这些现实困难,发掘与整理难度很大,在此基础上开展专题研究费力耗时,这是主要原因。但同时应看到,正是由于大量报刊的创办,才使得新文学得以创生并发展壮大;正是由于各类报纸副刊编辑风格各异,才使得研究者能更加清晰地把握大众传媒对于新文学的发生与发展所起到的强力助推的原因的根由;正是由于相关资料的庞杂与丰富方更显学术探索价值,并将给予本书撰写更多动力。

  21世纪,新闻传播学学者从传播学和新闻史视域对文学副刊进行了深入的学术探索,2001年,《经济日报》原总编辑冯并先生将自己几十年学术积累汇集为学术专著《中国文艺副刊史》出版,作者以一位有着数十年新闻编辑经验的新闻工作者视野,深入研究了从19世纪末到中华人民共和国成立前国内各类报纸副刊创办及发展的兴衰史,重点对旧中国报纸副刊的报学意义、文学意义、历史地位和发展脉络进行了详细梳理,通过一个个实例将报纸副刊的新闻史地位予以提升。尽管《中国文艺副刊史》的撰写思路是以新闻史为研究基点展开叙述,但同时可看到颇有说服力的现代文学历史进程中大众传媒与现代文学相生相助、共融发展的学术见解。魏泉先生认为:"以五四为发端,新文学的主将又借助传媒与新教育体制的普及,在思想文化界逐渐建立起以白话为基本语言工具的'新文学'的话语系统。"[②]从陈独秀创办《新青年》,李大钊、孙伏园、徐志摩主编《晨报副刊》,鲁迅等人创办《语丝》等

---

  ① 孙玉石.报纸文艺副刊与现代文学研究关系之随想[J].河南大学学报,2005(1).
  ② 魏泉.旧文人:现代文学中的另类存在[M]//平原,山口守.大众传媒与现代文学.北京:新世界出版社,2003:159.

传媒业绩可看到,新文学主将通过报刊媒介渐进建立起以白话文为新文学基本话语系统的传播平台的实绩已证明上述观点的正确。如果从作家暨编辑的视角展开研究,则可为现代文学研究,尤其是现代文学发轫期大众传媒与新文学研究开出新的通道。此外,从新文学作家暨编辑"双肩挑"视角深入探索,可探究现代文学第一个十年不断前行的传媒动因。

中华人民共和国成立后,尤其是改革开放几十年间,国内学术界开始关注并从多角度研究大众传媒与新文学传播。在关于现代文学三十年发展历程中对其有直接关联并密不可分的报纸副刊如何承继着传播平台作用、做着极有价值的启发民智的传媒工作,学者进行了颇具学术价值的探索,从多视角、多层面研究与现代文学同步行进的报纸媒介、杂志媒介传播现代文学时的编辑取向与新文学见解,研究探讨新文学如何借助传媒力量引导知识分子成功实现了思想观念转型、精神层面转型与文化理念转型。这些不菲学术成果能让人更加清楚地把握媒介是如何一步步推动文学发展的同时又实现着自身发展。有学者更是在以报纸媒介为基础的新文学史料研究中发掘出过去一直未能被发现的文学作品,通过媒介发掘文学史料的研究方法无疑为新文学史研究提供了路径,对本书研究给予宝贵的学术启迪。

2.《晨报副刊》与现代文学作家作品研究

《晨报副刊》与现代文学专题研究是改革开放以后开始的,1978年,中央马列编译局编辑出版了《五四时期期刊介绍》系列丛书,完整介绍了包括《晨报副刊》在内的五四时期各类报刊:"1911年以后,中国出版的新闻报纸大都在正张刊载新闻、消息、社论、时政要闻、广告之后,留有专门刊载具有'副刊'性质的文艺作品版面。""五四时期《晨报副刊》在宣传新文化,介绍和宣传俄国革命事业和社会主义思想方面是起了相当作用的;虽然它也刊载了不少错误的甚至反动的文章,但它当时所起的进步作用是不可否认的。"[1]

---

[1] 中共中央马克思、恩格斯、列宁、斯大林著作编译局研究室.五四时期期刊介绍(第一集)[M].北京:生活·读书·新知三联书店,1978:99、143.

1979年,陈漱渝先生刊发的《从孙伏园的编辑工作谈起》文章是直接介入《晨报副刊》与现代文学研究较早成果[①]。陈漱渝先生以《阿Q正传》为例,从编辑与作者互动互促视角研究《晨报副刊》与现代文学,在当时来讲无疑是一个新的学术视野,能够引导并启迪后来学者深入探究新文学与《晨报副刊》共融发展的动因,受陈先生观点启发,本书将用专章篇幅探究鲁迅、徐志摩等现代文学大师各自传媒编辑功绩几近等同于新文学创作功绩的原因所在。

此后几十年间,《晨报副刊》与现代文学研究不断有新成果出现,张涛甫先生在《李大钊改革〈晨报副刊〉的贡献》中指出:"1918年12月,李大钊又重返《晨报》,并做起了副刊主编……他对副刊做了大刀阔斧的改造,把'传播新修养、新知识、新思想'作为办刊宗旨。"[②]该文认为,由李大钊开创的"思想启蒙"为此后《晨报副刊》的发展定下了基调。为了证明这一观点,文章以《晨报副刊》首任主编李大钊为切入点,探索李大钊主编时期的办刊宗旨,即"传播新修养、新知识、新思想",以创新编辑思路主编副刊,其目的就是想要更好地利用媒介传播新文化。文章认为李大钊做主编采用的编辑策略是为新文学发展有意增设相关栏目,通过栏目版面引导新文学发展。这一研究思路具有一定的学术启迪意义。

马少刚、樊亚平在《〈晨报副刊〉办刊特色探索——兼论其对当今报纸副刊的启示》中认为:"社会文化启蒙对'晨副'来说就如同'生命线',没有对社会文化启蒙的深入而积极地参与,就不可能有'晨副'的成功。换句话说,正是对社会文化启蒙工作的有效参与成就了'晨副',造就了它在中国文化史、文学史和副刊史上的丰碑形象。"[③]如果只是从一份报纸刊物的工具属性看,其自身是不可能具有思想启蒙功效的,媒介说到底要靠人去掌控,只有具备了先进思想的新文化先驱者掌握大众传媒、利用媒介传播新文化、新文学(如增加版面、定期专约新文学名家稿

---

① 陈漱渝.从孙伏园的编辑工作谈起[J].中国出版,1979(10).
② 张涛甫.李大钊改革《晨报副刊》的贡献[J].学术界,2002(4).
③ 马少刚,樊亚平.《晨报副刊》办刊特色探索——兼论其对当今报纸副刊的启示[J].西北第二民族学院学报,2003(4).

件、引进域外文学等),媒介才能在新文学史中留下印迹。该文章对传媒人的媒介统领与导引作用予以颇具辩证法的阐释,其学术见解对相关研究具有一定的启迪意义。

　　赖斯捷和张雪洁则从另一角度对《晨报副刊》的发行和出版模式的灵活多变进行了深入探索。两位学者认为,20世纪初不少具有相当影响力的文学作品在《晨报副刊》刊登后,许多读者借助于媒介传播及时阅读他们期盼的文学作品。由于读者喜爱,媒介编辑便将其汇集编辑成册再次传播,使得文学作品影响力更加持久,更加广泛,这是一种可借鉴的传媒与文学互动互融模式①。看过《晨报副刊》的读者都会注意一个现象,《晨报副刊》时不时刊登本社广告,回收读者收藏的《晨报副刊》某几月或某年合订本,如1922年6月15日《晨报副刊》第四版刊载了一则《本刊特别启事》:"收藏二三月份《晨报副刊》的读者,不知有肯割爱者否,托本社代为征求者甚多,如愿出让,请交送报人带回,至发行部领取原价。"仅"代为征求者甚多"这句广告语即可证明,正是出于读者对刊物的喜爱,编辑将其合订成册二次传播,从而促成对新文学运动所产生的社会影响力予以再次扩大,这种以读者间接参与互动传播的方式可推动新文学运动更加广泛深入民间,确实是一种颇有成效的传播模式,也是从大众传媒视角切入进行《晨报副刊》与现代文学传播主题研究的一个途径。

　　"综观《晨报副刊》创刊十年间的栏目设置,不难看出其兼容并收的跨学科总体特色。《晨报副刊》自由、多元的编辑理念,跨学科的栏目设置,更加为中国现代知识分子营造了一个和而不同的对话空间"②。黄春霞、汤棋的这篇文章从一百年前公共知识分子认定的话语空间视角论述《晨报副刊》编辑的先进编辑理念与传播实绩。上述观点实质上是

---

　　① 赖斯捷和张雪洁认为,由于《晨报副刊》刊登的文学作品所产生的巨大社会影响力,使得许多读者爱不释手,许多人都以长久保留一份《晨报副刊》为心愿,《晨报副刊》编辑部不得不以刊登广告的方式回收刊物,转给忠诚粉丝。张雪洁.五四时期《晨报副刊》的办刊特色及其启示[J].理论探索,2012(4).赖斯捷.《晨报副刊》的产业化运作与现代文学的发展[J].中国文学研究,2008(2).
　　② 黄春霞,汤棋.比较文学视野下《晨报副刊》的编辑特色[J].编辑之友,2013(12).

对《晨报副刊》新文学传播功绩从另一角度进行梳理与分析,认定这份在当时颇具社会影响力的文学报刊在历任主编"海纳百川、无所不容的栏目设置"的编辑理念引导下,创建了传播新文学的不同栏目编辑排版模式。文章颇有说服力地归纳了报刊编辑热衷于对文学新人的全力扶持,使其尽早成长的伯乐精神。

张文的文章着重讨论了《晨报副刊》利用媒介的影响力所做的卓有成效的妇女思想启蒙工作:"从《晨报副刊》发展历程和编辑的思想来看,这份副刊的基调便是思想启蒙,这种思想基调在不断发展的社会觉醒意识中传递下来,较为完整地继承了五四的思想。女作家在当时思想解放的社会环境中,创作出的作品,实际上正是常常发表和翻译外国对妇女问题讨论的文章的《晨报副刊》所需要的,二者相互作用,能够将对女性的思想启蒙观点传递给更多的人。"[①]文章举例肯定了《晨报副刊》对女作家新文学创作给予的支持,比如像有意组织对国外妇女问题讨论的文章的翻译,鼓励刊登妇女思想解放的文章。对广大妇女进行思想启蒙与文化启蒙确实是《晨报副刊》一直努力在做的事情,也是该报历任编辑的传媒认知基点。文学革命和新文学运动的立足点是"首在立人",妇女解放应是"首在立人"口号与行动之首,只有广大妇女思想得以解放,只有首先将她们放出封建思想牢笼,才有全社会的思想解放,新文化运动的历史使命才能完成。正是有了《晨报副刊》为代表的新文化报刊渡航引进的媒介传播作用力,广大妇女接受了新思想,完成思想启蒙与文化启蒙的同时并由封建向现代转型,成为现代文学的中坚力量。

学位论文方面,张涛甫的博士学位论文《〈晨报副刊〉与中国现代文学》从多角度论述了《晨报副刊》与新文学的关系,并提出一个核心观点,认为《晨报副刊》在一个特殊的时期充当了一个特殊的角色,在中国社会的现代转型过程中给中国现代知识分子提供了一个难得的"公共领域"。通过这一社会平台,中国现代知识分子在推动中国社会的现代转型的同时,实现了自身的角色转变和身份革命。耿春亮的博士学位

---

① 张文.二十世纪初女性启蒙文学的兴起——以《晨报副刊》为线索[J].人间,2016(5).

论文《〈晨报副刊〉与马克思主义在中国的传播》，通过对1918年至1926年间《晨报副刊》刊登的有关马克思主义和社会主义代表性文本的研析，考察了马克思主义在中国早期传播过程中的人事谱系、思想理论资源以及在对苏关系等重大问题时各种政治势力如何运用这些思想理论资源展开辩驳。廖华力的博士学位论文《周氏兄弟与〈晨报〉副刊的"同构"与"共生"》的主要观点是，鲁迅和周作人在参与《晨报副刊》的过程中成功寻找到属于自己的"文学场"，以独一无二的个性彰显其文学实绩与文学建树，成功地从现代文学第一个十年众多文化领袖群像中脱颖而出，成为五四新文学最耀眼的文学创作与理论批评的"双子星"。

综上所述，一些学者把研究视角投入到这份在现代文学发生期发挥出巨大传媒作用的报纸副刊，从不同视角研究以《晨报副刊》为代表的、颇具社会影响力的大众传媒对现代文学创生与发展所产生的巨大推动作用；研究、探索在新文学思想和新文化运动引导下具有进步思想的传媒人借助报纸副刊传播现代文学的过程中的编辑方针和传媒理念；研究、探索《晨报副刊》历任主编借助媒介平台扶助文学新人成长，使他们得以成为现代文学不断前行的中坚力量；研究、探索《晨报副刊》历任主编借助于报刊媒介大力引进和介绍域外文学作品、引进西方文艺思潮的传播运作过程。还有学者通过《晨报副刊》进而对当时属于主流媒介的报纸和其他出版物在五四新文化运动与现代文学发生期的传媒意义进行了深入的主题探讨。尽管学者阐述的观点不尽相同，某些观点有待商榷，但是从总体评价，不少观点有着一定的创新与独到见解并且给后来者以相当启迪。几十年间，《晨报副刊》与现代文学研究取得了一定成绩，对于大众传媒与现代文学研究有着非常重要的基础积蓄与学术探索引导。

但是，同时应看到，如此众多的相关学术成果仍存在研究盲区或偏失点，如相关成果中较少见到对《晨报副刊》主编的传媒与文学双重贡献的专题研究，较少看到以《晨报副刊》为切入点，探讨孙伏园、李大钊、徐志摩等传媒人的编辑理念与传媒业绩的成果，《晨报副刊》与现代文学实证研究及大数据量化分析更是难匿踪迹。本书撰写前,笔者有机会参加了数次中国现代文学学术研讨会,得以当面向国内著名专家学者请教与咨询。近两年间,笔者先后到北京国家图书馆、上海图书馆进行文献查阅与调研,同时借助中国知网、万方数据库、龙源网等网络资源平台查找,输入关键词"《晨报副刊》新文学传播研究"进行精细检索,大多为单篇论文。查询结果显示,截至2018年末,除了已分析的3篇博士学位论文,4篇内容相关但并不是单一以《晨报副刊》为例进行专题研究的博士学位论文,以及20多篇硕士学位论文外,再无发现。以《晨报副刊》新文学传播为切入点进行媒介与现代文学相生、相助、共融共发展主题研究成果很少。

综合而论,《晨报副刊》这份在现代文学发生期存在了十年之久并且产生过很大影响的报纸副刊,对其研究仍显单薄。本书前面所引成果大多为单篇论文,无法就上述问题进行横纵向深层次剖析。基于此,《晨报副刊》新文学传播主题研究无疑是一块有价值的可耕之地。

第三节 研究思路、研究内容、研究方法

一、研究思路

从传媒视域探究,其中一个重要现象是五四新文化运动以前的报纸副刊其办刊格调似乎不高,但是到了五四新文化运动时期,报纸副刊突破了消闲性质,成为介绍新文艺、新知识、新思想的重要园地,许多现代文学名家重要文学作品均发表于各类副刊,更为重要的是副刊为现代文学的后继发展培养出一批又一批文学新人,壮大了现代文学作家队伍。报纸副刊在旧中国国内传媒业整体落后的情况下能够有如此令人瞩目的新文学传播成绩,实有进行专题研究之必要。因而,选择20世纪初影响力非常大的《晨报副刊》开展传媒与文学的互动发展研究是一个有意义的选题。

我们已然看到,在当前现代文学研究成果丰硕的现实情况下,继续对现代文学作家作品沿用传统的文学史、文艺学视角和方法进行作家作品文本研究的同时,应关注新的研究途径。新闻传播学是一门新兴科学,20世纪初才传入中国,时至今日,将文学创作置于传媒语境与文化传播视野研究则较少有人做。本书基于这一思路,将传播学与文学研究相结合,将两个学科理论整合,从新文学发生与发展层面深入探索以《晨报副刊》为代表的大众传媒新文学传播实绩,相信会有预期学术收获。

与现代文学的创生同步创办的《晨报副刊》,生存于中国大众传媒史和现代文学史十年间,不但助推新文化运动主将如鲁迅、李大钊、徐志摩等人在新文化战场驰骋前行,而且这些新文化主将均成为颇有影响力的传媒人。《晨报副刊》除了把媒体自身的传播作用力充分发挥,更对新文学在中国的发展发挥出巨大的传媒作用。只是许多年学术界一直将重心固定在文学史自身的文本研究,较少把注意力转移到大众传媒对现代文学的传媒影响研究,鲜见将大众传媒本身当成独立研究对象与文学对等开展主题学研究,使得本应早该有的学术成果未能出现。

再者,在计算机技术飞速发展的21世纪,更有必要借助大数据与统计学软件对《晨报副刊》刊登的文学作品进行数据统计与量化分析,运用实证研究法分析《晨报副刊》新文学传播,经由量化数据呈现出的媒介统计学现象则是颇具现实意义的文学与传媒研究的创新探索。

本书具体研究思路:

(1)以《晨报副刊》新文学传播研究为本书选题,直接切入传媒视域研究大众传媒对于新文学的"在场"参与。

(2)从传播学视角研究《晨报副刊》历任主编编辑风格与编辑特点,开拓创新的编辑理念,借媒体之力助推现代文学发展。

(3)以相关理论为立论基础,深入研究鲁迅和周作人如何将《晨报副刊》作为传播新文学的主阵地,借力于媒介扩大文学作品的社会影响力。

(4)探索文学研究会、创造社、新月社借《晨报副刊》聚集力量与聚合人气,《晨报副刊》积极为三大文学社团传播新文学提供媒介平台。

(5)研究《晨报副刊》与现代文学文体变革,通过对《晨报副刊》刊登的各类新文学文体作品分析,探索现代文学文体与新闻文学文体的变革。

(6)运用实证研究法进行《晨报副刊》量化分析研究。对《晨报副刊》发表的各类文章进行分类统计,建立指标体系,摘取样本作家作品数,运用 SPSS 软件与大数据统计学方法,通过 ANOVA 方差分析、多元线性回归分析、矩阵数据分析等实证研究法得出重要作家作品与媒介传播量化结果,借助量化结果论证《晨报副刊》传播现代文学的传媒功绩。

二、研究内容

本书由以下具体内容组成。

绪论包括研究背景与意义,国内外文献综述,研究思路、研究内容和研究方法。

第一章介绍《晨报副刊》的创刊及其发展流变。从媒介发生学视域探索由《晨钟报》到《晨报》再到《晨报副刊》的媒介创办史,以新文化的勃兴为己任的现代报人传媒理念,新文学传播模式的构建,新文学鼎力传播的媒介定位。

第二章对《晨报副刊》创办十年刊登的文学作品展开实证分析研究。构建《晨报副刊》指标体系,传播效能评估体系、运用 SPSS 软件和大数据统计学方法,对《晨报副刊》作家发文量进行数据分析与量化研究,从大数据视角对《晨报副刊》与新文学传播效能进行实证评估。

第三章介绍《晨报副刊》历任主编的新文学传播策略与业绩,探究传媒人在《晨报副刊》刊发的新文学作品产生的传播效能。

第四章介绍《晨报副刊》鼎力传播新文学的业绩。从新闻传播学视域分析周氏兄弟与《晨报副刊》的渊源及传媒业绩。目标定位于《晨报副刊》对文学研究会、创造社和新月社的传媒扶持,探讨新文学社团对媒介的掌控力。着重关注文学社团是如何借助媒介聚合人气、努力开拓新文学传播空间。

第五章介绍《晨报副刊》与现代文学文体。考辨《晨报副刊》与现代文学文体变革，探究新闻文体小说，杂文、小品文等新文学文体特征。从传媒视域论述各类作品的新文学文体价值。

余论归结本书核心观点与研究结论，提出有待后续探讨的相关现象和问题。

三、研究方法

1. 文献学方法

借助国内各大图书馆及网络文献资源平台，对相关文献进行收集、鉴别、分析、整理，通过多渠道尽可能广泛收集一手资料，结合国内外研究成果，进行有科学依据的分析研究。立足于近四十年大众传媒与现代文学主要研究成果，通过对中外文文献期刊库等文献检索工具进行文献检索和引文追踪等方法，系统收集、分析相关文献，把握本领域最新进展情况。

2. 文本分析与理论研究

运用文艺学理论、新闻传播学理论等相关理论对《晨报副刊》文学作品进行客观分析和深入探索，着重对文本进行深入的理论研究与学理探索。全面客观归纳总结《晨报副刊》刊登的文学作品的新文学成就。

3. 媒介编辑学方法

借助现代媒介编辑学理论，分析大众传媒对新文学的"在场"参与和文化深描的具体情况。对《晨报副刊》刊登的文学作品其主编在编辑过程中受到的媒介编辑学理论影响，结合传媒运作模式进行分析研究。探究传媒文化对《晨报副刊》刊发文学作品的作家创作经历以及对文本生成的影响。

4. 大数据实证分析法

着眼于当下社会科学研究最新进展，在文本和相关数据搜集整理的基础上,借助大数据技术和统计学方法,运用 ANOVA 方差分析、多元线性回归分析、矩阵数据分析法等实证研究法,构建指标体系,对指标体系权重进行计算,得出《晨报副刊》重要作家作品与媒介传播量化分析结果与实证研究结论。以实证数据评估大众传媒在现代文学发生与发展进程中的不菲功绩。

第一章

《晨报副刊》的创刊及其发展流变

第一节 《晨报副刊》：彰显新文化副刊媒介特色

一、《晨报副刊》始末

加拿大传播学家麦克卢汉指出："正是媒介塑造和控制着人类交往和行为的尺度和形式""社会的形成在更大的程度上总是决定于人们相互交流所使用的传播媒介的性质"[①]。这段被后人奉为经典的话语道出了大众传媒的本质属性是在传播信息的过程中媒介与信息接收者的互动，媒介自身有着重要的社会价值和对人与人交往的信息控制力。从麦克卢汉的《理解媒介》著作中可看到他一直在强调媒介具有的强大文化导引作用以及文化通过媒介可发挥其社会影响力。我国早期报学史研究专家戈公振早在20世纪初就看出报纸媒介独特的思想文化信息传播作用，"欧美人有不读书者，无不读报者。盖报纸，人类思想交通之媒介也。夫社会为有机体之组织，报纸之于社会，犹人类维持生命之血，血行停滞，则立陷于死状，思想不交通，则公共意识无由见，而社会不能存在。有报纸，则各个分子之意见与消息，可以互换而融化，而后

[①] 麦克卢汉.理解媒介[M].何道宽，译.北京：译林出版社，2011：68.这一观点的实质是指每当一种新的媒介的出现时就会引起人类社会生活的变化，引起社会结构的变化，不论这种媒介具体传播什么内容。据此，麦克卢汉认为媒介传递的"讯息"自身没有太大价值，真正有意义的"讯息"就是媒介本身的性质所产生的作用。这一观点在学术界影响很大。

能公同动作,如身之使臂,臂之使指然。报纸与人生,其关系之密切如此,故报纸知识,乃国民所应具。"①戈公振在这本 20 世纪 20 年代出版的书中郑重指出,对于国民来讲,报纸与人生有着密切关系,报纸于大众犹如身体里的血液,血液如不流通,生命即刻停止;传播信息、引导思想沟通的报纸一旦没有,社会也将不复存在。这一传媒理念将报纸提升到一个极高社会位置,以此想要证明大众传媒对于人类生存与发展乃至整个社会的生存与运作有着极为重要的作用。具体来说,读报不仅可以明智,而且能改变人的思想,改变人生观。戈公振先生于一百年前就把报纸引导广大读者的思想与人生的导向作用提升到一个很高位置,足以证明报纸媒介对新文学在中国的产生所发挥出的强大的传播效应。正是有了一批如同《晨报副刊》的大众传媒,才催生了现代文学并使其不断前行。

从新闻报纸媒介属性考据,《邸报》并不能算得上真正的报纸。因而要是下一个确切定义,我国真正意义上的报纸则是近代的事。中国近代第一份报纸是《察世俗每月统记传》,是英国传教士 1815 年于马六甲创办的②。旧社会存在时间最长的报纸应是英国人于 1872 年在上海创办的《申报》,《申报》直到 1949 年 5 月上海解放才停办。

梁启超在专门论述大众传媒所具有的社会功能的《论报刊有益于国事》中说道"阅报者越多,其人愈智;报愈多馆者,其国愈强;曰:惟通之故。"③当新文学先驱者用理论全力推动文学变革的时候,媒介的实践响应显得更加重要。日本学者樽本照雄在《新编补正清末民初小说目录》中收录了 1898—1918 年国内各类报刊发表的文学作品和翻译作品共计 7 230 部(篇),这一数据证实清朝末年至民初二十年间报刊媒介为新文化运动的发生做出的不菲传媒贡献。当时的《新小说》《绣像小说》《新新小说》《月月小说》《小说林》等小说刊物除了登载翻译小说和创作新小说,同时刊登小说理论和批评文章,小说创作和文学理论在

---

① 戈公振.中国报学史[M].北京:中国传媒大学出版社,2016:8.
② 方汉奇.中国新闻传播史[M].北京:中国人民大学出版社,2002:41.
③ 梁启超.论报刊有益于国事.时务报(第一册)[M].上海:时务报编辑出版,1896:3.

第一章 《晨报副刊》的创刊及其发展流变

现代文学萌芽状态时就形成了良好的互动。

研究《晨报副刊》，必须从它依附的母体——《晨报》乃至《晨钟报》追溯，追本溯源不得不对上述报纸的投资方进步党与研究系做一番简要回溯。辛亥革命成功后，一些积极主张"宪政民主、政治革命、政党政治"的志同道合人士在梁启超、汤化龙、蒲伯英等人的积极奔走下，于辛亥革命次年组织成立了民主党，1913年民主党与共和党、统一党合并组成进步党，梁启超、汤化龙、蒲伯英等为理事。进步党初始立场是支持袁世凯政权的，由于袁世凯力图控制进步党并将其作为自己独裁统治的政治资本和工具，梁启超、汤化龙、蒲伯英等人的"宪政民主、政治革命、政党政治"理想遭到破灭。黑暗统治环境下，一方面，梁启超、汤化龙等人为首的进步党的政治主张与北洋政府产生了较大对立，另一方面也与当时国内第一大政党——国民党的治国理念也明显对立。这种情形下，由进步党人士组成的研究系为了更加有效地推行进步党的政治主张与治国理念，认为必须有一份在北京创办的自己政党的报纸，进步党人士很快就此形成共识，筹办一份从属于自己的（京城）报纸。他们形成共识后选好了报社地址，宣武门外菜市口边上丞相胡同（现北京市西城区菜市口胡同21号院，中华人民共和国成立后为光明日报社职工宿舍），具体由汤化龙筹措资金，首期筹措了一万块大洋。汤化龙电召北洋法政学校读书时曾主编过《言治》月刊的李大钊迅即从日本回国，负责筹办报纸。

此时李大钊留学日本仅两年，因种种原因而退学。退学后李大钊跟随梁启超、汤化龙从事反袁活动，此次是第二次返回日本，但是没待多长时间就接到汤化龙要他回国负责筹办报纸的电报，李大钊便启程回国，回国后先到上海，由上海坐轮船去天津，再由天津转车去北京。在轮船上李大钊思考着如何办好这份报纸，该给这份报纸起一个什么名字，"大钊同志怀着激动的心情，象迎接'新生命之诞孕'一样，为报纸的出版精心地擘划着、思虑着。在碧波滔滔的海上，对着喷薄欲出的一轮朝日，给报纸想好了名字——《晨钟》。"[①] 经过深思熟虑，李大钊为即

---

① 《李大钊传》编写组.李大钊传[M].北京：人民出版社，1979：27.

将出版的报纸起了一个非常有创意的报名——《晨钟》。是的,新思想、新文化传播如同晨钟一般,必将敲醒昏睡国人。

《晨钟报》尽管算不上老牌报纸,但是在中国报业史却产生了较大影响,并对五四新文化运动的发展发挥出了相当的传媒作用。如上所说,《晨钟报》是研究系机关报。研究系是民国初年梁启超等人组织成立的进步党(当时国内与国民党抗衡的第二大政党)属下的政治派系,得名于1916年在北京成立的"宪法研究会",领袖人物是梁启超、汤化龙、蒲伯英等人。研究系骨干成员基本都是1906年君主立宪运动中曾经跟梁启超合作过的一批官僚士绅。研究系成员一致认为,必须借助报纸拓展舆论阵地,扩大政治影响力。历经两月筹备,《晨钟报》于1916年8月15日正式创刊,李大钊为主任编辑,《晨钟报》创办首日整版刊登了李大钊撰写的发刊词"晨钟的使命"。发刊词写道:"吾侪振此'晨钟',期与我慷慨悲壮之青年,活泼泼地之青年,日日迎黎明之朝气,尽二十稘黎明中当尽之努力,人人奋青春之元气,发新中华青春中应发之曙光,由是——叩发——声,——声觉——梦,俾吾民族之自我的自觉,自我之民族的自觉,——彻底,急起直追,勇往奋进,径造自由神前,索我理想之中华,青春之中华,幸勿姑息迁延,韶光坐误。人已汲新泉,尝新炊,而我犹卧榻横陈,荒娱于白发中华、残年风烛之中,沉鼾于睡眠中华、黄粱酣梦之里也……中华其睡狮乎? 闻之当勃然兴;中华其病象乎? 闻之当霍然起。盖青年者,国家之魂,《晨钟》者,青年之友。青年当努力为国家自重,《晨钟》当努力为青年自勉,而各以青春中华之创造为唯一之使命,此则《晨钟》出世之始,所当昭告于吾同胞之前者矣。"句句铿锵之音带给读者的是一篇发聋振聩的新制度向旧制度宣战之民主的呼唤与力推新思想、新文化取代旧思想、旧文化的宣言。这篇宣言式发刊词可看成《晨钟报》的办报理念与传媒宗旨。

以现代文学的发生为切入点分析《晨钟报》对五四新文化运动的媒介响应,可看到以下实绩,《晨钟报》于1916年8月创办时尽管《新青年》杂志已创刊近一年,但研究系在上海办的另一份报纸《时事新报》要比《新青年》早创刊好几年,《时事新报》副刊《学灯》同是著名四大副刊之一。可见媒介是社会进步重要推动力的理念认知方面研究系办报人士并不差,很早就意识到利用媒介进行思想启蒙和文化启蒙是一个有效途径。再者,李大钊在《晨钟报》创刊号发刊词中提出的思想启蒙和文化启蒙理念也要比前一年陈独秀在《青年杂志》发表的《敬告青年》观点更加鲜明。

《晨钟报》创刊时为日报,每天一份,每份一大张另加半张,共六版,第一版广告,第二版国内新闻,第三版国际要闻和国内新闻,第四版广告,第五版文艺,第六版广告。正反面排版印刷。一年后增扩为两大张八版,就此次扩版,《晨钟报》于创办一周年之际在第一版发布扩张启事:"本报出版恰一周年,虽承阅者诸君欢迎,终以未臻完善为憾,兹之下由本月十五日起扩张篇幅,日出两大张用副阅者诸君之雅意,特此通知。"扩版后《晨钟报》第一版仍为广告,第二版国内新闻,第三版国际要闻与国内新闻,第四版广告,第五版广告,第六版国内、国际新闻,第七版文艺,第八版广告。

《晨钟报》创刊首日第五版(文艺版)刊登的文章有:小说《梁珏》、小品文与评论《新发明之假面具》《大鸣小鸣》《知白室说乘》。此后,编辑思路排版模式基本和第一天版式相同。《晨钟报》投资人是汤化龙等研究系政客,报馆由蒲伯英经营。

《晨钟报》创刊后,编辑部主任李大钊的办报思路与研究系政客的观点相左,李大钊的思想根基是"更宜自振独立之精神""举国士夫,并力一辙""蠲弃微嫌"等民主思想,坚定维护民主制度、反对封建帝制的革命大联合思想①。李大钊这一思想理念从1916年2月26日在东京送别好友林伯渠时,写给其的《送幼蘅》一诗即可看出:

"壮别天涯未许愁,尽将离恨付东流。
何当痛饮黄龙府,高筑神州风雨楼。"

诗中流露出的推翻帝制、建立共和的早期民主革命思想以今天的眼光看好似较为单纯,但这却是李大钊从旧民主主义思想向新民主主义思想以至共产主义思想转变的一个实践过程。李大钊任编辑部主任

---

① 李大钊研究会.李大钊全集(最新注释本)[M].北京:人民出版社,2001:101-102.

不满一月报馆便将他辞职,改由蒲伯英负责主编事务。关于其辞职的原因,李大钊留日同学高一涵有如下回忆:"时汤化龙在沪,欲招纳人材为己助,并谓守常(李大钊),誓欲十年在野,专司评政。因创《晨钟》报(即现在《晨报》)于北京,托守常与余为编辑。并谓言论绝对自由,不加干涉。守常从沪至北京组织报社,余返安徽省视吾母,家居二十七日,守常已三电促余北上。迫我至北京,守常已将脱离该报矣。因汤化龙到北京后即联合徐树铮与孙洪伊相抗,以《晨报》为攻击孙洪伊工具,迫守常著论文,守常因与孙交至厚,直孙而曲汤。汤怒,阴命人撤去守常论文,易以攻孙之论著。守常因此去职。"①高一涵当时回安徽老家省亲,李大钊辞职原因是间接听说的,但是《晨钟报》创刊最初二十多天确实没刊登攻击孙洪伊的文章可见高一涵回忆的情况基本属实。如此可证实,汤化龙当初对报纸言论绝对自由、不加干涉的许诺是虚假的。

1918年9月,北京段祺瑞政府以吉会铁路、满蒙四铁路、吉林、黑龙江两省森林和金矿、有线电信、参战、交通银行等各项权利为抵押,先后与日本政府达成八项借款协议,共计1.45亿日元。协议达成后,从1917年至1918年,日本政府或公开或秘密分8次借款给段祺瑞政府。此事渐渐被外界知道,北京各大报纸纷纷披露此事。进步党及研究系尽管曾经支持过段祺瑞政府,梁启超和研究系因拥段有功一度成为段政府新内阁重要成员。但是,梁启超和研究系政客并不是段祺瑞政府的心腹,而是始终以"改良、宪政"为其政纲和口号,常常不满于段祺瑞政府的独断专行与反民主政策,和段祺瑞政府无疑是两股道上跑的车——走的不是一条道,渐渐引起段祺瑞政府对研究系的不满。再者,研究系属下《晨钟报》诸位报人深谙新闻媒体最为重要的作用是舆论监督。因而,从1918年9月23日起,《晨钟报》开始披露段祺瑞政府向日本大借款的消息,同时披露了借款详细内幕。《晨钟报》连着三天每天都在国内外要闻版刊登揭露文章,如1918年9月23日的标题是"西园寺出任中日两国均有极大利益,巨额借款中日密约,为寺内阁时所立"。1918年9月24日的标题是"军械借款之内容……系由参战处用参战

---

① 高一涵.李大钊同志传略[J].中央副刊(第六号),1927(5).

教导团名义与日本泰平组公司订合同,总额为两千万元利率八厘两年付清。"1918年9月25日的标题是"中日交涉内幕",内容有"此外尚有五路建筑之借款其数若干尚未探悉,利率八厘。"1918年9月25日另一标题"人言凿凿之大借款",内容有"前传三千万名目繁多又不仅军械一项……铁路垫款四千万利息八厘……"新闻媒体的监督作用所产生的社会反响与影响力是非常大的,消息一经披露,立即引起全国百姓的极大愤慨,人们纷纷谴责北洋军阀政府的卖国行为,顿时惹怒了段祺瑞政府,事前毫无警告的情形下,《晨钟报》和北京其他几家披露北洋政府大借款内幕的报纸于1918年9月26日同时遭军阀政府查封。另一不幸事件是1918年9月初《晨钟报》还未被查封时,已在国外考察了半年的《晨钟报》创办人之一汤化龙国外考察行程已到最后一站加拿大维多利亚,等候轮船回国。1918年9月1日,参加完汤氏之族于中华会馆为其举办的晚宴,汤化龙和宴请者四十多人游唐人街时被国民党党员、当地一个理发匠王昌连开两枪当场毙命,王昌在众人追捕下自杀。该事件发生二十多天后《晨钟报》被查封。

《晨钟报》从创办到1918年9月26日被查封,历时两年零一个月。被军阀政府查封后,报馆股东并不畏惧军阀政府的打压,只过了两个月就于当年12月1日复刊,复刊时更名《晨报》,仍定为日报,每日一期,每期两大张,正反面排版共八版,第七版为文艺版。1919年2月7日起,《晨报》宣布将刊登文艺内容的第七版独立发行,仍以刊登新文学作品为主,增加以"新知识、新思想、新修养"为主要内容的"自由论坛"栏目和传播域外文化为主要内容的"译丛"栏目。从栏目设置看,早期《晨报副刊》主要设置以下栏目:"专载""文苑""小说·寓言小说""旧闻""剧评""家庭常识""欧战史料""笔记""汤公遗墨""自由论坛""译丛"等。最为重要的是专门设置了刊登新文学作品的"文苑""小说·寓言小说"等栏目。第七版独立发行后,原《晨报》第七版版面改为半版广告,另半版刊登体育比赛、文化活动消息。

《晨报》出版后再次将李大钊聘为第七版(文艺版)编辑,将第七版扩为四版单独发行。1920年5月,李大钊辞去《晨报副刊》主编一职,

29

不久由孙伏园接任。孙伏园接手后在李大钊改革的基础上再次对《晨报副刊》部分栏目进行了改革。1924年10月底,孙伏园辞职后《晨报副刊》由刘勉己代管,《晨报副刊》发行量下降。到了这时,《晨报》负责人陈博生[①]邀请徐志摩接任《晨报副刊》主编,1925年10月1日徐志摩正式担任《晨报副刊》主编。徐志摩上任后,再度对《晨报副刊》版面进行改革,增加了《国际》《家庭》《社会》三种专刊,每周各出一期,每逢出三种专刊当日即不出《晨报副刊》。另一改革举措是增设了《诗镌》和《剧刊》专刊。一年后徐志摩和陆小曼结婚移居浙江老家,将《晨报副刊》暂交瞿世英代理主编。瞿世英接手《晨报副刊》后,办刊方针基本延续徐志摩主编时期的编辑思路,未做较大改动。一年后瞿世英辞去主编职务,由《晨报》艺体部编辑临时轮换主持了大半年,1928年6月5日因《晨报》停刊、《晨报副刊》跟随停刊,创办期间附属于《晨报副刊》发行的文学旬刊主编是文学研究会成员王统照。

《晨报》停刊两月后于同年8月5日盘给了山西军阀阎锡山手下的交通处长李庆芳,他接手后将《晨报》更名为《新晨报》,继续设置文艺专版,《新晨报》曾刊登了一些有影响力的新文学作品,像石评梅的散文《恐怖》(《新晨报》文艺副刊1928年9月19日),台湾作家张我军的《老北京》(《新晨报》文艺副刊1928年9月24日),李霁野翻译的《阿纳托尔·法朗士》(《新晨报》文艺副刊1928年8月19日)等。《新晨报》断断续续办到1943年12月30日宣布永久停刊。

二、传媒视域解读《晨报副刊》

从文化学视域分析,《晨报副刊》的创办深受五四新文化运动的影响,《晨报副刊》的创办又直接为五四新文化运动的发展提供了传播平台。因此,分析《晨报副刊》对新文学的传播首先应重视五四新文化运动所产生的深远的历史意义和极其重要的现实意义。

五四新文化运动的诉求和主张主要是提倡新思想、反对旧思想;提

[①] 陈博生,1891—1957,字渊泉,福建省闽县人,著名报人,早年赴日本留学,毕业于早稻田大学经济系。1916年回国后和李大钊一起进入《晨钟报》任编辑。

第一章 《晨报副刊》的创刊及其发展流变

倡新文学、反对旧文学;提倡新道德、反对旧道德;提倡科学、民主等。从几位当时重量级学者的观点即可看出五四新文化运动所具有的历史意义。梁启超在五四运动第二年发表的《"五四纪念日"感言》称:"去年五月四日,为国史上最有价值之一纪念日……此次政治运动,实以文化运动为原动力,故机缘于此,而效果乃现于彼。"①蔡元培则指出:"五四文学革命是以欧洲文艺复兴为样板,'以人文主义'为标榜,由神的世界而渡到人的世界。"②作为文学革命发起者的陈独秀和胡适认为:五四新文化运动的意义是秉承"今日庄严灿烂之欧洲"文明,象征着现代中国迅速崛起的"文艺复兴"。③1933年7月,胡适在美国芝加哥大学比较宗教系举办的系列讲座中多次把五四新文化运动与欧洲文艺复兴进行比较,认为五四新文化运动就是中国的"文艺复兴"。基于此,深受五四新文化运动影响的《晨报副刊》必然义不容辞、责无旁贷地承接着传播新文学的媒介职责。

《晨报副刊》创办十年先后经历了数任主编,分别是李大钊、张梓芳、孙伏园、刘勉己、徐志摩、瞿世英、《晨报》艺体部编辑轮流主编(注:刘勉己、徐志摩和瞿世英主编时期曾经临时交江绍原、汤鹤逸、丘景尼代理过一段时间)。任职时间最长为孙伏园,任主编四年零三个月。任职时间最短为张梓芳,只做了两月主编。

《晨报副刊》文章版面安排是这样定位的,从最初《晨报》第七版开始,版面安排与编辑定位就是文艺版,直到1928年6月5日停刊止,不论最初只有一个版面还是扩为四个版面,十年间一直以刊登文艺类文章为编辑方针和版面安排依据,定位非常清晰。当然,为了更加有效地扩大报刊社会影响力,《晨报副刊》扩为四版后留有一个版面安排社会类、科普类文章。同时,为了报纸的生存必须留有一个版面刊登广告。实际运作中则是文艺类稿件积压过多时常常挤占其他版面刊登文艺类文章,有时不惜挤掉广告,四版全是文艺类文章。为了传播新文化竟然

---

① 吴晗. 新五四运动[N]. 燕京新闻,1947-04-28.
② 中国新文学大系·总序[M]. 上海:良友图书印刷公司,1935.
③ 陈独秀. 文学革命论(第二卷第五号)[J]. 新青年,1917(2).

连广告也敢砍掉,可见编辑对于新文化传播的积极热诚。本节以1918年12月《晨报》创刊第一个月为例分析相关数据,当月第七版(即《晨报副刊》)共刊登了各类文章共计309篇,其中小说30篇、诗歌70篇、散文、游记、报告文学67篇、戏剧31篇、文学评论1篇、译文18篇,文学类文章217篇,占本月文章总数七成。这组数字足以见出《晨报副刊》对新文化运动的媒介响应力度之大。随手拈来的名篇:思想启蒙类有李大钊的《劳动教育问题》、本报评论《劳农政府治下之俄国——实行社会共产主义之俄国真相》、胡适的《武力解决与解决武力》等,剧评类有涵庐主人的《我的戏剧革命观》、非禅的《旧剧之结构》、醪公的《最近评剧界之出版物》等,诗歌类有董卿的《江海谣》、瘦湘的《少游矣》、柳屏的《扶桑吟》等,小说类有欧阳予倩的《断手》、铁崖的《战事真相》、天籁的《三兄弟》、天放的《伪券》等,其中不少是名篇佳作。

数据统计结果显示,1918年12月1日《晨报》创刊至1928年6月5日终刊,先后共出刊2 314期,(此数据依照《晨报副刊》终刊当日期号得出)。十年间《晨报副刊》(包括《晨报》第七版)总计刊登16 410篇各类文章其中,小说2 230篇,诗歌2 158篇,散文、游记、报告文学3 869篇,戏剧1 057篇,文学评论743篇,译文951篇,史料传记类作品1 198篇。《晨报副刊》创办十年刊登各类文学作品总计为12 206篇,占《晨报副刊》文章总数74.4%[①]。

从传媒视域解读《晨报副刊》,本节所取指标体系划定的小说、诗歌、散文、游记与报告文学、戏剧、文学评论、译文七大文学类别中,小说占七大文学类别总数18.3%,诗歌占17.7%,散文、游记与报告文学占31.7%,戏剧占8.7%,文学评论占6.1%,译文占7.8%。可见,小说是明显被读者认可并乐于接受的新文学样式,也是作者全力为之的创作重镇。诗歌紧随其后,占17.7%,证明广大读者已有了厌烦占据中国文学正统地位数千年古典诗歌的单一灌输,对于新奇的自由体诗歌文体表现出极大兴趣。散文、游记与报告文学类占31.7%高比重在意

[①] 报刊编辑学统计文章刊发量通常以刊登1次计为1篇,本书沿用该统计方法统计,凡涉及发文量统计数据时均以刊登1次为1篇计数。

第一章 《晨报副刊》的创刊及其发展流变

料之中,因为这类新文学文体不但能使读者在极为放松的状态下轻松阅读各类异闻趣事,还能获得别致的审美愉悦。作者创作过程也能随意进行,一草一木、一花一鸟都可成为抒发对象,不必局限于某种严肃传统文体的束缚。

另一问题值得关注。1925 年《晨报副刊》戏剧类文章发文量较此前明显减少,全年戏剧类文章刊登数只有 33 篇。1925 年 10 月 1 日,由大力提倡戏剧中国化的徐志摩正式接手主编一职,而本年度后三个月只刊登了 1 篇话剧作品。1926 年大半年时间也是徐志摩担任主编,但是全年只刊登了 25 篇戏剧类文章,加上《剧刊》刊登的 53 篇戏剧评论文章(包括两篇戏剧参考书目),全年只有 78 篇。1927 年《晨报副刊》全年刊登戏剧类文章仅 43 篇,这一年徐志摩已和陆小曼结婚并移居上海,《晨报副刊》由瞿世英代理主编。1928 年《晨报副刊》办到 6 月 5 号随母报《晨报》停刊同时停刊,最后半年只刊登了 15 篇戏剧类文章。这组数据说明一个问题,《晨报副刊》前两任主编格外重视刊登戏剧文学作品,认为戏剧文学作品不论是语言对话通俗有趣,还是故事情节引人入胜,抑或思想内容深刻,都是新文学典范,是新文学未来发展榜样。因而,首任主编李大钊和继任者孙伏园必然全力推荐这一新文学样式。数据显示,《晨报副刊》独立发行第一个月就刊登了 31 篇戏剧类文章。随后几年不管是李大钊主编时期还是孙伏园主编时期,《晨报副刊》每年都会刊登 200 篇左右戏剧文学作品和戏剧改革文章,而徐志摩主编时期全年则只有几十篇。

不论徐志摩为新文学的发展如何呐喊助威,但是《晨报副刊》却在他任主编时间段戏剧文学作品和戏剧理论文章刊发量明显减少,这是一个令人费解的问题。徐志摩曾一再表态说戏剧文学对于新文学的发展非常重要,不止一次和新月同仁解释成立新月社的一个目的就是排演新戏,以戏剧改革推动新文学的发展。为了更好地实现他的戏剧改革主张,主编《晨报副刊》期间特地设置《剧刊》专刊,专门刊登话剧理论和话剧作品,1926 年刊登的戏剧文章大多都刊登在《剧刊》,但是总数却并不多。究其原因,从《徐志摩年谱》查到的徐志摩活动轨迹是,他在

1925年就任主编后每周只亲自编辑四期，另三期交由他人主编，而且几乎每天都有各类社交活动。1926年1月至9月，另一情况就是他忙于和陆小曼的婚事，这件事耗费了很大精力。1926年2月初，为此事他专门回浙江老家过春节，顺便说服父母同意这档婚事，委托江绍原代为主编了一个多月，上述情况也是话剧作品刊登数量减少的原因。再一原因就是1926年春徐志摩在《晨报副刊》开设了《剧刊》专刊，就不好再把《晨报副刊》其他版面也挤占刊登戏剧类作品。只是《剧刊》开设期间徐志摩忙于和陆小曼的婚恋事宜，没有精力组稿、约稿，《剧刊》也就没能刊登预期数量的戏剧作品和相关文章，因而每期只有三四篇文章，最终《剧刊》只办了十五期就停办了。不管是否还有别的原因，统计《晨报副刊》发文量得出的数据结果应予以重视。

徐志摩主编任内1926年《晨报副刊》刊登诗歌数量首次超越小说和其他类文学作品，占据全年刊登各类文学作品排名第一位置，证明徐志摩对新诗的大力提倡和他本人对于新诗的偏好。对新诗有创作偏好，就会利用主编权力推动新诗的发展，像他力主设置《晨报副刊·诗镌》专刊以及身体力行创作新诗、全力推动新诗的发展等就是明证。但少许遗憾的是如果以单月平均数样本分析，他在几任主编的排名中并不是第一。

《晨报副刊》文学评论类文章刊发量最多也是徐志摩任主编的1925年和1926年，年均超一百篇，不过前几年刊登量也只是略少一些，不能就此数字认定徐志摩比前两任更加重视文学评论类文章。只是他觉得这一时间段正好是新文化运动第一个十年收尾期，这一时期刊登大量文学评论文章是为下一个十年新文学能有更大发展而造势。

从传媒视域分析再次证明，《晨报副刊》被定位为纯文学报刊是名副其实的，《晨报副刊》创办期间始终承接着新文学传播重任，而且超额完成了一份报纸副刊所能承载的传播职责。

《晨报副刊》使用的期号具体分四个阶段。第一阶段：1919年12月1日至1921年12月31日，《晨报副刊》用《晨报》正刊期号；第二阶段：1922年无期号，仅有出版日期；第三阶段：1923年1月到1925年

第一章 《晨报副刊》的创刊及其发展流变

5月31日,从当年出版第一份《晨报副刊》起以"第一号"开始重新编号;第四阶段:1925年6月1日至1928年6月5日终刊,恢复使用《晨报》正刊期号。需要说明的是,《晨报副刊》的期号在出版发行时偶有错误,依照尊重文献原则,仍依据影印版从实录入。

从传媒视域解读《晨报副刊》、《晨报》和《晨钟报》的新文化传播策略可得出以下结论:

(1)上述报刊创办的目的之一就是想要办成研究系的机关报,拥有一份从属于研究系的舆论平台,更加有力地监督政府的权力,反映民间诉求、传播百姓声音,提升进步党和研究系的政治影响力。

(2)辛亥革命的成功和有着260多年统治史的清朝封建政权的终结,是几代具有先进思想知识分子努力的结果和广大百姓的期盼。但是,随着袁世凯称帝、张勋复辟等一个个倒行逆施丑剧上演,引发了广大知识分子和人民群众的愤慨。此时,梁启超和研究系政客深切感受到,要想防止此类复辟闹剧重演,必须对政府行为进行舆论监督,报纸则是最为有效、社会影响力极大的舆论监督工具,民间办报已成为国民的共识。

(3)要想使国人思想得到更大启蒙,更加有效地启发民智,就必须大力传播新思想、新文化,思想启蒙和文化启蒙是首要的任务,作为主流媒体的报刊理应承担起启发民智的重任。于是,办报刊成为具有进步思想知识分子的共识,梁启超和研究系同仁创办《晨钟报》就是一个必然举措。尽管两年后《晨钟报》被北洋政府查封,两个月后就又复刊,改名《晨报》公开发行,继续扮演大众传媒角色,承担传播新思想、新文化、启发民智的媒介职责。

《晨钟报》因披露北洋政府向日本大借款一事和北京多家报纸一并遭查封这件事再次证实北洋政府实行的却是反民主、反共和的独裁专制统治,此举暴露出北洋政府反动统治的真面目。辛亥革命成功第二年颁布了《中华民国临时约法》,但是北洋政府竟然公开违宪,随意践踏、扼杀新闻自由,仅这件事即可看出北洋政府假民主、真独裁的面目。马克思早年撰写的第一篇文章就是1843年发表的抨击普鲁士政府新

35

闻检查制度的《评普鲁士最近的书报检查令》,在这篇文章中马克思严厉谴责了普鲁士政府新发布的书报检查令不过是旧的书报检查令的延续,其本质上仍是代表封建贵族意志和利益,扼杀出版和言论自由①。美国传播学教授施拉姆认为,任何一个政体,统治者都不应打压媒介,借助于观点自由的大众传媒和传播者自我修正过程,正确意见与观点自然会被认同与接受,错误观点与信息会被受众抛弃②。北洋政府竟然连新闻原则都肆意践踏,对《晨钟报》和北京多家报纸的查封行径不但遭到广大读者的愤慨,而且破坏了国家法律,这种无法无天的反动行径必将激起更大反抗。《晨钟报》投资人并不畏惧北洋军阀政府的查封,很快将《晨钟报》更名《晨报》继续出版发行,就是用行动进行着传媒人的反抗。

从《晨钟报》和复刊后改名《晨报》的版面编排可看到另一传媒现象,《晨钟报》创刊时共六个版面,其中广告占三个整版,占据报纸一半版面。一年后扩为八版时广告为四个整版,占整份报纸一半版面。复刊后的《晨报》广告版面安排与《晨钟报》基本相同。究其原因,报纸要想办下去,就得有赢利,单靠报纸发行量、订阅量是不可能带来较大赢利的,尽管其后《晨报副刊》一度发行量高达一万份,为四大副刊发行量之首,但是只凭借发行量带来的赢利对报纸的生存并不会有牢靠的经济保障。大量广告业务才能保证报纸有一个稳定的经济收入。本节以1925年10月《晨报副刊》刊登的广告价格表为例进行分析:

封面和封底整版广告费各150元,其他版面整版广告100元,半版广告费60元,四分之一版广告费35元。广告费收入合计约500元。

同一天《晨报副刊》刊登了报纸售价:

售《晨报副刊》30天合订册一册3角,本市邮费3角2分,如此可推算《晨报副刊》单日一份(加邮费)售价约2分。

依据这组价格数据可做以下推算,以一期报纸为例,单日10 000份

---

① 马克思.评普鲁士最近的书报检查令[M]//马克思恩格斯全集(第一卷).北京:人民出版社,1981:21.
② 西伯特,彼得森,施拉姆.传媒的四种理论[M].戴鑫,译.北京:中国人民大学出版社,2008:8.

报纸能卖100元(不含邮资),除去排版、纸张、印刷成本、作者稿费、人工工资等相关费用,剩余不足10元,月盈余也就一二百元。赢利主要靠《晨报副刊》广告收入和母报《晨报》广告收入。毫无疑问,刊登广告获得的收入为各家报纸主要经济来源,广告费收入是报馆老板主要经济指标,也是报纸继续办下去的主要经济支撑,《晨报》挪出一半版面刊登广告也就不奇怪。美国传播学者就此总结道:"大众传媒的功能是告知信息和提供娱乐。第三项功能的出现与前两项密切相关,即为传媒提供经济基础,保证传媒在经济上的独立。这就是销售和广告功能。"[1]如其所言,报纸的广告功能既可赚取广告主的广告费,同时也把各类商业信息及时传播给广大受众,完成了大众传媒所应承担的各类信息综合传播功能,广大读者通过广告信息购买所需商品,满足各自物质需求。鲁迅曾就报纸的广告功能直白地解释道:"既要印卖,自然想多销,既想多销,自然要做广告,既做广告,自然要说好。"[2]其实不只鲁迅持这一观点,大众传媒在现代社会所具有的广告传播功能无疑是传媒人的重要经营理念,亦是传媒人的经营共识。

第二节 《晨报副刊》传媒定位:鼎力传播新文学

一、灵活多变的新文学传播策略

《晨报副刊》尽管从属于研究系,但是研究系成员之间政治立场并不统一,各成员政治观点并非一致,因而较少对报刊发表文章进行掌控与干涉。1927年,梁启超曾对他女儿解释:"我们(研究系)没有团体的严整组织,朋友们总是自由活动,各行其是,亦没有法子去部勒他们(也

---

[1] 西伯特,彼得森,施拉姆.传媒的四种理论[M].戴鑫,译.北京:中国人民大学出版社,2008:42.

[2] 鲁迅.鲁迅全集(第三卷)[M].北京:人民文学出版社,1991:305.

从未作此想法)。别人看见我们的朋友关系,便认为党派关系,把个人行动认为党派行动,既无从辩白,抑亦不欲辩白。"①研究系投资股东较少干预报刊编辑排版,为《晨报》及《晨报副刊》提供了一个较宽松的媒介环境。《晨钟报》和随后创办的《晨报》《晨报副刊》编辑、记者始终把新闻自由作为传媒人的职业道德准则自觉要求自己,在具体操作过程中编辑方针与传播策略有着较强的独立性和灵活性。"五四新文化运动的爆发,首当其冲冲击着报业,并从副刊改革入手,在内容和形式上都出现巨大变化。但是,也应看到,这个时期的副刊和报纸本身结合松散,大多由社会团体出面主办,附在报纸中,有较强的独立性。"②正是这种虽然附在报纸中但同时具有较强的独立性所致,1921年10月12日,《晨报》第七版改革,宣告将独立发行,每期增加为四版四开单张(为报纸专用印刷纸两大张半),本日出刊启事特地告知:"决定于原有的两大张之外,每日加出半张,作为晨报附刊。"独立出版发行的《晨报副刊》社会影响力迅速扩大,成为新文化运动的有力推手。

  关于报纸副刊的发展以及在中国现代新闻史的影响力,冯并先生进行了深入研究:"从附刊式副刊中看到报纸发展的另一个侧面,即大报启发了文艺小报,小报又直接影响了副刊,使它在套用小报形式的同时,具有了初步完整的编辑形态。这种附刊式的副刊盛极一时,从广东报纸'谐部'到五四运动中的四大副刊,莫不如是。"而"副刊的相对独立编辑形态,又与报纸存在着统一性。副刊的相对独立编辑形态是显而易见的。就其基本形式而言,外形很像是一张完整的报纸。它有体裁的综合性;杂文或者'小言',连载、散文和各类小品记事。它有各种小栏目,还有特定的编辑业务与作者群。一般情况下,报纸并不干预它的日常工作,它也以松散的方式沟通于报纸各版。"③《晨报副刊》独立发行前的《晨报》第七版(文艺版)排版与版面策划确实如冯并所言,《晨报》第七版看外表形态很像一张完整报纸,"文苑"栏目既安排小说、散

---

① 丁文江,赵丰田.梁启超年谱长编[M].上海:上海人民出版社,1983:1111.
② 冯并.中国文艺副刊史[M].北京:华文出版社,2001:44.
③ 冯并.中国文艺副刊史[M].北京:华文出版社,2001:44.

第一章 《晨报副刊》的创刊及其发展流变

文、小品文等文学作品,也刊登各类记述类文章,还刊登社会要闻。《晨报》第七版设专版编辑(主编)岗位,负责第七版文章选定、版面策划、组稿、约稿等全部编辑事宜。更名《晨报副刊》独立出版发行后,版面安排以宣传新文化运动、传播新思想、新文学、翻译域外文学为主,并配合《晨报》刊登广告。以《晨报副刊》扩版独立发行第一期版面安排为例,第一版共三篇文章,全是自然科学和社会科学类,第一篇是胡适撰写的《记费密的学说》,第二篇是译作《社会进化之原理》,第三篇是《地质浅谈》。第二版、第三版全是文学作品,第四版广告。整个版面设计安排可看出编辑策略明显倾向于新文学传播,自然科学与社会科学两类文章只占一版,文学作品占两版,广告占一版。一方面,此种编辑模式从新闻传播学视角分析可认为既是一种报学现象,也是一种文学现象。这种交叉性使它获得了特殊性质和特殊形态,传播各类信息的同时能够产生一种特殊的文化传播效应。另一方面,《晨报副刊》既刊登社会科学、科学普及、日常生活等文章,以满足读者获取各类信息的阅读需求,实现思想启蒙目的。同时找准该副刊为文艺副刊的定位,以宣传新文化为媒介主要任务,占用一半以上版面刊登各类新文艺文章,重视对域外文学翻译,借"外国的火煮自己的肉",通过外国文学的引进实现跨境传播新文学与启发民智目的,完成五四新文化运动提出的思想启蒙和文学启蒙双重任务。

从新文学评论和文学批评视域看,五四新文化运动造成了人们对副刊性质和社会作用的新认识,以《晨报副刊》为例,作为新文学传播主阵地之一,《晨报副刊》读者层面相当广泛、阅读的连续性、新闻的时效性等传媒特征,使得所刊登的文学批评文章具有持续性影响力,对新文学的发展有一定的导引作用。同时,副刊呈现的普适性与通俗性特点,能够将社会大众和批评家的阅读欣赏与评论批评相结合。从内容方面看,《晨报副刊》刊登的评论和批评文章说理平和,语言通俗易懂,没有盛气凌人的感觉,很受读者欢迎。这些成绩应归功于副刊编辑排版编辑时所具有的灵活性特点,这种编辑策略有利于"百花齐放、百家争鸣"方针的开展,更加有效地推动新文学前行发展。

从另一角度分析,副刊又是一种复杂的报学现象,影响其发展的因素很多,"一是社会变革和社会的需要。二是文化思想运动特别是文艺运动的因素。三是报纸业务和编辑形态发展。四是副刊本身发展的阶段性和相应的类型变化。这些因素虽然不是彼此互相孤立的,却对副刊的发展发挥着各自不同分量的作用。"[①]随着清王朝被推翻,带来了巨大的、前所未有的社会大变革,这种社会大变革亟须社会舆论引导与助推,报纸副刊无疑是此重要任务的最佳担当者。此外,随着文学革命口号的提出,一批批倡导新文化的知识分子需要大众传播平台为他们倡导的新文化发力呐喊、推波助澜,以《晨报副刊》为代表的报纸副刊犹如及时雨给干旱土地带去了甘露。再者,报纸副刊自身的发展与更加适应读者的知识需求有着紧密关联,这种关联性会推动副刊自身不断变化,促使主编运用灵活多变的编辑策略刊登各类新文学作品和文学理论文章,更加有实效地助推新文学的发展。司马长风甚至认为假如不是这几份副刊的支撑和奋斗,不但新文学运动高潮不会到来,而且还有中途夭折的危险[②]。此话乍听有些危言耸听,但是如果把现代文学史所有作家作品原始出处一一查找一遍,尤其是现代文学史第一个十年作家作品原始出处一一对照,发现绝大多数文学作品来源于各类报刊,其中副刊和纯文学杂志占了很大比例。对《晨报副刊》创办史进行纵向研究也发现,《晨报副刊》自始至终与新文化运动的发展演变密切相关、相随相依。以时间先后为纵向轴,从该副刊设置的各类文学栏目以及刊登的文章中既可看到各种文艺力量、文学思潮彼涨此消之脉络,亦可把握新文学发展变化脉搏;可使我们从更加广阔的社会背景与社会环境探索现代文学史第一个十年发展变化规律。具体可做如下总结:

首先,五四新文化运动的发生,使副刊的媒介趋向发生了转折性变革,尽管"文学革命"大旗是由《新青年》杂志举起的,但是"文学革命"的实绩却集中体现在各类副刊和文学专刊中。像现代文学史扛鼎之作

---

① 冯并.中国文艺副刊史[M].北京:华文出版社,2001:41.
② 司马长风.中国新文学史(上卷)[M].香港:昭明出版社有限公司,1975:77.

第一章 《晨报副刊》的创刊及其发展流变

《阿Q正传》和同在现代文学史产生了重要影响的《寄小读者》《印度洋上的秋思》《秋柳》等一批现代文学名作均是在《晨报副刊》发表的。各新文学社团纷纷把副刊当作"文学革命"与"革命文学"的主阵地,尽管各新文学社团的文学主张并不相同,但是各类副刊并不以社团间的文学观点为取舍,不分派系、无论立场,均照登不误。

其次,以《晨报副刊》为代表的文学副刊的另一新文学意义是促进了新文学文体的变革与发展。副刊文字具有短小精悍以及连载性质。以《晨报副刊》为例,所刊登的连载小说占很大比例,连载小说又在一定程度借鉴了宋元话本、通俗演义创作模式。正如胡适指出的,"全是一段段的短篇小品连缀起来的,拆开来,每段自成一篇,抖拢来,可长至无穷……头绪既繁,脚色复伙,其词遂率与一个俱起亦即与其人俱讫,若断若续,与儒林外史略同。"[①]正是章回小说这种连缀而成特点,很容易成为报纸副刊首选。"由于传统小说与笔记文中志怪小说一脉有着渊源关系,形成小说作者托史、托事,或有所本,虚构以'影射'的处理素材的方式,其如宋明的'话本''拟话本',不乏托言'新闻'的。"[②]再以《阿Q正传》为例,《阿Q正传》是以连载形式刊登于《晨报副刊》的。小说采取为主人公"立传"的调侃方式分期、分章、分段展开故事情节,带给读者一种新颖别致的阅读感。小说每章均有各自独立的故事情节,却又相互联系,整篇小说看似散其实不散,形散神不散,小说各章随着主人公阿Q的命运发展变化主线而发展变化,故事层层推进,人物性格渐进完成。可以断定,如果不是采用新闻文学文体和依据于副刊特点,《阿Q正传》很可能是另一种小说模式。

再次,《晨报副刊》刊登的游记文学也是传统文学与新闻文学文体结合的样板。游记文学历史久远,像《水经注》《徐霞客游记》等都是古典游记文学的经典。游记文学常常呈现纯记录新闻特征。五四新文化运动产生的现代游记文学的特点是既揭示自然与社会生活的静态与动态美学,与新闻通讯又有着一种必然联系,带有一定新闻知识属性。这

---

① 胡适.胡适文集(第三册)[M].北京:北京大学出版社,1998:242.
② 冯并.中国文艺副刊史[M].北京:华文出版社,2001:27.

种古为今用、推陈出新的游记文学在《晨报副刊》大量刊登则是新文化传播实绩的展示，深受读者喜爱，亦是其新文学传播所产生的不菲效果之明证。

　　最后应看到，《晨报副刊》创办早期李大钊打破传统风格，为五四新文化运动摇旗呐喊。他对马克思列宁主义思想理论文章的大量刊登，使得《晨报副刊》一时间成为宣传马列主义的主阵地。当马列思潮如潮水般涌入国内时，新文学一时间未能紧随其后。孙伏园上任伊始增加了"名著""剧本·实用剧本""诗""小说""艺术谈""新文艺"等纯文学艺术栏目，以更多刊登各类新文学作品，为鲁迅、周作人、胡适等文学名家提供更多版面刊发文章，设置新的文艺版块助推文学新人更快成长，《晨报副刊》亦成为著名文艺副刊。

二、《晨报副刊》与新文学共融发展

　　关于《晨报副刊》与新文学共融发展的传播策略，本节先以《晨报副刊》刊登文化评论文章为例分析。《晨报副刊》刊登文化评论文章与该报创办同步，《晨报》创办第三天，《晨报》第七版（《晨报副刊》）就刊登了非禅的戏剧评论文章《三庆剧谈》（《晨报副刊》1918年12月3日），随后有缪公的《最近评剧界之出版物》（《晨报副刊》1918年12月8日）、夔文的《怀北京三诗人》（《晨报副刊》1918年12月23日）、缪子的《菊部旧闻》（《晨报副刊》1918年12月27日）等21篇戏剧评论和诗歌评论文章刊登于《晨报》创办第一个月。

　　1921年10月12日，《晨报副刊》第二版刊登了陈大悲的《戏剧研究》，这是一篇国外戏剧研究文章的翻译。刊登文化评论文章和域外相关文章的举措已证实《晨报副刊》从创办初始就将文化研讨作为办报方向之一。为此，《晨报副刊》相继开设了专为刊登学术研讨文章的栏目"剧谈""杂感""开心话"等，以方便学术界同仁研讨新文化。尤其是《晨报副刊》第一版开设的"读书录"栏目则干脆边介绍国外新书边评论，1921年10月17日第一次开设"读书录"栏目时发表了胡适的《记费密的学说》做导引。

第一章 《晨报副刊》的创刊及其发展流变

此外,像李大钊的《今与古——在北京孔德学校课外讲演》(《晨报副刊》1922年1月9日第三版)、胡适的《新文学运动之意义》(《晨报副刊》1925年10月10日第二版)、王统照的《文学的作品与自然》(《晨报副刊》1923年7月11日第一版)等,均是对新文学的发展有引导作用的影响力较大的文章。这一时间段学术界对《晨报副刊》传播新文学的业绩研究也不断见诸报端,如汤钟瑶的《读了自己的园地》(《晨报副刊》1923年10月9日第四版)、于成泽的《给鹤逸先生的一封信》(《晨报副刊》1925年9月22日第七版)、毅夫的《读庐隐女士〈时代的牺牲者〉之后》(《晨报副刊》1927年4月11日第二版)等,均是颇具学术引导力的《晨报副刊》与新文学共融发展的文章。冯文炳的《呐喊》(《晨报副刊》1924年4月13日第四版)则用剑走偏锋的笔法评论鲁迅的小说集《呐喊》,"鲁迅君刺笑的笔锋,随处可以碰见,如《白光》里的陈士成,《端午节》里的方玄绰,至于阿Q,更要使人笑得个不亦乐乎,独有孔乙己我不能笑,——第一次读到'多乎哉?不多也',也不觉失声,然而马上止住了,阴暗起来了。这可见得并不是表现手段的不同,——我不得不推想到著者执笔时的心情上去呵。临末我也说一句俏皮话:我在饭馆里,面包店里,都听到恭维《呐喊》的声音,著者'我决不是一个振臂高呼应者云集的英雄'的发见,可以说是不再适用了。——那么,鲁迅君,你还以所感到者为寂寞乎?"作者对极具启蒙效应的鲁迅小说给予坚定支持与赞誉,认为作品产生的带动作用和社会影响力是非常大的。此类不同凡响评论文章的大量刊登则是《晨报副刊》与新文学共融发展的传播策略。

《晨报副刊》推动新文学前行发展功绩确实非凡。从1920年起,《晨报副刊》侧重于新文学的讨论与作品刊登。独立发行之前,新文学作品占一半篇幅。独立发行时新文学作品增加到70%左右。从创作到翻译,从小说、戏剧、诗歌、散文、文学评论、游记到文艺杂谈,剧目评介乃至民间歌谣,内容丰富,形式多样。

以小说为例,从1919年1月到1924年10月,共发表小说1307篇,其中翻译小说既有译自莫泊桑的《乞人》《遗嘱》《童贞女》,也有翻译法国孟代的《钱匣》《跛天使》，日本菊池宽的《三浦右卫门的最后》，英国Stevenson 的《马来突易先生的门》。更有对苏联文学的情有独钟，像高尔基的《苏妃之死》《争自由之波》，普希金的《驿吏》《棺材匠》，契诃夫的《圣诞节》《妻》等。现代小说则以叶圣陶、冰心、陈大悲、许钦文等人作品为多。鲁迅的《狂人日记》《故乡》《阿Q正传》《肥皂》等都是经典作品。新诗更是《晨报副刊》的重头，连创作带翻译上述时间段共刊登了 700 余首，大部分是自由体诗，诗作内容有着明显的时代精神，给读者很大鼓舞。五四时期著名诗人郭沫若、刘大白、俞平伯、康白情、冰心、郭绍虞、汪静之、叶圣陶、徐志摩等都有数量不等诗作于这一时间段刊登于《晨报副刊》。此外有瞿秋白、冯雪峰、王统照、应修人、郑振铎、孙席珍等人的新诗也来《晨报副刊》助阵。戏剧方面易卜生的作品、鲁迅翻译的爱罗先珂的《桃色的云》、熊佛西、陈大悲等人的剧作均产生了很大影响。游记多达 60 余种，像瞿秋白的《赤俄之归途》、孙伏园的《长安道上》均为名篇佳作。再者有相当数量文艺杂谈和戏剧研究文章，前者介绍国外文学思潮、文艺学和美学，后者着重剧本的争议与讨论、爱美剧的倡导，旁及美术、音乐各艺术门类。以大众传媒为新文学传播平台，《晨报副刊》聚集起一股强大的新文学创作力量。

《晨报副刊》助推新文学发展的业绩使其传媒意义超越了报刊自身的定位，体现出明确的、进步的编辑思想，为文艺副刊的发展提供了编辑经验与编辑样板。这种样板作用直接影响到国内各类报纸副刊和文学期刊的编辑理念与编辑方针，许多编辑深受启发与鼓舞，一起为现代文学第一个十年发力助推，为现代文学第二个十年的发展打下了坚实基础。

推动新文学前行发展的同时，《晨报副刊》因其新颖独特的办报理念，主编具有的现代传媒思想以及对新文学的执着热爱，使得这份报纸副刊很快成为广大读者喜爱的刊物。连带《晨报》的发行量均得到较大增长，以孙伏园主编时期对《晨报副刊》的改革最具成效，《晨报副刊》成为深受读者欢迎的报刊。1923 年 7 月，《晨报副刊》刊登了一则《晨报副刊》销量广告，"去年所刊行之《晨报副镌合订本》，为中外各界人士所

第一章 《晨报副刊》的创刊及其发展流变

爱读。现时每月销数,竟达一万份之多,实为我国出版界空前之盛。"一方面,这则广告就是《晨报副刊》受读者欢迎的有力证据,证明其受读者喜爱之深。读者喜爱这份副刊,发行量就会有较大增加,发行量增加、刊登的文学作品社会影响力便会有显著提升,就会更有实效地推动现代文学前行发展。另一方面,副刊经济收入也会跟随增长,《晨报副刊》鼎盛时期月赢利近 200 块大洋,发行量与赢利是四大副刊排名第二的《京报副刊》两倍多。上述实例均可证明《晨报副刊》与现代文学共融发展的实绩。

1924 年 10 月底孙伏园辞职后,《晨报副刊》由《晨报》主编刘勉己临时负责,历时近一年,后于 1925 年 10 月 1 日正式请徐志摩担任主编。徐志摩就任主编后,其编辑思路也是借助媒介平台助推现代文学发展,为达此目的先后增加了《诗镌》和《剧刊》文学专刊。1926 年 10 月徐志摩离开北京,《晨报副刊》临时交由瞿世英代为编辑了一年,1927 年秋瞿世英辞职后由《晨报》艺体部轮流派人临时主编了大半年直至 1928 年 6 月 5 日停刊。《晨报副刊》创办后期一则由于换人频繁,二则再也没有如同孙伏园那般具有精湛编辑能力与敬业精神的主编,导致文章刊发量不断下降,《晨报副刊》最后两年年均发文量只有一千篇左右,经济效益远不如前,社会影响力连带受到影响。据鲁迅回忆,正是上述情况出现,迫使《晨报》老板派人找孙伏园说和,请他回来继续主编《晨报副刊》。鲁迅就此回忆道:"至于对于《晨报》的影响,我不知道,但似乎也颇受些打击,曾经和伏园来说和,伏园得意之余,忘其所以,曾以胜利者的笑容,笑着对我说道:'真好,他们竟不料踏在炸药上了!'"① 这件事从另一层面证实,极具敬业精神的编辑对于媒介发展所起的作用是非常大的。

学术界早有一个共识,现代文学的发生与发展必须依靠大众传媒方可,不管是通过报纸、杂志刊登各类文学作品,还是编书成册出版发行,没有媒介助力为其传播则绝难成行。同样,任何一部文学作品要想实现传播给广大受众的创作目的,只能依靠大众传媒为其传播方可。

---

① 鲁迅.鲁迅全集(第三卷)[M].北京:人民出版社,1991:213.

"新文化运动之所以能兴起,最初凭借的传播阵地就是杂志媒介——《新青年》"①最初确实是凭借《新青年》发起了新文化运动,但是"最初"之后再要只靠《新青年》一份杂志就显得力不从心。实际上其他媒介也不会面对新文化运动的兴起袖手旁观,只看《晨报副刊》前身《晨钟报》从创办至被查封两年间的传媒业绩就可证实,两年间《晨钟报》平均每天至少刊登五篇以上有关新文化内容的文章,更何况其他同步响应新文化运动的报刊媒体。新文化运动兴起后,纯文学刊物纷纷出现,据统计,1921年到1923年,仅文艺刊物就有数十种,两年后文艺刊物不下百余种②。文艺刊物刊登的内容大部分是各类新文学作品。唐弢先生曾引用一份统计,五四运动爆发短短一年,各地先后出现了四百多份报刊③。这些新出现的报刊尽管各自主编立场不同,但是都支持新文化运动,具有明显反对封建旧文学的立场。杂志和报纸媒介迅即成为新文学传播主阵地,推动着现代文学前行发展的同时其媒介影响力也不断扩大。要是行功论赏,四大文学副刊《晨报副刊》、《京报》副刊、《民国日报》副刊《觉悟》、《时事新报》副刊《学灯》应具新文学传播头功。"文化与报纸、杂志等传播媒介之间形成紧密的关系是近代以来一个醒目的社会现象。报纸、杂志早已被公认为是文化生产与传播的重要载体,他们共同置于文化场域中,形成相互依存、相互促进的稳定关系。"④老报人曹聚仁曾感慨道:"一部现代中国文学史,从侧面看去,又是一部新闻事业发展史。"⑤此观点既给予了大众传媒以较高的新文学史媒介地位,又道出了传媒与文学的互动关联性,文化与媒介之间的共融关系从传媒的媒介影响力与新文学传播产生的社会影响力便可一再证明。

剖析新闻史轨迹发现,旧时知识分子大多醉心于科举,崇尚和追逐的是庙堂文化。办报纸多是那些科举不中的文人所为,因为这些落魄

---

① 钱理群,吴福辉,温儒敏,等.中国现代文学三十年[M].上海:上海文艺出版社,1987:21.
② 冯并.中国文艺副刊史[M].北京:华文出版社,2001:23.
③ 唐弢.中国现代文学史(第一册)[M].北京:人民文学出版社,1979:37.
④ 崔银河,崔燕.大众传媒与文化[M].北京:人民出版社,2015:36.
⑤ 曹聚仁.文坛五十年[M].上海:东方出版中心,2005:14.

第一章 《晨报副刊》的创刊及其发展流变

文人于无奈中发现办报纸是一条养家糊口之道,是为了稻粱谋而被迫从事的一个行当。直到20世纪初梁启超、严复、康有为等人开始创办报纸,国人才逐渐对报纸和报人的看法有所改变。梁启超、严复、康有为等人既是清朝末年首提君主立宪的启蒙思想家,又是改良派领袖人物,他们亲自创办报纸则一扫落魄文人传统的陈腐习气,开创了名人办报的先例,使得原本不被看好的报人的知名度明显提升。报人和报业的社会地位大大提高。尤其是维新派办的报纸以其思想性、知识性、文化性的启蒙式传播为特征更是进一步提升了近代报刊的社会地位,报刊成为新文化的重要载体。

分析至此,有一个相关问题,就是为什么创办时间更早、发行量超过《晨报副刊》的报纸却没有率先刊登对社会大众,尤其是知识分子产生巨大影响的新文学文章,反而一次次被《晨报副刊》抢了先机,国内某些大报更没有像《晨报副刊》那般义无反顾地为五四新文化运动的发展摇旗呐喊,没有为新文学作品提供坚实的传播阵地。原因可能有多种,但是以下原因不得不令人深思,首要原因是某些大报编辑自身传媒理念与传媒认知过于传统保守。尽管国内大报主编不少是从国外留学归来的,但灵魂之根早已深深扎入封建土壤自己不愿忍痛拔出或断尾求生,这无疑是某些大报编辑根深蒂固、僵化守旧思想指导其编辑思路之不可忽视的原因。像被称为民国三大名记者之一的刘少少留学归国后在数家报社当记者,辛亥革命后任《湖南新报》主编,尽管海外留学数年接受了西方先进文化熏陶,但是刘少少主编《湖南新报》时文章取向明显保守,利用报纸大力鼓吹君主立宪,引发读者不满。后被在北京创办的《亚细亚日报》聘为主编,其办报方针不仅政治上更加趋于保守,而且对文学改革和新文化运动采取观望态度,几乎每天的报纸都要安排相当版面刊登怀旧、崇古内容文章,报纸声誉受到相当影响。

再者,报馆老板和投资人守旧传统习惯、落后的传媒理念以及只想着一味取悦统治者,自觉在统治者思想意识支配下对编辑进行约束与管控,也是原因之一。1902年创办于天津的《大公报》就是一个典型实例。《大公报》于1916年由安福系财阀王郅隆接管后,在他的授意与威胁下，主编只得按其意旨行事，报纸版面被迫安排了大量歌颂皖系军阀和亲日色彩的文章，很快变成一张有意靠拢皖系军阀并有明显亲日倾向的报纸，为广大读者所厌弃，不得不于1925年11月停刊。停刊后被新记公司接管，新记公司接管后才逐渐形成自己的编辑风格，渐渐拉回失去的读者。

　　最后一个不可忽视的原因则是统治集团对于新文化的恐惧以及对媒体的打压所致。中国早期著名政治学学者、时任北京大学教授的张慰慈先生1927年时曾就此现象愤怒地指出："现在北京一般人的口都已被军阀政府封闭了，什么话都不能说，每天的日报、晚报甚而至于周报，都是充满了空白的地位，这期的《现代评论》也被删去了两篇论文，这种现象是中国报纸的历史第一次看见……同时，一切书信与电报都受到严格的审查"[1]当时这种例子太普遍了，张慰慈教授写这封信前一年《京报》就被军阀政府查封，主编邵飘萍被军阀政府逮捕并枪杀，鲁迅、孙伏园等人被通缉。1926年8月5日，《社会日报》经理林白水被捕并于次日被军阀政府在北京天桥刑场杀害。时间再早一年，1925年11月，国民党骨干人物朱家骅带领一批忠诚于国民党的青年在军阀政府的默许下烧毁了位于北京宣武门外丞相胡同内的《晨报》报馆，导致报社停业数日。一个个迫害报纸的案例告诉人们，极权社会统治者对于新闻自由、舆论监督历来"怕得要命、恨得要死"，打压媒体、抓捕编辑、记者则是他们常用的手段，这亦是造成某些大报编辑谨小慎微、不敢带头为新文化运动发力呐喊的原因之一。

---

[1] 胡适.胡适来往书信选（上）[M].北京：中华书局，1979：421.

「第二章」

《晨报副刊》新文学传播实证研究

第一节 指标体系构建与实证研究

20世纪90年代有学者指出,实证研究早在中国古代就有先例:"从清代的朴学到20世纪初胡适推崇的杜威实验主义、傅斯年力主将自然科学的知识和方法引入文史研究中"[①]均可看到实证研究的影子。美国学者D.S.迈阿尔在2000年时就预言:"早晚会有一天,实证研究将统领整个文化研究领域。人们会通过实证来研究理论观念,反思文学的本质和文化地位。在文学研究领域中它一定能起到这种作用。"[②]学者的观点尽管还需实践做结论,但是,进入21世纪,随着大数据和云计算在科学研究领域被越来越广泛的运用,衍生出一个又一个数据统计与分析软件,这些软件迅速运用到相关科学实证研究中,发挥着非常重要的史料统计分析与类别因果关系检验的科学学与科学统计学作用。

在大数据和云计算技术飞速发展的新形势带动下,统计学数据分析技术已经成为科学现代化重要组成部分。这一新形势下,人文社会科学研究应及时更新研究思路,紧跟科学技术发展脚步,借助大数据技

---

① 张书学.中国现代史学思潮研究[M].长沙:湖南教育出版社,1998:230.
② Miall D S. On the necessity of empirical studies of literary reading[J]. Frame Utrecht Journal of Literary Theory, 2000(14).

术构建相应指标体系、进行文献学史料统计分析,这无疑是学术研究的创新尝试,这种创新探索必将为现代文学史文本研究带去新的研究范式,必将会使人文社会科学研究焕发新的活力。正是基于此研究思路,本章对《晨报副刊》刊登的各类文学作品运用大数据方法,建立相应指标体系,进行实证分析研究,从新的视角把握大众传媒下新文学传播的特征和规律,找出影响新文学传播效能的因子。通过数据评估分析《晨报副刊》新文学传播效能,这一研究方法对于探寻大众传媒对于新文学的价值传播具有一定的学术意义。

一、《晨报副刊》作品编码表

本节对《晨报副刊》(含《晨报》第七版)创刊到停刊共十年各类作品刊登量进行数据编码,结果见表2-1。

表2-1　《晨报副刊》创办十年刊登各类作品分类统计　　(单位:篇)

年份	月份	小说	诗歌	散文、游记、报告文学	戏剧	文学评论	译文	史料传记	自然科学研究	社会科学研究	其他类	总数
1918	12	30	70	67	31	1	18	63	0	0	29	309
1919	1	28	62	72	29	0	28	55	0	1	28	303
	2	21	55	43	19	2	21	14	0	16	24	215
	3	31	45	42	33	0	31	54	5	25	30	296
	4	29	12	23	35	2	17	57	0	19	30	224
	5	18	31	21	1	2	2	60	0	32	26	195
	6	13	25	29	0	5	0	17	0	65	22	176
	7	19	11	14	0	28	8	30	0	70	14	194
	8	22	0	26	1	13	7	30	0	37	40	193
	9	19	0	25	18	21	7	12	13	35	36	186
	10	26	0	57	0	0	16	22	0	36	19	176
	11	11	9	49	4	0	21	0	18	44	20	172
	12	19	2	82	1	2	0	11	12	4	4	137
	合计	256	250	483	158	75	158	362	48	384	293	2 467

（续表）

年份	月份	小说	诗歌	散文、游记、报告文学	戏剧	文学评论	译文	史料传记	自然科学研究	社会科学研究	其他类	总数
1920	1	27	0	23	4	1	5	16	14	22	4	116
	2	20	4	23	0	2	4	13	12	5	16	99
	3	23	4	31	8	0	23	18	11	25	2	145
	4	27	4	41	0	9	22	19	15	19	0	156
	5	29	9	39	0	0	21	31	8	32	1	170
	6	14	18	49	11	0	23	9	16	16	1	157
	7	6	10	26	3	0	12	0	3	8	2	70
	8	21	19	48	6	2	12	0	17	18	11	154
	9	14	24	32	11	1	10	5	14	12	25	148
	10	19	60	29	2	3	0	28	17	1	39	198
	11	23	48	31	15	15	5	1	10	14	11	173
	12	16	52	9	17	13	0	26	26	11	21	191
	合计	239	252	381	77	46	137	166	163	183	133	1 777
1921	1	5	28	11	18	0	0	33	20	11	14	140
	2	10	19	8	2	8	0	20	18	23	8	116
	3	28	26	16	0	15	0	11	27	32	21	176
	4	28	32	43	19	0	4	5	30	3	17	181
	5	21	26	67	19	3	15	11	12	0	16	190
	6	28	32	78	11	4	2	0	15	37	4	211
	7	29	21	93	15	0	17	0	20	9	6	210
	8	12	19	74	17	0	10	3	49	0	16	200
	9	24	13	59	18	0	0	1	28	19	3	165
	10	18	24	50	10	13	19	2	49	2	11	198
	11	23	21	33	20	22	12	3	24	16	5	179
	12	22	25	30	11	13	17	0	28	23	10	179
	合计	248	286	562	160	78	96	89	320	183	123	2 145

（续表）

年份	月份	小说	诗歌	散文、游记、报告文学	戏剧	文学评论	译文	史料传记	自然科学研究	社会科学研究	其他类	总数
1922	1	6	26	32	3	7	17	1	28	5	2	127
	2	16	7	32	5	15	27	5	24	8	4	143
	3	17	30	22	6	18	25	1	16	11	5	151
	4	16	36	36	10	10	25	0	14	5	9	161
	5	11	22	21	14	12	26	24	19	5	5	159
	6	4	23	33	24	1	3	9	15	14	20	146
	7	31	11	32	22	13	28	12	9	0	17	175
	8	14	13	63	22	0	17	0	1	15	9	154
	9	20	3	59	30	2	17	5	34	8	1	179
	10	8	18	49	48	12	19	0	5	3	6	168
	11	23	17	49	15	2	15	7	14	12	10	164
	12	21	18	66	21	5	3	4	3	21	7	169
	合计	187	224	494	220	97	222	68	182	107	95	1 896
1923	1	19	12	35	36	6	17	0	0	7	6	138
	2	9	22	35	15	2	14	6	7	7	3	120
	3	22	21	54	23	3	5	0	19	29	4	180
	4	20	29	49	12	5	22	0	19	8	3	167
	5	11	20	49	10	12	7	0	5	16	13	143
	6	9	11	89	7	3	1	0	5	15	16	156
	7	10	17	63	17	14	13	7	7	8	22	178
	8	17	20	41	29	14	0	25	0	27	7	180
	9	17	13	60	18	4	3	2	0	16	7	140
	10	10	39	64	5	4	19	0	3	37	25	206
	11	12	25	53	17	7	16	9	3	32	12	186
	12	12	27	54	5	3	4	0	24	27	21	177
	合计	168	256	646	194	77	121	49	92	229	139	1 971

(续表)

年份	月份	小说	诗歌	散文、游记、报告文学	戏剧	文学评论	译文	史料传记	自然科学研究	社会科学研究	其他类	总数
1924	1	17	15	83	5	0	22	1	13	9	23	188
	2	24	11	52	11	2	8	0	0	14	3	125
	3	25	12	32	13	8	0	5	6	37	14	152
	4	22	18	45	8	26	0	3	0	23	15	160
	5	36	14	56	5	7	0	12	0	24	16	170
	6	17	12	36	0	4	0	0	0	24	14	107
	7	24	18	60	0	2	0	10	14	10	29	167
	8	18	34	58	0	5	18	15	0	9	16	173
	9	14	18	67	2	5	4	10	2	15	30	167
	10	12	20	55	0	2	1	14	4	41	7	156
	11	22	21	37	1	14	1	37	9	14	9	165
	12	29	23	65	3	4	0	15	20	30	11	200
	合计	260	216	646	48	79	54	122	68	250	187	1 930
1925	1	17	27	22	0	29	2	18	5	15	4	139
	2	23	23	38	2	26	27	9	21	14	183	
	3	43	20	37	10	12	15	20	11	24	28	220
	4	33	12	27	10	3	3	4	11	42	18	163
	5	40	26	35	0	25	2	10	2	29	24	193
	6	22	10	28	0	15	0	7	0	38	61	181
	7	29	29	26	0	13	3	9	0	14	30	153
	8	39	31	18	2	13	0	11	0	27	21	162
	9	42	24	15	10	8	0	11	2	33	4	149
	10	23	17	10	1	5	0	0	0	13	11	80
	11	19	3	2	0	5	4	3	1	5	18	60
	12	21	6	7	0	5	0	3	0	4	3	49
	合计	351	228	265	33	135	55	123	41	265	236	1 732

(续表)

年份	月份	小说	诗歌	散文、游记、报告文学	戏剧	文学评论	译文	史料传记	自然科学研究	社会科学研究	其他类	总数
1926	1	18	5	9	0	11	3	0	0	4	1	51
	2	9	6	5	1	4	2	4	0	4	9	44
	3	14	12	9	4	5	1	2	0	9	12	68
	4	18	39	16	3	6	1	4	0	5	1	93
	5	12	41	9	8	3	0	7	0	7	6	93
	6	13	19	9	18	9	0	1	0	18	1	88
	7	14	5	13	13	12	3	4	0	10	7	81
	8	9	1	8	12	11	3	4	1	14	2	65
	9	11	8	10	19	16	1	8	0	0	6	79
	10	16	24	9	0	7	0	4	0	5	3	68
	11	11	19	7	0	12	0	3	0	4	5	61
	12	8	17	18	0	5	3	5	1	6	1	64
	合计	153	196	122	78	101	17	46	2	86	54	855
1927	1	9	11	7	0	6	7	1	3	5	1	50
	2	17	8	9	0	6	1	2	0	6	2	51
	3	21	10	10	4	5	1	4	0	8	3	66
	4	10	13	16	0	5	0	1	0	15	3	63
	5	23	6	11	3	4	0	1	0	11	0	59
	6	24	2	2	0	1	14	0	0	35	0	78
	7	17	0	5	14	3	0	0	2	10	24	75
	8	16	12	5	3	0	11	14	0	26	4	91
	9	15	16	12	3	7	3	11	0	31	0	98
	10	20	14	10	0	2	0	27	0	14	1	88
	11	29	28	12	4	2	6	4	0	18	1	104
	12	27	12	8	12	4	4	0	0	16	8	91
	合计	228	132	107	43	45	47	65	5	195	47	914

（续表）

年份	月份	小说	诗歌	散文、游记、报告文学	戏剧	文学评论	译文	史料传记	自然科学研究	社会科学研究	其他类	总数
1928	1	21	7	12	0	2	2	8	0	2	0	54
	2	21	9	18	4	0	8	9	0	13	0	82
	3	19	11	15	4	0	15	14	0	19	0	97
	4	15	8	32	6	0	1	7	3	11	0	83
	5	34	7	15	1	7	0	4	0	16	0	84
	6	0	6	4	0	0	0	3	0	1	0	14
	合计	110	48	96	15	9	26	45	3	62	0	414
十年总计		2 230	2 158	3 869	1 057	743	951	1 198	924	1 944	1 336	16 410

数据统计结果显示，十年间《晨报副刊》刊登小说 2 230 篇，诗歌 2 158 篇，散文、游记、报告文学 3 869 篇，戏剧 1 057 篇，文学评论 743 篇，译文 951 篇，史料传记 1 198 篇。《晨报副刊》创办十年刊登各类文学作品总计为 12 206 篇。

《晨报副刊》创办十年发表各类文章最多为散文、游记、报告文学类，达 3 869 篇；小说、诗歌及社会科学研究类紧随其后，皆为发表数量较多的题材类别；戏剧、文学评论、译文、史料传记类文章数量略少。具体数据如图 2-1 所示。

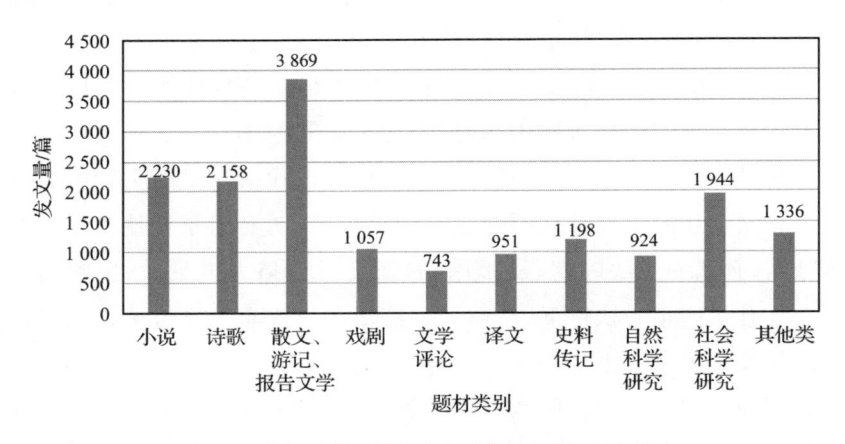

图 2-1 《晨报副刊》创办十年刊发各类文章题材数量表

上述数据可看出，小说、诗歌等文学类作品在《晨报副刊》发文量为12 206篇，占《晨报副刊》文章总量74.4%；自然科学研究、社会科学研究等非文学类作品在《晨报副刊》发文量为4 204篇，占《晨报副刊》文章总量25.6%。这组数据足以证明《晨报副刊》对现代文学支持力度之大。

本节以这组数据为指标体系构建研究基础，从统计学层面进行分析可看出，《晨报副刊》创办十年间总共刊登了16 410篇各类文章，纯文学类文章高达12 206篇，这组数据再次证实，《晨报副刊》被定位为纯文学报刊是名副其实的，该副刊不仅全力传播新文学，助推新文学发展，而且超额完成了一份报纸副刊所能承接的传播任务。

二、《晨报副刊》前六任主编业绩数据统计分析

数据可视化是近些年伴随着计算机技术飞速发展出现的一门新型科学技术，主要功能是在学术研究中把一些重要但枯燥的数据用形象化图表形式诉诸人的视觉，将枯燥数据可视化，以加强数据的记忆黏度与数据的权威性。本节借助数据可视化技术手段，将《晨报副刊》刊登的新文学文章类别和数量选择与本书研究相关内容用数据可视化图表方式列出，并就列出的数据进行分析。下图以前六任主编各自任职时间段为基数，分类统计小说、诗歌、散文（包括游记、报告文学）、译文（外国文学翻译）各自在《晨报副刊》发文量。

图2-2数据显示，《晨报副刊》前六任主编在各自任职时间段刊发新文学作品最多为孙伏园主编时期，远多于其他主编。从刊发作品质量分析，《晨报副刊》十年间刊发所有文章在现代文学史产生较大影响力的新文学作品仍以孙伏园任主编四年为最，明显强于其他主编。数据证实，孙伏园主编时期《晨报副刊》新文学传播力度最大，影响力最广。在孙伏园悉心扶持下，一篇又一篇新文学扛鼎之作纷至沓来出现在现代文学第一个十年。

下面再用统计学软件桑基能量平衡图对上述数据进行可视化统计分析。

第二章 《晨报副刊》新文学传播实证研究

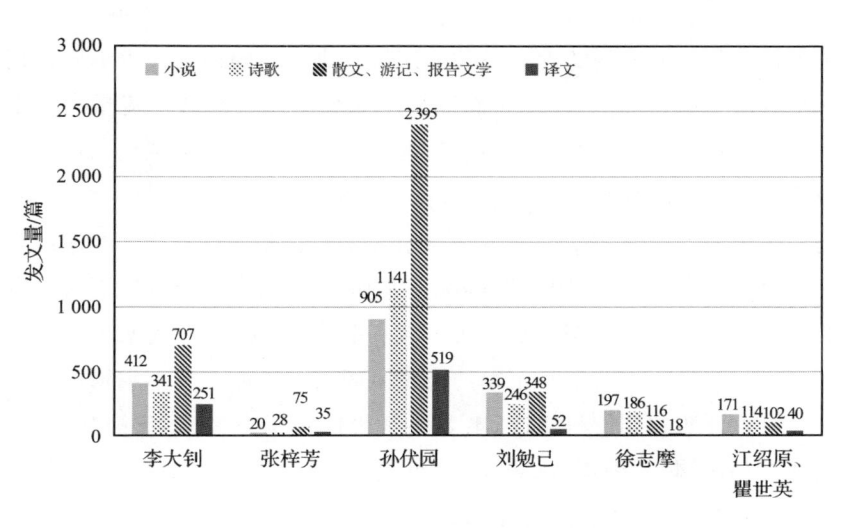

图 2-2 《晨报副刊》前六任主编文学作品发文量

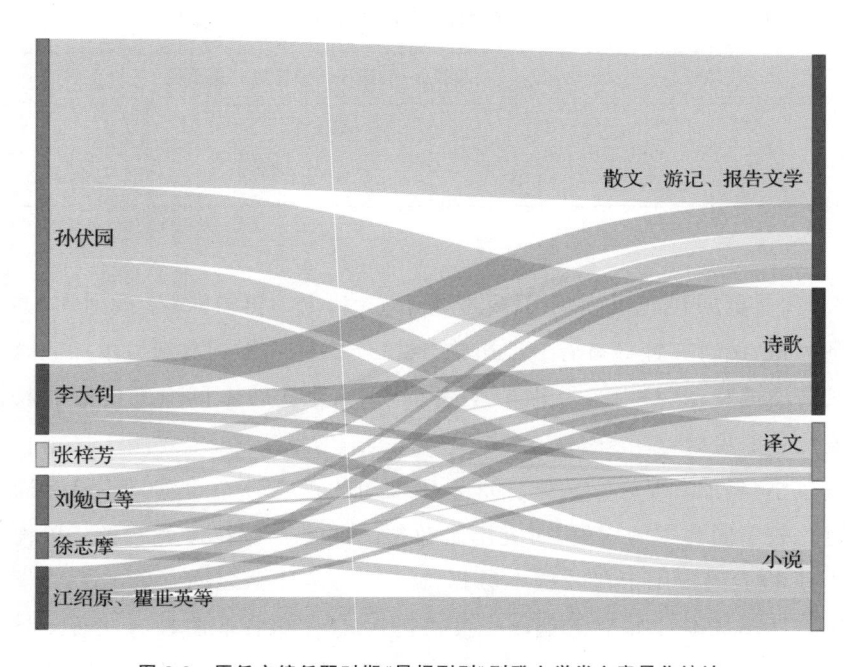

图 2-3 历任主编任职时期《晨报副刊》刊登文学类文章量化统计

桑基能量平衡图也叫桑基效能分流图。是一种特定类型流程图，图中延伸的各分支的宽度对应数据流量大小。不同线条代表不同数据流量分流情况，各自宽度成比例地显示此分支占有的数据流量。图中节点不同的宽度代表特定时间段数据流量大小。从该可视化图可清晰地看出，孙伏园主编时期发文量数据流量宽度明显强于其他各位主编，无论小说还是诗歌或者其他文学类作品，数据流量始末端宽度远远宽于其他主编，本可视化图数据再次证实孙伏园任《晨报副刊》主编时期的不菲新文学贡献。图中显示最弱为张梓芳主编时期，数据流量最小最窄，当然，只当了两个月主编的极短时间段不可能有更多编辑业绩。

为了证实数据的科学性，本节再对历任主编李大钊、张梓芳（临时代理）、孙伏园、刘勉己、徐志摩、瞿世英（江绍原临时代理数月）任职时间段用 T 检验进行分析，见表 2-2。

表 2-2　　历任主编任职时间对照（根据月份进行的 T 检验）

	《晨报副刊》历任主编任职时长比较		
N	均值	标准差	T
任职时长　6	18.17	16.241	2.74*

注：* $p<0.05$，** $p<0.01$，*** $p<0.001$。

《晨报副刊》创办十年更换过数任主编，主编更换对《晨报副刊》办刊风格、编辑方针等有着一定影响，纯文本描述并不能直观显示任职时长方面的变动，故引入单样本 T 进行检验，以比较不同主编任职时长变化。T 检验也叫 student t 检验（Student's t test），主要用于样本含量较小（例如 $n<30$），总体标准差 σ 未知的正态分布检验。T 检验通过比较不同数据的均值，研究两组数据之间是否存在显著差异。单样本 T 检验通常用于比较样本数据与一个特定数值之间是否有差异情况。经单样本 T 检验发现，《晨报副刊》历任主编任职时长有显著差异（$t=2.74, p<0.05$），数据表明历任主编任职时长有着显著不同并且呈现较大时间差，证明《晨报副刊》前后主编的任职并未处于稳定状态，

其稳定状态和波动状态 T 检验差基本持平。通过单样本 T 检验其数据显示任职不满一年波动曲线明显,一年以上(包括一年)波动曲线不显现。几位主编(包括临时代理主编)平均任职 18.17 月,任职时间最长为孙伏园,任职时间最短为临时代理主编张梓芳,二人波动曲线与非显示波动曲线基本持平。经 T 检验生成的数据,按照月份再将历任主编任职时间段进行单样本 T 检验,检验结果发现《晨报副刊》主编任职时长其 T 检验统计量达到显著水平($p<0.05*$),表明从统计学意义分析,《晨报副刊》各位主编任职时长相互有着显著性差异。检验结果再次证明,任职时间长,就能从容不迫地执行其制定的编辑策略与编辑方针,使文章刊发导向有一个稳定的走势,就能在更大程度粘牢已有的读者群体,吸引更多新读者,进而产生更大的社会影响力。

图 2-4 是历任主编任职时间段比较可视化图。

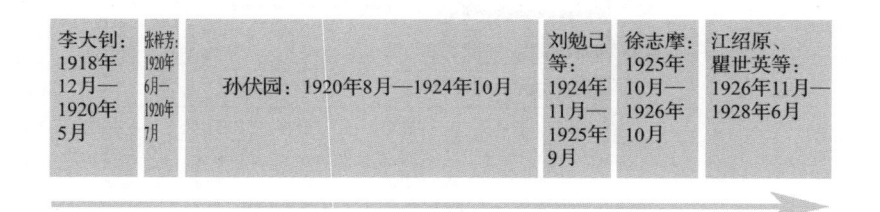

| 李大钊:
1918年
12月—
1920年
5月 | 张梓芳
1920年
6月—
1920年
7月 | 孙伏园:1920年8月—1924年10月 | 刘勉己
等:
1924年
11月—
1925年
9月 | 徐志摩:
1925年
10月—
1926年
10月 | 江绍原、
瞿世英等:
1926年11月—
1928年6月 |

图 2-4 《晨报副刊》历任主编任职时间段比较

图 2-5 可视化数据可看到,《晨报副刊》三大主编李大钊、孙伏园、徐志摩中要数孙伏园任《晨报副刊》时间段刊登文学作品数量为最,不论小说还是诗歌、散文、游记、报告文学,总数远超另两位主编。原因之一是孙伏园为所有《晨报副刊》主编任职时间最长者,任职时间长,刊发文章数量自然多,这是一个自然规律。但同时应注意,孙伏园主编时期发文量远超李大钊和徐志摩主编时期并不只有发文量总数多,年均发文量也多,以小说为例,孙伏园任主编四年零三个月,《晨报副刊》共刊登小说 905 篇,年均 212.9 篇,四舍五入后为 213 篇,年均小说刊登量要比其他主编多。诗歌年均刊登量孙伏园主编时期亦多于徐志摩主编时期;史料传记类作品年均刊登量方面,孙伏园主编时期以年均刊登

79篇远超徐志摩主编时期年均44篇。李大钊主编年均值计算对各类作品的总刊登量虽然不是最多,但亦可圈可点,尽管李大钊主编期间另有兼职、事务繁多,但是对于传播新文学的热情不减半分。

图 2-5 按照文章类型对三大名主编(徐志摩、孙伏园、李大钊)各自主编时期《晨报副刊》发文量进行分类统计。

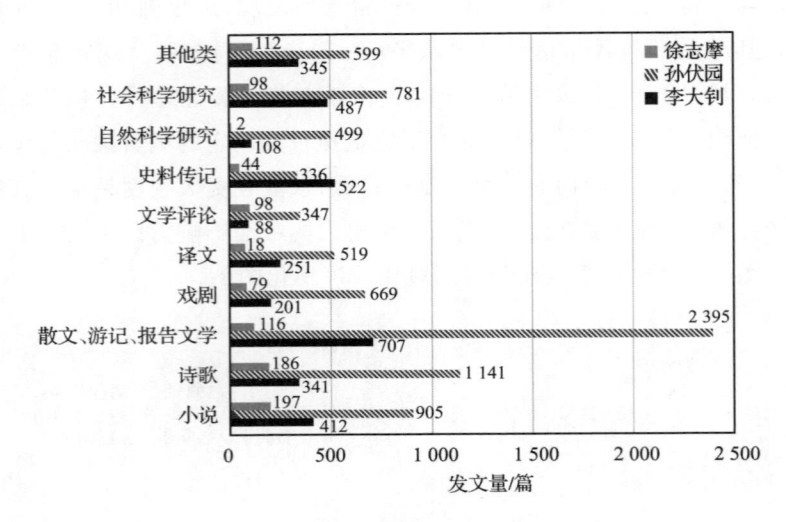

图 2-5 三大名主编按文章类型统计的发文量

本节列出的数据进行统计分析后可做以下结论:各位主编任职时期《晨报副刊》小说刊登量以月为单位进行比较(四舍五入取整数),李大钊主编时期月均刊登 23 篇,张梓芳主编时期月均刊登 10 篇,刘勉己主编时期月均刊登 31 篇,孙伏园主编时期月均刊登 18 篇,徐志摩主编时期月均刊登 16 篇,江绍原、瞿世英主编时期月均刊登 16 篇。月均刊登量最高为刘勉己主编时间段,主要原因是有的小说是连载小说,在孙伏园主编时就开始连载,到刘勉己接手时还未能载完。另有一批小说稿件在孙伏园手里积压,刘勉己接手后需要处理完,小说刊登量就会明显增加。排第二的则是《晨报副刊》创办后期众编辑轮流值编时期,月均刊登 23 篇,这一时间段编辑倾向于传播小说,像胡也频的 100 多篇小说多数于这一时间段刊登于《晨报副刊》。任职时间最长的孙伏园主编时期月均刊登小说量并不高，有种种原因，但不能据此认为孙伏园不重视小说创作，比如《阿Q正传》就是孙伏园主编期间刊登的。本书认为与主编对整个版面安排的通盘考虑以及读者的兴趣、广告、报刊发行量等有很大关系。

诗歌数据则是另一种结果，李大钊主编时期月均刊登19篇，张梓芳主编时期月均刊登14篇，刘勉己主编时期月均刊登22篇，孙伏园主编时期月均刊登23篇，徐志摩主编时期月均刊登16篇，江绍原、瞿世英主编时期月均刊登8篇；月均刊登量最高为孙伏园主编时期，刘勉己次之。被称为新月诗人的徐志摩主编《晨报副刊》期间尽管设置了《诗刊》专刊，力图大力传播新诗，为新文化运动造势，但是统计数据显示月均诗歌刊登量只及孙伏园主编时期月均刊登量七成。可见孙伏园主编对于新诗的传播更加不遗余力，更见成效。

散文、游记、报告文学合为一类进行统计，数据显示，李大钊主编时期月均刊登39篇，张梓芳主编时期月均刊登14篇，刘勉己主编时期月均刊登22篇，孙伏园主编时期月均刊登47篇，徐志摩主编时期月均刊登10篇，江绍原、瞿世英主编时期月均刊登10篇；月均刊登量最高为孙伏园主编时期。由此可推断另一现象，新文学发展初期许多新文学作者对散文、游记、报告文学似乎情有独钟，兴趣较大。另外则是散文、游记、报告文学较之小说易写易发。再一原因是此类作品字数较少，版面能刊登较多篇数，这些情况均是散文、游记、报告文学刊发量为多的原因。

《晨报副刊》对译文的引进翻译与传播数据显示，李大钊主编时期月均刊登14篇，张梓芳主编时期月均刊登17篇，刘勉己主编时期月均刊登5篇，孙伏园主编时期月均刊登10篇，徐志摩主编时期月均刊登2篇，江绍原、瞿世英主编时期月均刊登4篇；月均刊登量最高为张梓芳主编时期，最低为徐志摩主编时期，月均刊登量只有2篇。他的继任者江绍原、瞿世英主编时期月均刊登量也只有4篇，这与编辑的新文学取向虽然有一定关系，但是编辑考虑更多的是版面构成与现代文学发展实际。从译者这方面分析，中国现代文学史洋洋作家队伍大多数人既能写又能译，多数作者文学创作的同时不误翻译国外作品，传播域外文学，汲取其文学营养。如鲁迅所说："窃别国的火，意在煮自己的肉。"①再有一个原因是，不少现代文学作家初入新文学阵营时首先翻译国外作品，从中学习外国作家的创作技巧，然后再开始文学创作；如同鲁迅告诫的："采用外国的良规，加以发挥，使我们的作品更加丰满，是一条路。"②当现代文学发展到一定阶段时，随着作家创作技巧日渐成熟，便会渐渐减弱对域外文学的依赖。分析到此另有一个思考点，现代文学尽管只有短暂三十年历史，但是现代文学作家队伍中的多数人既能写又能译，人人都是翻译高手，当代文学至今已七十年，能写又能译的作家极为少见，不能不说是一个遗憾，对于当代文学后继发展而言，应是亟须补上的一课。

文化与知识的传播无疑是人文社会科学知识信息不断扩散、传递和交流的过程，是科学与社会互动的重要中介。早在20世纪初《晨报副刊》创办时，远在万里之外的英国科学家贝尔纳就发表文章指出：科学传播不仅仅是科学家之间的交流，还包括面向公众的人文社会科学传播，他并且着重强调了面向公众的人文社会科学传播的重要性，"假如我们不在同时使对科学的真正了解成为我们时代普通人的生活的一部分的话，增进科学家对彼此工作的了解就毫无用处"。③这番话在当时来讲不仅只针对英国国内民众的人文社会科学知识普及问题有感而发，对于世界其他国家尤其是落后封闭国家的广大百姓有着更加重要的启蒙意义。贝尔纳的文章阐述的观点认为，面向公众的人文社会科学知识的传播，除了学校教育，大众传媒则是公众获取科学知识和文学营养的主要渠道。《晨报副刊》在历任主编努力之下，做出了令人钦佩的传媒业绩。也正是《晨报副刊》等报纸、杂志媒介的努力，面向广大百姓的科学知识传播对于新文化运动能够更加深入持久地开展下去、有效提升公众科学素质，产生着无可替代的作用。

---

① 鲁迅.鲁迅全集(第四卷)[M].北京：人民文学出版社，1991：209.
② 鲁迅.鲁迅全集(第六卷)[M].北京：人民文学出版社，1991：48.
③ 贝尔纳.科学的社会功能[M].陈体芳，译.北京：商务印书馆，1995：400-420.

三、《晨报副刊》作家发文量对比主编时期单因素ANOVA方差分析

ANOVA数据分析软件是近几年使用较广的统计学软件,该软件主要功能是对某些类别数据进行单因素与重合因素数据分析,从而得出可验证某一结论的数据,并为相关结论提供数据分析结果支持。

本节选取6位作家在《晨报副刊》发文量为单因素,挑选《晨报副刊》5任主编任期为另一单因素,进行《晨报副刊》作家发文量VS主编时期单因素ANOVA方差分析,结果见表2-3。

分析结果如下:鲁迅($F=3.692, p \leqslant 0.01$)、周作人($F=17.768, p \leqslant 0.001$)、许钦文($F=7.093, p \leqslant 0.001$),发文量差异显著。经两两比较,鲁迅、周作人和许钦文在孙伏园主编时期发文量明显高于其他主编时期发文量,即鲁迅、周作人和许钦文在《晨报副刊》发文量集中于孙

表2-3 《晨报副刊》作家发文量对比主编时期单因素ANOVA方差分析

项目	数目(N)	均值(M)	标准差(SD)
沈从文(发文量)			
李大钊时期(1)	19	0.000	0.000
孙伏园时期(2)	52	0.000	0.000
刘勉己时期(3)	11	2.550	2.734
徐志摩时期(4)	13	4.620	3.404
瞿世英时期(5)	20	2.850	4.290
	$F(5,115)=16.380, p=0.000$		
	Dunnett T3:(1,4)** (2,4)**		
胡也频(发文量)			
李大钊时期(1)	19	0.000	0.000
孙伏园时期(2)	52	0.000	0.000
刘勉己时期(3)	11	0.000	0.000
徐志摩时期(4)	13	0.230	0.599
瞿世英时期(5)	20	7.950	6.304
	$F(5,115)=37.543, p=0.000$		
	Dunnett T3:(1,5)*** (2,5)*** (3,5)*** (4,5)***		

(续表)

项目	数目(N)	均值(M)	标准差(SD)
许钦文(发文量)			
李大钊时期(1)	19	0.000	0.000
孙伏园时期(2)	52	1.830	2.633
刘勉己时期(3)	11	0.180	0.603
徐志摩时期(4)	13	0.000	0.000
瞿世英时期(5)	20	0.000	0.000
$F(5,115)=7.093, p=0.000$			
Dunnett T3:(1,2)*** (2,3)*** (2,4)*** (2,5)***			
徐志摩(发文量)			
李大钊时期(1)	19	0.260	1.147
孙伏园时期(2)	52	1.020	1.686
刘勉己时期(3)	11	8.820	4.579
徐志摩时期(4)	13	7.380	5.810
瞿世英时期(5)	20	0.150	0.671
$F(5,115)=36.776, p=0.000$			
Dunnett T3:(1,3)*** (2,3)*** (2,4)** (2,5)* (3,5)* (4,1)** (4,5)**			
周作人(发文量)			
李大钊时期(1)	19	0.210	0.535
孙伏园时期(2)	52	3.630	3.290
刘勉己时期(3)	11	0.090	0.302
徐志摩时期(4)	13	0.000	0.000
瞿世英时期(5)	20	0.000	0.000
$F(5,115)=17.768, p=0.000$			
Dunnett T3:(1,2)*** (2,3)*** (2,4)*** (2,5)***			
鲁迅(发文量)			
李大钊时期(1)	19	0.160	0.688
孙伏园时期(2)	52	2.440	4.873
刘勉己时期(3)	11	0.000	0.000
徐志摩时期(4)	13	0.000	0.000
瞿世英时期(5)	20	0.000	0.000
$F(5,115)=3.692, p=0.007$			
Dunnett T3:(1,2)* (2,3)** (2,4)** (2,5)*			

注:* $p \leqslant 0.05$,** $p \leqslant 0.01$,*** $p \leqslant 0.001$。

伏园主编时期。

胡也频($F=37.543, p \leqslant 0.001$),发文量有显著性差异,经两两比较,胡也频发文量集中于瞿世英主编时期。

沈从文($F=16.380, p \leqslant 0.001$),发文量差明显具有统计学意义,经两两比较,沈从文在徐志摩主编时期发文量高于刘勉己主编时期和瞿世英主编时期,徐志摩主编时期发文量达到峰值。

徐志摩($F=36.776, p \leqslant 0.001$),发文量差具有统计学意义,经两两比较,徐志摩更倾向于刘勉己主编时期和徐志摩本人主编时期发表文章。数据显示,徐志摩发表文章集中于刘勉己主编后期和他本人任主编时期。

ANOVA方差分析数据显示,徐志摩、周作人、鲁迅、胡也频、沈从文、许钦文6位作家样本单位ANOVA方差数据显示倾向性与主编人选及任职时期一致,倾向性明显。通过ANOVA方差分析可看出主编与作者是一种互相信任、相互尊重关系,主编传媒理念与新文学取向和作家的新文学理念基本相同方可将文学传播效应达到最大化。主编的编辑取向与作者文学价值观相异时,作者不可能给该刊物投稿,编辑也不会主动约稿。另有一个情况需要解释,沈从文和胡也频在李大钊任主编时期并未刊发文章,二人在《晨报副刊》刊发文章时李大钊已不做主编。之所以把沈从文和胡也频也作为ANOVA方差分析样本,主要是考虑沈从文和胡也频在当时来讲属于文学新人,他们的文学启蒙与早期文学成就的主要传播平台是《晨报副刊》,而且沈从文和胡也频在《晨报副刊》的文学作品刊发量在现代文学作家中是较多的两位。两人能够成为现代文学著名作家,《晨报副刊》主编的扶持作用是非常大的,具体情况将在后面章节中论述。基于上述原因,本节把沈从文和胡也频列入样本选取作家进行ANOVA方差分析。

四、《晨报副刊》戏剧类文章发文量与自然科学研究类文章发文量多元线性回归分析

本节以几位主编各自任内《晨报副刊》发文量为指标体系,摘取两

个实证分析样本，即戏剧类文章与自然科学研究类文章，选定相同时间段，对《晨报副刊》戏剧类文章发文量与自然科学研究类文章发文量运用多元线性回归分析进行实证分析，结果见表2-4。

表2-4 《晨报副刊》戏剧类文章发文量与自然科学研究类文章发文量多元线性回归分析

主编时期	是否出现戏剧类文章 是	是否出现戏剧类文章 否	是否出现自然科学研究类文章 是	是否出现自然科学研究类文章 否
李大钊时期(1)	0.573	−0.573	1.705*	−1.705*
孙伏园时期(2)	2.040*	−2.040*	3.091***	−3.091***
刘勉己时期(3)	−1.705	1.705	2.367**	−2.367**
徐志摩时期(4)	−0.355	0.355	−0.318	0.318
	$X^2=30.427$, df=4, $p=1.0>0.05$		$X^2=40.210$, df=4, $p=1.0>0.05$	

注：* $p\leqslant 0.05$，** $p\leqslant 0.01$，*** $p\leqslant 0.001$。

结果描述：

多元线性回归分析也是近些年被统计学较为广泛使用的数据分析软件。多元线性回归分析是一种广义线性回归(Generalized Linear Model)，与多重线性回归分析有相似之处，各自模型形式基本相同，都具有 $w'x+b$，其中 w 和 b 是待求参数，其区别在于它们的因变量不同，多重线性回归直接将 $w'x+b$ 作为因变量，即 $y=w'x+b$。二元Logistic回归通过函数 L 将 $w'x+b$ 对应一个隐状态 p，$p=L(w'x+b)$，根据 p 与 $1-p$ 的大小决定因变量的值并从中获得其倾向性。如果 L 是 Logistic 函数，就是多元线性回归，如果 L 是多项式函数，就是多项式回归。本节运用多元线性回归分析，通过因变量的值探究《晨报副刊》几任主编时期刊发文章出现的编辑倾向性。经多元线性回归分析，除戏剧类文章($X^2=30.427$，$p=1.0>0.05$)和自然科学研究类文章($X^2=40.210$，$p=1.0>0.05$)倾向性明显外，其他文学类文章在各位主编时期倾向性统计学意义较弱。具体验证结果如下：

孙伏园主编时期对刊登戏剧类文章具有显著的正向影响($B=$

$2.040, p<0.05$),其他文学类文章的统计学意义较弱。亦证实,孙伏园任主编四年间更倾向于刊登戏剧类文章。

另一组数据证实,李大钊主编时期($B=1.705, p<0.05$)、孙伏园主编时期($B=3.091, p<0.001$)、刘勉己主编时期($B=2.367, p<0.01$),对出现自然科学研究类文章具有显著正向影响。即,李大钊主编时期、孙伏园主编时期和刘勉己主编时期同时倾向于刊登自然科学研究类文章。其中,李大钊主编后期刊发自然科学研究类文章开始增多,孙伏园主编时期该类文章刊发量一度达到顶峰值,随后逐渐减缓。该实证数据分析结果可验证一个假设,即《晨报副刊》创办初期就对自然科学与科普知识传播非常重视,认为新文化运动的宗旨是对普通民众进行思想启蒙、科学启蒙与文学启蒙,一直在封建迷信传统且强大势力影响下生活的广大百姓,其思想上的愚昧与麻木很大程度与对科学知识的无知直接相关。因而,科普知识的传播与普及在当时来讲应是思想启蒙的重点。大量刊登自然科学研究类文章与科普作品成为历任主编的共识。

孙伏园就任主编后,为此目的专门在《晨报副刊》开设了"科学世界""卫生浅说""地质浅谈""生物浅说"等科普栏目,其目的就是要充分利用《晨报副刊》这一大众传媒和公共平台角色向广大国人普及科学知识,努力使数亿积贫积弱的中国人尽早从愚昧中醒来,立于世界先进之林。通过这一先进传媒理念做指引,许多通俗易懂、兼知识性与趣味性的自然科学研究类文章纷纷出现在《晨报副刊》。就连从不撰写文章的鲁迅三弟周建人也于1921年4月14日到7月22日短短三个月在《晨报副刊》发表了《雌雄的形成》(《晨报副刊》1921年4月14日—18日连载)、《动物的恋爱》(《晨报副刊》1921年5月15日—19日连载)、《动物的家庭生活》(《晨报副刊》1921年6月13日—16日连载)、《动物的社会生活》(《晨报副刊》1921年6月27日—7月2日连载)、《个体的死亡与种族的灭亡》(《晨报副刊》1921年7月19日—22日连载)5篇科普文章。周建人通过对动物生活环境与生活习俗的解说,引导人们正确认识自然界并形成一个较科学的世界观、科学观。文章通俗易懂,科普知识的切入非常到位,起到了对广大百姓进行科普教育的目的。不只周建人,其他作者刊发在《晨报副刊》的科普类文章都是用浅显易懂的语言介绍科学知识,这类科普文章很受读者欢迎,像刘宝书的《地震》(《晨报副刊》1921年7月25日—27日连载)、疑始的《电是什么》(《晨报副刊》1921年8月15日—20日连载)、松年的《科学与吃饭》(《晨报副刊》1921年10月30日)等,都是深受读者喜爱的科普文章。从普通受众层面分析,科学传播是科学知识信息不断扩散、传递和交流的过程,是科学与社会互动的重要中介,在该中介的作用下,受众可获得多重科学知识的启蒙。从更高层面分析,《晨报副刊》开辟多个科普栏目的主要目的是充分利用其自身是大众传媒、公共平台角色从科学、文化、生活等多方面传播新思想、新道德、新风尚,完成科学救国、知识救国、政治救国和文化救国的重任。

第二节 《晨报副刊》发文量实证研究

本节以《晨报副刊》发文量为基数,从量化视角统计分析大众传媒对新文学的传播实绩。量和质结合分析研究是一种较新研究视野,能从另一层面证实传媒与文学互动互补、共融共进的实绩。

目前,大数据与统计学分析软件量化研究已被运用到人文社会科学研究领域,并显现出可观的研究潜力与学术意义。据相关报道,北京鲁迅博物馆准备于近期借助大数据分析软件,运用统计学方法,把所有鲁迅文章关键段落构建相关数据库,进行数据分析统计。基于上述研究思路,本节对《晨报副刊》刊登的各类文章运用大数据方法,建立相应指标体系,进行实证分析研究,从新的视角把握大众传媒对于新文学传播的特征和规律,找出影响新文学传播效能相关因子,进而通过数据评估《晨报副刊》新文学传播效能。在数据科学与人文社会科学研究越来越紧密结合的今天,以文学作品为基点进行实证研究无疑是一条有价值的研究途径。

第二章 《晨报副刊》新文学传播实证研究

此外,用数据构成事实或史实链条可作为信息传播效能分析的依据,借助大数据相关软件,将数据做成图表进行效能展示,可起到超常规意义的数据可视化效果,是颇有意义的现代文学研究学术尝试。

一、《晨报副刊》作品编码统计及数据可视化分析

本节对《晨报副刊》创办十年各类文章发文量进行编码,具体数据如下:从1918年12月1日起至1928年6月5日止,《晨报副刊》创办十年总共刊登各类文章总计16 410篇。其中文学类文章总数为12 206篇,占《晨报副刊》全部文章总数74.4%。从统计学层面以文学类文章为指标体系分析效能因子,12 206篇文学类文章各类别比例为:小说2 230篇,占18.3%;诗歌2 158篇,占17.7%;戏剧1 057篇,占8.7%;文学评论743篇,占6.1%;译文951篇,占7.8%;史料传记1 198篇,占9.8%;散文、游记、报告文学合计3 869篇,占31.7%。见表2-5。

表2-5　　　《晨报副刊》文学类文章年度发文量统计表　　（单位:篇）

年份	小说	诗歌	散文、游记、报告文学	戏剧	文学评论	译文	史料传记
1918	30	70	67	31	1	18	63
1919	256	250	483	158	75	158	362
1920	239	252	381	77	46	137	166
1921	248	286	562	160	78	96	89
1922	187	224	494	220	97	222	68
1923	168	256	646	194	77	121	49
1924	260	216	646	48	79	54	122
1925	351	228	265	33	135	55	123
1926	153	196	122	78	101	17	46
1927	228	132	107	43	45	47	65
1928	110	48	96	15	9	26	45

"小说"年度发文量最多为1925年,合计351篇,本年度前9月为刘勉己主编,后3月为徐志摩主编。要是以单月计,发文量最多为

69

3月、5月、9月，单月发文量均超过了40篇，8月也有39篇。徐志摩接任后小说发文量并不高，10月23篇、11月19篇、12月21篇，发文量小于9月。

"诗歌"年发文量最多为1921年，合计286篇，本年度为孙伏园主编，孙伏园主编时期每年诗歌发文量均很高。

"戏剧"年度发文量最多为1922年，合计220篇，本年度为孙伏园主编。

"文学评论"年度发文量最多为1925年，合计135篇，本年度前9月为刘勉己主编，后3月为徐志摩主编。本年度发文量高的一个原因是连载文章计数所致，本书前文已做解释。1925年《晨报副刊》刊登的文学评论多是大部头，像《古典主义》连载了4次，按4篇计数，《正统哲学的起源》连载了7次，按7篇计数。

"译文"年度发文量最多为1922年，合计222篇，本年度为孙伏园主编。

"史料传记"年度发文量最多为1919年，合计362篇，本年度为李大钊主编。马克思生平、共产国际史、马列主义文章统计时均归于"史料传记"，这一数字再次证明李大钊主编时期政治倾向性明显。

"散文、游记、报告文学"年度发文量最多为1923年和1924年，年度平均为646篇，这两年都是孙伏园主编。

根据《晨报副刊》十年发文量再用比率分析雷达图对相关数据进行可视化分析。比率分析雷达图可在同一坐标系内展示多指标分析比较实况。具体方法是雷达图以同一位点开始的位点轴表示三个或更多定量变量的二维图表形式以显示多变量数据的图形方法，可清晰显示同一维度各变量间的差异。本节分别用两幅比率分析雷达图显示《晨报副刊》十年发文量，如图2-6、图2-7所示。

比率分析雷达图显示，1919年紫色回波区呈突兀状指向社会科学研究和史料传记位点，证明紫色回波对应位点一度曾是主编格外关注的文章刊登类别。本年度各类文章刊发量分布明显欠均匀，文章量化差异逐渐提升，证明主编兴趣过于集中于社会科学研究和史料传记类文章。马列主义文章划归这两类,这一时间段为李大钊主编时期,主编政治倾向性明显。

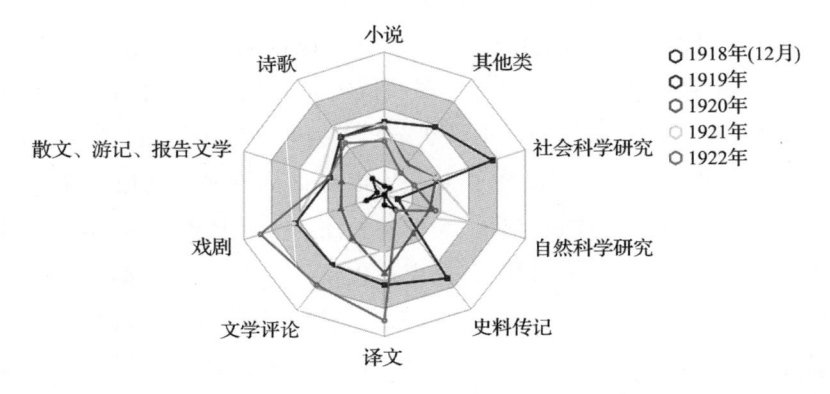

图 2-6 1918—1922 年《晨报副刊》刊登各类作品比率分析雷达图

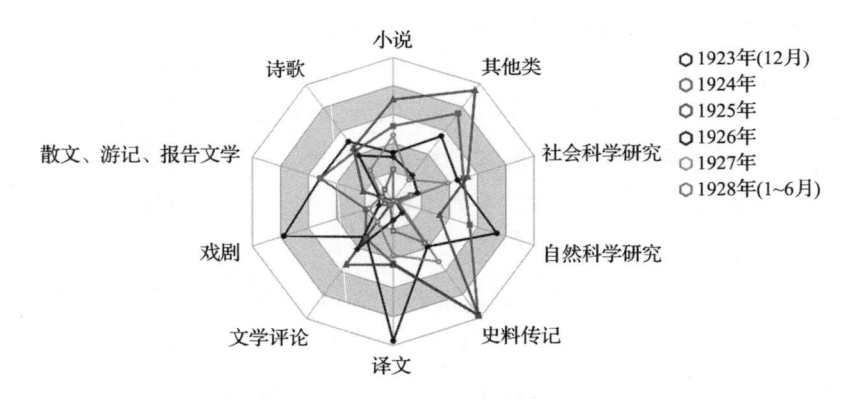

图 2-7 1923—1928 年《晨报副刊》刊登各类作品比率分析雷达图

  1921 年黄色回波区回波强度一度指向自然科学研究位点,呈扇形区向其他位点回落,呈渐进变化状态,回波区域范围覆盖较平均,表示该时间段《晨报副刊》其他类文学作品刊发量大致相同。主编采取的是兼收并顾编辑方针,并非只看重自然科学研究类文章,只是这一年某一时间段主编对自然科学研究类文章较青睐,但随后有所收束,改为平均用力,各类作品呈现较均衡刊登状态,自然科学研究类文章有所回落。

  1922 年绿色和紫色回波区域由中心向戏剧、译文和文学评论位点

71

覆盖,表示主编倾向于刊登上述三类文章。但是这一年其他类别文章指向呈多边形折线但并不是闭环状,证明主编对其他类别作品同样关注,只是发文量略少,文章量化差异并未呈现明显状。

1923年黑色回波区和1924年绿色回波区其对应区位分布较均匀,处于标准线两侧,但是没有呈现峰值突兀变化曲线,表明这两年各类文学作品刊发量处于均匀平稳状态。主编倾向性不明显。

1925年红色回波区呈明显突兀状指向史料传记和其他类文章位点,证明红色回波对应位点是主编格外关注的文章刊登类别,本年度各类文章刊发量分布明显欠均匀,发文量化差异较大,证明主编兴趣一段时间内集中于史料传记类和其他类文章。这一时间段前九月为刘勉己主编时期,后三月为徐志摩主编时期,徐志摩上任之初就改革版面设置,每周分别安排国际、社会、家庭专刊各一期,这亦是文章刊发量明显倾向史料传记和其他类文章原因之一。

1928年(1月—6月)蓝色回波区强度显著指向小说和史料传记位点,回波覆盖其他区域非常窄,明显欠均匀。这一时间段《晨报副刊》由《晨报》艺体部编辑临时代理,代理编辑的思路不同于《晨报副刊》前任主编,对其他类别文章关注度不如小说和史料传记,也有可能是其他类别文章稿件来源不足所致。

通过对不同年度雷达图回波分析发现,相同时间维度下,雷达图可清晰显示本年度各类文章发文量差异。将不同时间维度数据置于雷达图,就能用可视化图方式比较不同时间维度《晨报副刊》刊登各类文章数量差异实况,可对传统数字枯燥印象感觉予以视觉阈域补充。

本节摘选数据是本书笔者从《晨报副刊》文章总数筛选出样本单位,进行数据统计校验分析,最终得出的量化结果。实证研究结果一再证明,《晨报副刊》被定位为纯文学报刊是名副其实的。《晨报副刊》呈现的亮眼数据足以证明该副刊新文学传播功绩。

二、《晨报副刊》发文类别及结构矩阵分析

运用数据表示的矩阵图法叫矩阵数据分析法,是指在矩阵图上把

第二章 《晨报副刊》新文学传播实证研究

各个因素分别放在行和列,然后在行和列的交叉点用数量描述这些因素之间的变化对比位点,再进行数量计算和定量分析,确定哪些因素较为重要。本节用矩阵数据分析法对《晨报副刊》发文类别及结构进行量化分析,结果如图 2-8 所示。

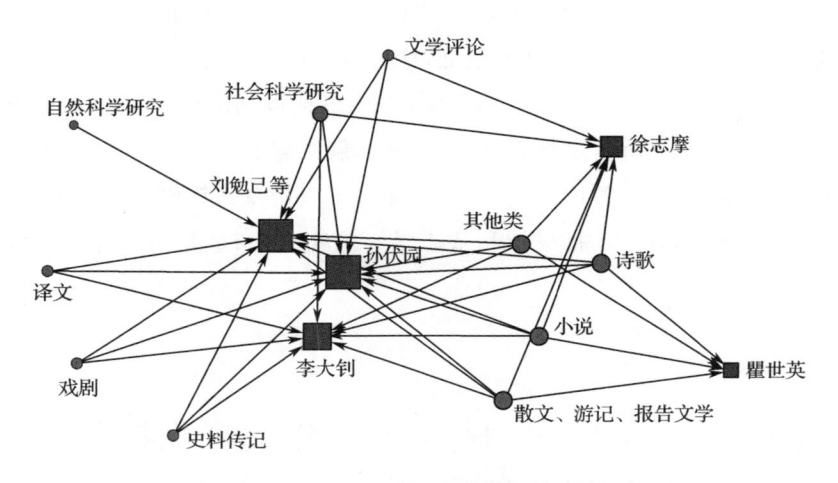

图 2-8 《晨报副刊》主编在任期间发文类别结构网络矩阵图

通过对统计数据进行矩阵化,运用 Ucinet 软件对数据矩阵进行分析并以 50 篇(次)作为剔除条件,得出《晨报副刊》主编任期发文结构网络图。该结构网络图的节点大小和位置可反映节点在网络图中的位置,网络图线条的疏密反映出节点要素的互动与紧密程度。本图可看到,李大钊、孙伏园、刘勉己等主编中心度较高且位于结构网络图中心位置,三位主编在任期间各类文章发文量均衡,徐志摩主编和瞿世英主编中心度较低且位于网络图边缘位置,表示在任期间只有个别类别文章发文量较高,其余均较低。从发文类别看,诗歌,社会科学研究,小说与散文、游记、报告文学类文章在孙伏园、李大钊、刘勉己主编期间较受欢迎,发文量较高。戏剧、史料传记、其他类文章黏度较低,呈"小众"文章类别走势。不过有一个情况需注意,图中显示徐志摩主编中心度尽管较低,游离于中心线外,但是以他任主编一年的办刊理念和媒体实践分析,《晨报副刊》的社会影响力不但不比以前差,而且有不少现代文学

73

佳作都是他任主编期间刊发于《晨报副刊》的。徐志摩任内再度改革了副刊版面安排与选题，增设了《晨报副刊·诗镌》和《晨报副刊·剧刊》专刊，徐志摩本人更是在《晨报副刊》发表了文学作品和其他类别文章数百篇。此外，他本人并且一直不遗余力地推动新诗在现代文坛地位的提升。徐志摩在图中之所以游离中心线外，主要是他主编《晨报副刊》时间段各类文章总发文量偏低，徐志摩中途告假由他人代为编辑则是总发文量减少的原因之一。因此，不能单纯以网络矩阵图显示徐志摩已游离中心线就否定徐志摩在任期间《晨报副刊》新文学传播效能。

《晨报副刊》在各位主编努力下，交出了一份令人钦佩的传媒业绩。正是《晨报副刊》等一批报纸和杂志媒介的努力，新文化运动才得以深入持久地开展下去。

第三节　《晨报副刊》作家作品样本抽取与数据分析

一、鲁迅作品与《晨报副刊》实证研究

本节借助大数据对鲁迅作品与《晨报副刊》进行实证研究。《晨报副刊》创刊十年吸引了许多现代文学名家向其投稿，其中鲁迅与《晨报副刊》渊源很深，除了将惊世之作《阿Q正传》连载于《晨报副刊》，并在《晨报副刊》发表了不少各类题材文学作品，本节选取1921年12月到1924年10月时间段进行数据分析，三年间鲁迅共在《晨报副刊》发表各类文章122篇，文章发刊量峰值集中在1922年前后，仅1922年这一年，鲁迅不但将《阿Q正传》连载完，而且发表小说和译文39篇，加上散文、诗歌、杂感、文学评论等合计58篇，占鲁迅所有发表在《晨报副刊》文章总数的近一半。

鲁迅在《晨报副刊》的发文量峰值集中在这一时间段的主要原因是该时间段正值曾经的学生孙伏园任主编。鲁迅曾为此说过一段颇为感

第二章 《晨报副刊》新文学传播实证研究

慨的话:"因为先前的师生——恕我僭妄,暂用这两个字——关系吧,似乎也颇受优待;一是稿子一去,刊登得快;二是每千字二元至三元的稿费,每月底大抵可以取到;三是短短的杂评,有时也送些稿费来。"① 要是说起来鲁迅与《晨报副刊》首任主编李大钊关系也不错,李大钊非常佩服鲁迅的文学才华,但是鲁迅在《晨报副刊》发表文章主要集中在孙伏园主编时期,李大钊主编时期刊发文章很少,原因之一是李大钊主编《晨报副刊》时间较短,只有一年多。原因之二是李大钊主编时期由于本人政治信仰所致,对于马列主义文章的翻译引进和政治思想类文章兴趣最大,鲁迅则不善于作此类文章。原因之三则是李大钊组稿、约稿、催稿等编辑策略与技巧稍比孙伏园逊色,上述原因综合在一起最终使鲁迅的文章在李大钊主编时期刊发于《晨报副刊》较少。

1.《阿 Q 正传》关键词语义网络图分析

《阿 Q 正传》不但是鲁迅的代表作,而且是现代文学经典之作,更是《晨报副刊》皇冠上的明珠。《阿 Q 正传》发表近百年已有大量研究成果从不同角度和学术视野对这篇小说进行了深入分析研究,其研究结论令人钦佩,给后来者许多有益启发。但是,从文献资料收录情况看,以实证角度运用大数据进行量化分析的成果始终未能见到。基于这一情况,本书对《阿 Q 正传》进行实证研究。

本节对《阿 Q 正传》人物出现频次先行统计,整篇小说阿 Q 共出现 261 次,赵太爷出现 38 次,假洋鬼子出现 23 次,小 D 出现 22 次,秀才出现 21 次,举人出现 20 次,王胡出现 18 次,小尼姑出现 14 次,邹七嫂出现 14 次,吴妈出现 14 次。随后运用 Rost cm6 软件对《阿 Q 正传》进行文本分析并得到关键词词频共现矩阵,剔除冗余关键词、频次为 4 次以下的关键词和无意义的词汇后生成关键词语义网络图。关键词语义网络图的节点大小和位置反映出关键词共现频次及中心度,网络图线条的疏密反映出关键词之间的互动与紧密程度,如图 2-9 所示。

---

① 鲁迅.鲁迅全集(第四卷)[M].北京:人民文学出版社,1991:165.

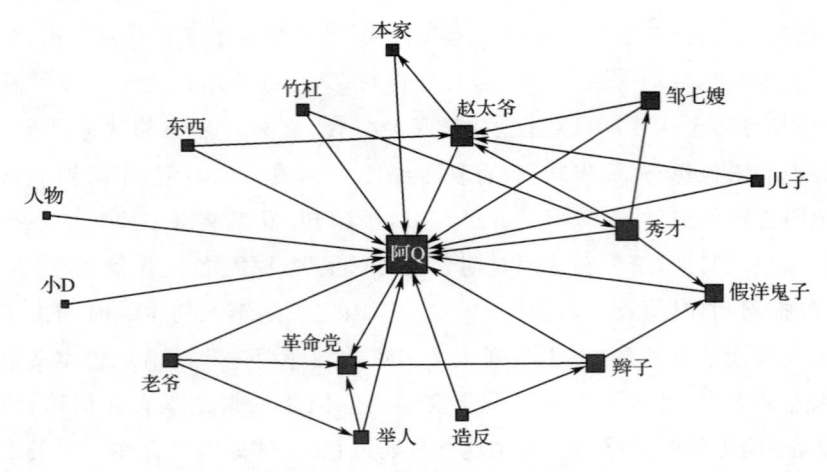

图 2-9 《阿 Q 正传》关键词语义网络图

关键词语义网络图显示,以"阿 Q"为中心关键词向外辐射。"秀才""竹杠""阿 Q"和"赵太爷""东西""阿 Q"这两组关键词形成鲜明对比。网络图的节点大小和位置映射出秀才、假洋鬼子出于对阿 Q 的厌恶与鄙视,他们多次拿起竹杠棒喝阿 Q,在得知阿 Q 带回了好东西引得众人争相购买时,赵太爷一家又近乎乞求阿 Q 也卖给他们一些"好东西",前后态度相差之大,令人唏嘘。

本关键词语义网络图"阿 Q""辫子""假洋鬼子""造反"和"革命党"关键词形成联系网络。阿 Q 起初看不起剪了辫子的假洋鬼子,后来以为盘起辫子就是革命党就可以造反,革命热情迅速高涨,革命后在未庄趾高气扬的以革命者身份重新活了一回,但最终结局是"革命"让阿 Q 白白丢了性命。

关键词语义网络图中的关键词词频共现矩阵再次告诉广大读者,鲁迅通过阿 Q 卑微、悽惨、短暂一生的叙写,将中国百姓数千年积淀下的厚重奴隶性予以异常深刻的剖析。从中透视出阿 Q 形象所包含的社会思想内涵的极其广阔性,同时把鲁迅对国民思想愚昧的深刻了解熔铸于这一形象中。

2.《肥皂》关键词语义网络图分析

本节以《肥皂》主要人物和关键词出现频次为样本数,借助大数据软件进行相关分析。《肥皂》中出现较多频次的关键词有：四铭 24 次，肥皂 12 次，道统 11 次，四铭太太 9 次，咯支咯支 8 次，恶毒妇 7 次。依据这组数据，用 Rost cm6 软件对《肥皂》小说全部文本进行量化分析并得到关键词词频共现矩阵，剔除冗余关键词、频次为 3 次以下的关键词和无意义的词汇后生成关键词语义网络图，如图 2-10 所示。

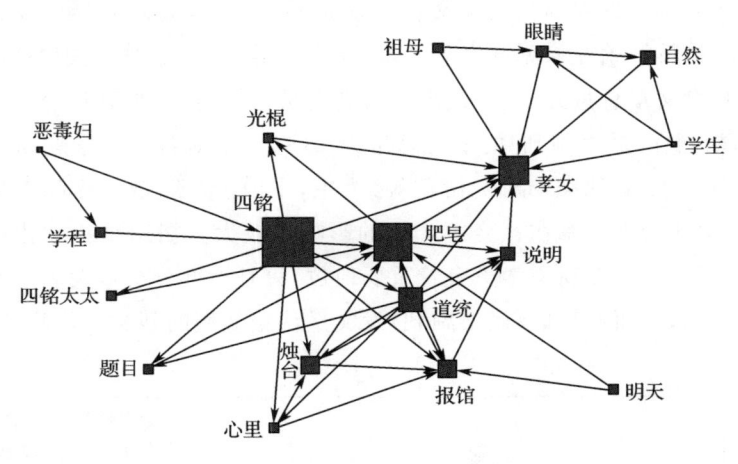

图 2-10 《肥皂》关键词语义网络图

关键词语义网络图显示，以"四铭"和"肥皂"为中心关键词向外辐射，小说围绕"肥皂"这一具有象征意义的物件关键词，通过对四铭、四铭太太、道统、学程、孝女等人物的形象化描绘，揭露了儒家传统道德与家庭伦理观念维护者在其外衣下潜藏的情色想象和个人情色欲望，进而试图解构儒家伦理规范，将封建复古派的本质和肮脏灵魂暴露于光天化日之下。除关键人物，另添加"报馆""说明"（四铭、道统等人对主题的说明）"题目""明天""自然""烛台"等另一组关键词经 Rost cm6 软件分析，发现与关键人物之间的联系较为紧密，出现频次较高，表明四铭、道统等守旧人物对新文化和新思想的抵触与"反击"过程中呈现出的表里不一的矛盾丑态。警示新文化倡导者，五四新文化运动在辛亥革命后的未来历程仍然任重道远。

二、《晨报副刊》作家作品样本抽取与量化分析

本节摘选几位在新文学史有较大影响力的作家对其在《晨报副刊》发文量进行可视化图数据分析。

1.《晨报副刊》胡适发文统计

从胡适在《晨报副刊》发文量可视化图可看出,胡适从《晨报副刊》创办之初就开始在该副刊发表文章,一直伴随到《晨报副刊》创办后期,但是刊发文章总量并不多,最高月份刊发量为 6 篇,有半数月份只刊发 1 篇,胡适在《晨报副刊》的发文总量为 46 篇。他对各类文学题材作品均有涉猎,以其他类(杂感、游记等)为主,小说、诗歌、散文作品总量较少,文学评论类文章在社会上产生的影响力较大。胡适是新文化运动的开创者之一,在新文学史有着重要地位,只是大部分文章发表于其他报纸杂志,因而不能以《晨报副刊》发文量认定胡适的新文学作品数量。

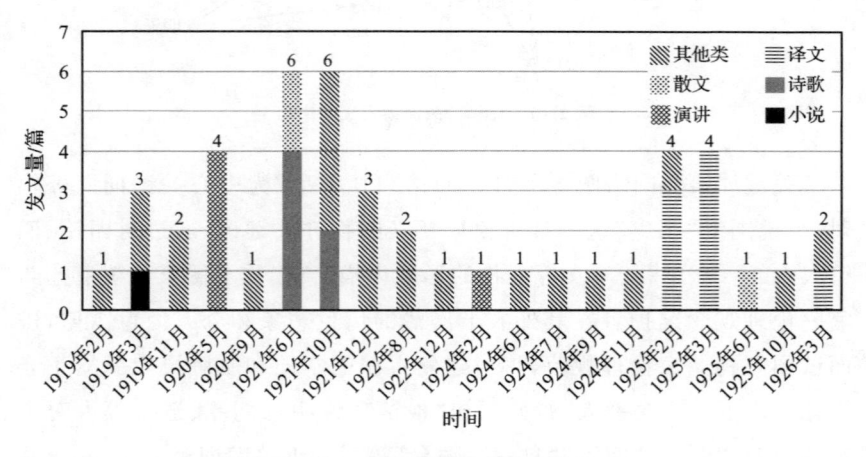

图 2-11 《晨报副刊》胡适发文统计

2.《晨报副刊》周作人发文统计

本书初步统计,周作人共有 366 篇各类文章发表于《晨报副刊》,其中散文杂感类文章为最。发文量高峰期集中在 1921 年至 1924 年时间段,这一时间段他在《晨报副刊》开辟了"自己的园地"栏目。数据显示,

第二章 《晨报副刊》新文学传播实证研究

周作人为《晨报副刊》发文量最多的作家之一,他始终努力用文学实践证明新文学取代旧文学的必然性。

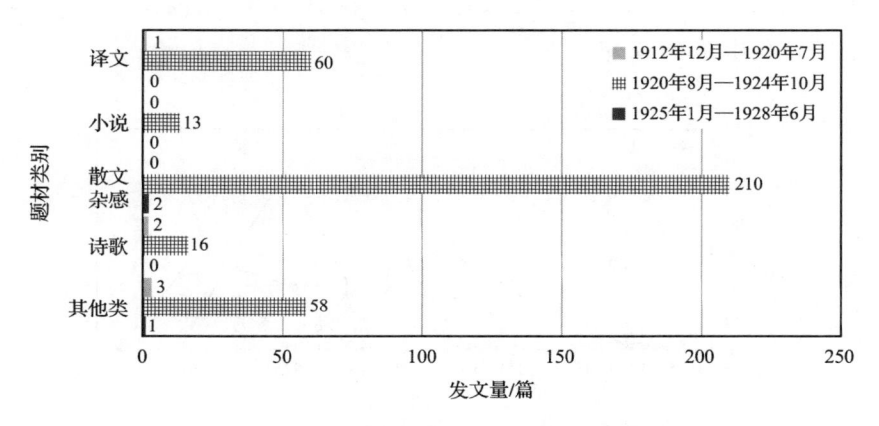

图 2-12 《晨报副刊》周作人发文类别图

3.《晨报副刊》徐志摩发文统计

现代文学名家徐志摩不但担任《晨报副刊》主编一职,同时身体力行刊发文章,十年间徐志摩共在《晨报副刊》发表各类文章 254 篇,是《晨报副刊》发文量较多作者。本书将用专节进行详细分析。

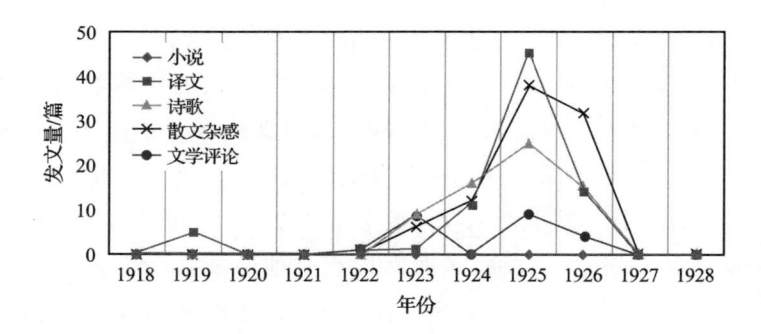

图 2-13 《晨报副刊》徐志摩发文类别折线图

4.《晨报副刊》摘选作家年度发文统计

图 2-14 再次选取 6 位样本作家发文量进行发文量折线图统计,图

中显示,鲁迅和周作人的发文量顶峰值集中在 1922 年左右,许钦文的发文量顶峰值集中在 1923 年左右,徐志摩的发文量顶峰值集中在 1925 年左右,沈从文的发文量顶峰值集中在 1926 年,胡也频的发文量顶峰值集中在 1927 年左右。

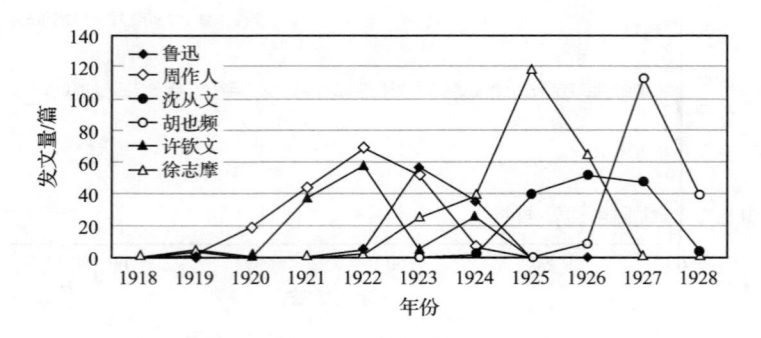

图 2-14 《晨报副刊》摘选作家发文量折线图

通过相关数据对 6 位样本作家在《晨报副刊》的发文量进行统计,鲁迅 1922 年一年间发表各类文章合计 58 篇,占鲁迅所有发表在《晨报副刊》文章总数的近一半,上述数据可看出此时间段正是鲁迅文学创作井喷期。1925 年,徐志摩在《晨报副刊》刊发散文杂感 38 篇,诗歌 25 篇,译文 46 篇,文学评论 9 篇,各类文章总计 118 篇,占所有发表在《晨报副刊》文章总数 46%,与他担任主编时间段基本吻合。

本图同时抽选的 3 位具有代表性的文学新人的样本数据结果显示:文学新人许钦文的成长与《晨报副刊》的支持密不可分,在《晨报副刊》发表各类文学作品共计 98 篇,发文量顶峰值集中在 1923 年,这一年在《晨报副刊》刊发小说 48 篇,散文杂感 9 篇,占其在《晨报副刊》刊发文章总数 58%。一方面,该时间段正是他的浙江乡党孙伏园任主编,作为一直以扶持文学新人为己任的孙伏园主编来讲,必然会鼎力相助自己的同乡。另一方面,对他文学之路成长起过重要作用的鲁迅此时期亦非常关注《晨报副刊》,为他的文章能在《晨报副刊》发表起了一定推荐作用。沈从文共计在《晨报副刊》发表各类文学作品 145 篇,发文量顶峰值集中于 1926 年,这一年共在《晨报副刊》发表小说 28 篇,诗歌 12 篇,散文杂感 8 篇,其他文章 4 篇,合计 52 篇,占本人刊发在《晨报副刊》文章总数 36%。胡也频共计在《晨报副刊》发表各类文学作品 162 篇,全部刊发在《晨报副刊》创办最后几年,其中诗歌最多,小说居次,发文量顶峰值集中在 1927 年,这一年共在《晨报副刊》发表小说 25 篇,戏剧文学 27 篇,诗歌 61 篇,合计 113 篇,占其全部刊发在《晨报副刊》文章总数 70%。这一时间段是《晨报副刊》创办后期,沈从文和胡也频刊发在《晨报副刊》的文章集中在这一时间段的主要原因是两人各自来北京没几年,沈从文是 1922 年来北京的,胡也频也是同年流浪到北京的,生存在当时则是第一要务,文学创作只能挤出时间为之,加上两人均是现代文坛新面孔,刊发作品有一定难度。但是样本数据可看到另一现象,两人来北京才四五年就进入创作高峰期,不得不承认正是《晨报副刊》等报刊的鼎力相助方成就了他们的文学成就。

三、中国知网作家研究量对比《晨报副刊》作家发文量

本节再以鲁迅、周作人、沈从文、胡也频、许钦文、徐志摩 6 位作家为样本,以国内著名文献检索与在线阅读网站——中国知网数据为摘取指标,选取中国知网 1978 年至 2017 年 11 月学术论文收摘量,进行"中国知网作家研究量 VS《晨报副刊》作家发文量"实证研究,数据结果如图 2-15 所示。

图 2-15 数据显示,鲁迅在《晨报副刊》发表各类文章总计 129 篇,另 4 位作家,即沈从文、胡也频、周作人、徐志摩的发文量均多于鲁迅,

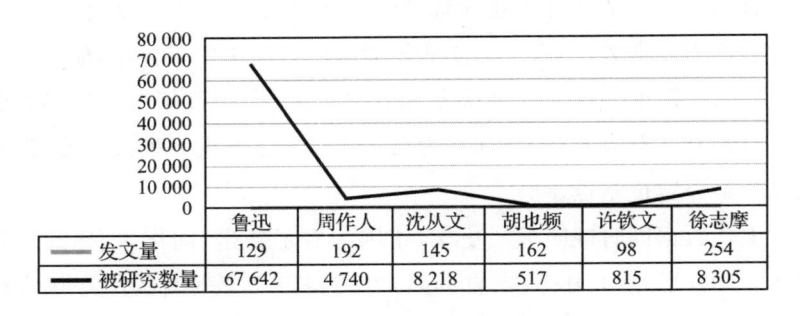

	鲁迅	周作人	沈从文	胡也频	许钦文	徐志摩
发文量	129	192	145	162	98	254
被研究数量	67 642	4 740	8 218	517	815	8 305

图 2-15 中国知网作家研究量对比《晨报副刊》作家发文量

只有许钦文发文量少于鲁迅。中国知网收录文献数据显示，对鲁迅发表在《晨报副刊》的文章的研究论文要远远多于另 5 位作家。截至 2017 年 11 月，中国知网收录的对鲁迅发表在《晨报副刊》的文学作品进行研究的论文多达 67 642 篇。另 5 位作家的相关数据是，周作人的被研究量为 4 740 篇，徐志摩被研究量为 8 305 篇，许钦文和胡也频的被研究量仅 815 篇和 517 篇。当然，研究者所依据的原始样本单位有的并非直接取样于《晨报副刊》，而是各类后续编辑的文集或选集，但是其原始出处则全部来源于对其首家刊登的《晨报副刊》。本组数据证实一个情况，鲁迅在新文学史中的地位要明显高于其他 5 位作家。鲁迅发表于《晨报副刊》的文章数量并不多，仅多于许钦文，但是四十年间学者对鲁迅的研究成果非常多，约为另 5 位作家基数总和峰值的 3 倍。实证研究得出的数据显示，鲁迅当年刊登于《晨报副刊》的各类文章起点很高，小说、散文、译文等都有被后来学者认定的经典作品。本节实证数据证实，正因为鲁迅发表在《晨报副刊》的各类新文学作品具有教科书般的作用和史学价值，因而被一代代后继学者关注并进行多角度、不同视野的研究，开拓出许多学术新观点与新领域，这是研究《晨报副刊》与现代文学共融共进、共同发展时需格外注意的事情。

本节实证研究选取的中国知网指标体系数据同时验证了另一学术观点，媒介对某一新文学作家的宣传力度如果大大超于其他作家，那么，后人的研究就会把关注点集中于这位被媒介大力宣传的作家身上，远远超越对其他人的关注度。虽然本实证研究同时选取的样本作家周作人、徐志摩、沈从文等人在现代文学史上同样有着非常重要的位置、文学影响力非常大，但由于媒介的传播取向过度集中于鲁迅，使得后人对他们的关注度与研究力度远不如鲁迅。诚然，一百年前《晨报副刊》在当时是有其自身媒介定位的，为新文学的发生与发展推波助威、摇旗呐喊是媒介定位基点。

上述数据同时证明另一史实，正因为有了鲁迅、周作人、徐志摩等现代文学主将身体力行、亲自助阵，方使得以文学题材为主登媒介的《晨报副刊》传媒影响力不断扩大。同时可看到，正是由于有了热衷于

第二章 《晨报副刊》新文学传播实证研究

新文学传播的大众传媒,才推出一代又一代文学新人并力助他们茁壮成长。正是靠着报纸、杂志等大众传媒的传播作用力,方有了中国文学史重要组成部分——现代文学。五四新文化运动大潮中涌动的文艺副刊确实让我们清晰地看到现代文学如同一江春水向东流的历史进程。本章采用实证量化分析研究法另辟一个学术视角,通过数据仰视意义深远的现代文学史典。

本章所做数据统计同时发现另一有趣现象,《晨报副刊》1918年至1928年十年刊登文章总数为16 410篇。其中,1919年刊登文章数量最多,为2 467篇。1919年至1925年为刊发文章集中期,年文章总数总体较为平稳,其间经历了李大钊主编时期、张梓芳主编时期、孙伏园主编时期、刘勉己主编时期。1926年至1928年,文章数量开始减少,该期间为徐志摩主编时期和江绍原、瞿世英主编时期。关于《晨报副刊》创办后期发文量减少的原因,除了主编徐志摩移居南方无暇顾及编辑事宜,还与鲁迅、周作人等文学名家将稿件转投别的报纸杂志有一定关系。再者,此时上海已逐渐成为新文化集中地,不少纯文学报纸杂志创办于上海,文化名人纷纷向上海聚集,北京的文化影响力开始减弱。比如像鲁迅先到了厦门、广州,1927年正式定居上海,郁达夫这一时期只在上海、杭州居住,郑振铎则在上海从事革命活动,参加了上海工人武装起义。《晨报副刊》主要撰稿人先后离京和上面论述的其他情况合在一起,构成《晨报副刊》后期发文量减少的原因。

本节摘选的数据均是本书撰写过程中从《晨报副刊》各类文章总数16 410篇中先筛选出样本单位,随后采用多元线性回归分析、ANOVA方差分析和频率统计等实证方法,进行数据分析统计校验,最终得出相关数据结果。正如学者陈漱渝先生所说:"《晨报副刊》形成了一支相当庞大的作者队伍,几乎囊括了五四新文学黎明期的主要作家,如鲁迅、胡适之、李大钊、蔡元培、周作人、徐志摩、林语堂、郁达夫、瞿秋白……可以说,这一时期的《晨报副刊》不仅为自由撰稿人提供了展露文学才华的舞台,而且还成为文学研究会、创造社等重要文学社团的重要阵地。"①

　　学术界对于现代文学研究基础已非常厚实,无论是作家研究还是作品研究或者是作家与文本相结合研究,都已是硕果累累,成绩耀眼。但是,几十年间一直未能见到运用大数据进行实证研究的成果。不能说不是一件憾事。仅从这一层面看,本书用一章篇幅借助大数据进行量化统计分析与实证研究,为现代文学研究探出了一条新路,增补了一个学术缺失点。

　　需要指出的是,大数据时代实证研究加盟的文学当代性研究在增强客观性、精确性的同时,并不能消泯研究者本人的价值判断,只能给予辅助支持。对于文学研究而言,实证研究并不能取代文本分析和理论研究,任何学术研究与学术探索绝对不可从一个极端走向另一极端。这是开展实证研究时应格外注意的。正如学者指出的:"大数据的长处是对在线数据的整理、计算和分析,其能作为精确而充实的论据去更好地证实研究者的观点而存在,而学术研究固有的理论高度不能降低……对于现代文学研究而言,在大数据的科学性与文学研究的人文性之间保持必要的平衡与张力,以此在增强介入时代的当下和在场感的同时,保持必要的理性精神与客观姿态,才是应对信息时代到来的题中之义与当务之急。"②

---

① 陈漱渝.从研究系谈到《晨报副刊》[N].人民政协报,2005-08-11.
② 孙桂荣.文学研究的当代性与大数据时代的实证学风[J].湘潭大学学报,2018(2).

第三章

《晨报副刊》历任主编新文学传播策略与业绩

第一节 李大钊和孙伏园的新文学传播策略与业绩

一、李大钊:《晨报副刊》首任主编

1916年2月初,根据国内反袁斗争的需要,汤化龙电召在日本留学的李大钊返回上海商讨反袁事宜,半个月后,李大钊又返回日本。三个月后,李大钊再次被汤化龙电召回国,回国后随即参加了梁启超、孙洪伊、汤化龙等人领导的宪法研究会,担任汤化龙的私人秘书,积极参加推翻袁世凯的活动。不久,李大钊受汤化龙委托筹办一份报纸[①]。经过一番奔走和筹备,由李大钊亲自起名的《晨钟报》于1916年8月15日正式创办,李大钊任编辑主任。但是,李大钊此时的思想认识与梁启超、汤化龙已有明显不同,导致他担任《晨钟报》编辑主任不到一个月就被迫离开。但是他主张的传播先进思想,倡导文学革新的办报理念在《晨钟报》一直延续下来,并在两年后主编《晨报副刊》时将传播新

---

① 李大钊.李大钊全集(第二卷)[M].石家庄:河北教育出版社,1999:364.

思想、新文化、助推文学革命作为《晨报副刊》的办报宗旨。

1918年底至1920年担任《晨报副刊》首任主编期间,李大钊已渐进由民主立宪思想转向马克思列宁主义,对马列主义产生了坚定信仰,进而利用《晨报副刊》积极传播马克思列宁主义思想理论和俄国十月革命。除了传播马列主义,李大钊担任《晨报副刊》主编的另一任务就是传播新文学。《晨报副刊》设置"小说"栏目,以翻译介绍欧美和俄国批判现实主义作家作品为主,托尔斯泰、莫泊桑、高尔基等人的作品成为该栏目的常客。国内作家转载鲁迅的《狂人日记》,刊登陈大悲、冰心、叶圣陶等人的白话小说,经常组织讨论白话文学修辞和俗文学理论,热心收集各地民歌民谣。李大钊认为,新文学必须经过实验;"这个实验,无论失败与成功,在人类的精神里,终能留下个很大的痕影,永久不能消灭。"①李大钊所说的实验就是借助传媒平台,通过刊登各类新文学作品,运用各种方式进行新文学实践,检验五四新文化运动成果,助推新文化更大发展。李大钊最初在天津北洋法政学校读书时办《言治》杂志、日本留学时办《民彝》杂志、参加《新青年》编辑工作、再到主编《晨钟报》《晨报副刊》,一次次编辑实践锻炼使他成为一个具备先进思想的传媒人。

《晨报》于1918年12月重新出版时再次将李大钊聘为专门刊登文艺作品的第七版(即《晨报副刊》)主编,1920年5月,李大钊辞去《晨报》第七版主编。尽管李大钊做主编只有一年多,但是已有不错业绩,在他担任主编期间,《晨报副刊》刊登了总计约3 462篇各类文章,小说、杂感、诗歌、散文、戏剧、译文等文学作品近2 450篇,占文章总数72%左右。鲁迅的《一件小事》、转载《狂人日记》、陈大悲的《苦命的孩子》、欧阳予倩的《断手》、熊佛西的《这是谁的错》等名作均是在此期间刊登于《晨报副刊》。同时刊登了大量游记、杂感、文艺评论、歌谣等,像胡适的《人道主义真面目》,梁启超的《世界和平与中国》,周作人的《新文学的要求》等。从文章内容看,通过文学启蒙方式实现思想启蒙目的是此时大多作家不约而同的创作理念。像陈大悲的《苦命的孩子》(《晨

---

① 中国现代文学史参考资料(第一卷上册)[M].北京:高等教育出版社,1959:109.

第三章 《晨报副刊》历任主编新文学传播策略与业绩

报副刊》1920年4月11日),小说主题并不只是讲一个苦命孩子所遭遇的悲苦命运,而是想要告诉读者这是整个底层百姓在军阀政权统治下普遍在受苦,认命就只有苦,要想不苦只有不认命。作家通过小说揭示的苦与不苦实则是一矛盾对立体,苦是不苦未脱去的禅壳,不苦则是褪掉苦的外壳的美好未来。想要不苦只有在苦中奋斗方可实现不苦。欧阳予倩的《断手》(《晨报副刊》1919年3月9日)主题亦是如此,军阀治下的黑暗社会,军阀士兵对普通百姓的残害已成一种常态,普通百姓不可能有生活希望与期盼,苦等不会等来任何结果。作家借助讲故事的方式力图达到思想启蒙目的。李大钊在《晨报副刊》刊登此类小说的目的并不仅仅是揭示百姓在忍受状态中或者忍耐常态下的自然精神状况,而是借媒体之力呼唤百姓尽早觉醒不要再继续昏睡下去,这方是新文学的启蒙目的。因而,刊登欧阳予倩的《断手》只隔了四天,同年3月13日《晨报副刊》开始转载《新青年》数月前发表的《狂人日记》。李大钊觉得此时必须再下一副猛药,只靠温情慢火怕是很难唤醒昏睡国人,《狂人日记》绝对够得上一副唤醒昏睡百姓的猛药。

此时聚集在文学革命大旗下的思想家和作家对于新文学取代旧文学的进展速度太慢感到焦虑,渐渐有了一种越来越强烈的焦虑情绪,便借助作品发散各自的焦虑状,通过作品内容传递各自的焦虑感,借焦虑情绪试图推动新文学运动能够加速向前推进。像胡适的《序赠琦君的〈国体与青年〉》(《晨报副刊》1919年2月24日)、陈大悲的《十年来中国新剧之经过》(《晨报副刊》1919年11月19日)、高尚德的《学生的文化运动》(《晨报副刊》1919年12月9日)等就代表了一批作家较为普遍的焦虑情绪。再如施天侔1919年9月8日在《晨报副刊》连载发表《文学的批评》,对于当下新文学创作慢条斯理、气势不足的情形表现出一种更加急迫的焦虑感。冰心于1919年11月11日在《晨报副刊》发表的《我做小说为何悲观》一文表现的是另一番焦虑,是女作家一时间寻觅不到新文学路径时呈现的迷失窘境之困惑和恐惧状焦虑。冰心在文中以女作家的焦虑情绪表示出对新文学发展速度缓慢的某种普遍焦虑感。就连鲁迅也在借助《狂人日记》中狂人之口力图传递出作者对于

87

新文学未能尽快彻底取代旧文学的焦虑,借助《晨报副刊》传递对于新文学发展现状恨铁不成钢的焦虑状则是力主白话取代文言的倡导者的共同现象。李大钊本人对新文化运动的发展态势有时不尽如人意也有着一定的焦虑,他于1919年3月5日在《晨报副刊》发表《新旧思想之激战》一文,直接从思想层面剖析新文化运动中出现的种种焦虑状况。这种传媒人与作家共同焦虑状如同布卢姆《影响焦虑》学说中提到的主动迫切感情境况下的自寻式焦虑[1],但这种焦虑与西方作家的焦虑还是有一定的差异,地域文化不同的焦虑因素源和焦虑感必然会有差异,中国语境中的焦虑状态必然迥异于已经历过文艺复兴洗礼的西方作家的焦虑感。从另一视角分析,焦虑状亦是现代知识分子自我精神救赎的外在显现,他们力图借助于焦虑尽早完成对广大百姓的精神救赎。

除上述原因之外,需要进一步分析作家焦虑心态生成的其他原因。当时以《晨报副刊》为代表的大众传媒对俄国十月革命胜利与苏维埃政权现实状况的连续传播,使得国内不少具有进步思想的作者对于军阀政权下如死水般的社会状况有了越来越强烈的焦虑,对军阀统治政权的极度不满促使知识分子群体产生的焦虑感只得借助于大众传媒予以宣泄,这亦是一种期待性焦虑。探讨作者期待性焦虑的形成其中一个重要原因是自我在场受到了传统文化规范下生成的传统道德超我标准幻化而为的文化在场的影响所致。此种焦虑是渴望能享有独创性和创新性的作者的普遍焦虑,这种焦虑建立在写作主体对社会赋予的作者身份认同的基础之上。身份认同如不能实现则可演变为对文学文本意象的恐惧,即从文本句子字面与意义空间共同凸显出焦虑,并将进一步指向作者理想迷失窘境的困惑和恐惧。它不仅使作者具有一种迫切的寻觅问题源头的意识,还使其不断呼唤探寻解决问题的方式策略。因而,在对焦虑感形成源头的分析过程中,不应局限于对自我和本我关系的过分纠缠,这种完全陷入内因的考察固然是重要的,但常常是不全面的。

谈天说地、触景抒怀的白话散文也是李大钊主编时期入选《晨报副

---

[1] 布卢姆.影响的焦虑[M].徐文博,译.南京:江苏教育出版社,2005:64.

第三章 《晨报副刊》历任主编新文学传播策略与业绩

刊》的主要题材,像梁实秋的《荷花池畔》、周作人的《醉汉的歌》、跛公的《思荃馆随笔》等。刊登写景、抒情白话散文的目的一方面借此倡导白话,抵制文言,以作品向读者传递白话文学在阅读层面清新易懂的特点,用文学实绩支持高举文学革命大旗的先驱倡导的"推倒迂晦的艰涩的山林文学,建设明了的通俗的社会文学"的新文学主张。另一方面,则是借此展示白话文学创作模板,告诉世人什么是新文学写作样式,进而为《晨报副刊》刊发同类文章做一个导引,引导作者的写作趋向,这亦是对新文化运动的呼应与传媒业绩。如此分析,李大钊主编《晨报副刊》期间的传媒功绩便显现出来。

传媒功绩一,李大钊主编期间,《晨报副刊》通过刊登文学新人的新文学作品既充分发挥出大众传媒对新文化发展的内驱力,又努力以媒介为平台竭力弘扬五四新文化精神、助推文学新人尽快成长,为刚刚诞生的现代文学不断前行做着传媒贡献。李大钊主编《晨报副刊》短短一年半时间发表了190多篇文学新人的作品,月均10篇以上,数十位文学新人得益于主编的推荐在现代文坛站稳了脚跟。

传媒功绩二,增设主题繁多的栏目,丰富了《晨报副刊》版面设计内容,使副刊具有更加新颖的新文化传播特色。除了各类文学作品大量刊登,可看到各种新栏目的设置,像"科学谈""名人""妇女问题""演讲""家庭问题""名著"等。之所以设置各类专栏就是要从科学、自然、生活等各方面传播更多新内容,努力启发民智,完成科学救国、知识救国、政治救国与文化救国的重任。生物知识、地理知识、物理知识尤其是卫生常识的科普文章大量刊登于《晨报副刊》,像震宇氏的《人类尿之化学说》(《晨报副刊》1919年8月14日)、陈达夫的《动物对于无生外围之关系》(《晨报副刊》1919年8月31日)、胡维宪的《何为科学》(《晨报副刊》1920年1月21日)等科普文章的发表引起了读者很大反响,编辑部经常会接到读者的反馈信件。

传媒功绩三,借助《晨报副刊》全力传播新文学。《晨报副刊》独立创办不久就开设了"文苑""剧评""小说""小说·寓言小说""名著新译"等传播新文学栏目,刊登各类小说、翻译域外文学、评论西方戏剧,向广大读者传播新文学。李大钊利用主编《晨报》第七版(《晨报副刊》)的有利条件,努力把报刊办成传播新文化的主阵地。如唐弢先生所说:"研究系掌握的《晨报》改组第七版(副刊),在李大钊等人的推动下成为宣传新文化的著名副刊之一。"①"著名副刊"的定义确实是名副其实,因为《晨报副刊》很快就成为新文化运动中著名的四大副刊之一。李大钊对此也有着明确的传媒认知理念,认为大众传媒理应承担起"吾民族之自我的自觉"之责任,媒体人理应担当"青春中华之创造"使命。这是已具备新思想、新文化的传媒人应有的使命意识。"新文明之诞生,必有新文艺为之先声。"②新文艺必须依靠大众传媒才能将其传播给广大百姓。李大钊深受媒介社会责任理论影响,努力将理论作为媒介实践的指导原则。

除了开拓创新的编辑理念助推其主编《晨报副刊》,李大钊同时身体力行于新文学创作。从最早发表《晨钟之使命》到1923年12月1日《晨报五周年纪念增刊》发表《时》,李大钊先后在《晨钟报》《晨报》《晨报副刊》发表各类文章55篇③。创作高产期集中在《晨钟报》刚创办那段日子,《晨钟报》创刊初始22天内李大钊共刊发14篇文章,担任《晨报副刊》主编期间发表22篇文章,辞去主编后发表了19篇。如果单讲文章数量,八年时间在《晨报副刊》发表55篇文章并不算多,李大钊仅在《甲寅日刊》就发了70多篇文章④,此外在《言治》《新青年》《每周评论》等刊物也发了不少文章,可以看出,尽管他先后担任过《晨钟报》和《晨报副刊》主编,但本人的文章并没有大量刊发在该报。并且从另一角度分析,认真读过李大钊刊发在《晨报副刊》的文章就会明显感到其分量还是较重,像《晨钟报》创刊词《晨钟之使命》,他在起首就激情满怀地说道:"一日有一日之黎明,一祺有一祺之黎明;个人有个人之青春,国家有国家之青春。今者,白发之中华垂亡,青春之中华未孕,旧祺之黄昏

---

① 唐弢.中国现代文学史[M].北京:人民文学出版社,1979:34.
② 李大钊.《晨钟》之使命——青春中华之创造[N].晨钟报,1916-08-15.
③ 新闻学计量单位刊登连载作品时通常以刊发"次"为"篇"计量,本书亦使用该计算法为计量单位。
④ 李大钊.李大钊全集(第二卷)[M].石家庄:河北教育出版社,1999:364.

第三章 《晨报副刊》历任主编新文学传播策略与业绩

已去,新稘之黎明将来……"文章运用排比修辞对已孕育并露出曙光的新民主主义中国的诞生充满了信心,满怀激情鼓励有志青年,为了"中华"的新生应该勇敢地起来推翻旧制度,创建一个前所未有的新"中华",为之要不惜牺牲。这番话极具哲理意蕴,确实如他所言,不管是古老中华,还是西方现代社会,任何一种新的文明制度的产生,必须要先有新的文艺做先导,必须要有新文艺唤起民众对于新政权、新制度的认可与向往。延续了几百年的中世纪欧洲封建神权制度最终被推翻,靠的就是文艺复兴唤起了各国百姓对于民主、自由的全新认知和向往。媒介在改革旧的社会制度、建立新制度的过程中理应也必须承担起应有的传媒责任。尽管时间过去了百年,就是在今天,读着这篇《晨钟报》创刊词仍然能感受到巨大的民族振奋感。

李大钊发表在《晨报副刊》的文章大多为议论文题材,纯文学作品很少。综合而论,李大钊文学创作成就亦不算小,基本以诗歌和散文为主,但是创作的文学作品大多刊发在其他刊物,这对以刊登文学作品为主要版面的《晨报副刊》来讲,不得不说是一个遗憾。

以《晨报副刊》为媒介,李大钊与鲁迅结下深厚友情。《狂人日记》在《新青年》发表仅数月,李大钊就在《晨报》第七版连着四天转载了这篇白话小说,这是《晨报》自创办以来首次转载其他报刊发表过的小说。除了大力宣传新文化运动的原因,另外则是李大钊对鲁迅作品所具有的新文学史诗意义的崇敬之情所使。反过来再看鲁迅与李大钊的友情也非常深厚,鲁迅特别爱读李大钊撰写的文章,李大钊的著作《守常全集》出版时鲁迅亲自撰写了《〈守常全集〉题记》。俩人相识后随着时间推移逐渐建立起深厚的友情。鲁迅曾动情地讲述了认识李大钊的经过:"我最初看见守常先生的时候,是在独秀先生邀去商量怎样进行《新青年》的集会上,这样就算认识了。""给我的印象是很好的,诚实、谦和,不多说话。"[①]李大钊亦对鲁迅非常尊敬,1923年8月,李大钊收到鲁迅寄来的《呐喊》后经常和子女讨论《呐喊》的文学价值,称赞《阿Q正传》写得好,让孩子认真读这本书。另有两件事也可看出李大钊和鲁迅友

---

① 鲁迅.鲁迅全集(第四卷)[M].北京:人民文学出版社,1991:523.

情之深。1927年4月,李大钊被反动军阀张作霖逮捕后,大孩子李葆华外出避难时躲藏的地方正是鲁迅在北京八道湾旧址东屋。另一件事是李大钊逝世后为了安葬他的遗体,鲁迅捐款50块大洋。两位新文化运动名人之间的交往时间并不算长,但是志同道合的新文学理想,推动新文化运动和现代文学不断前行的共同信念则是新文学史值得一书的篇章。

李大钊主编《晨报副刊》期间的政治传媒功绩就是以《晨报副刊》为平台、积极传播马列主义。李大钊任《晨报》第七版主编做的第一件事就是努力使该报刊成为马列主义传播阵地。任主编一年时间,《晨报》第七版刊登马列思想理论相关文章共计200余篇[①]。其中对《共产党宣言》的全文翻译为国内报刊首家《共产党宣言》中译本完整刊登。1919年5月5日马克思诞生101年纪念日,李大钊在《晨报》第七版开辟了"马克思研究"专栏,这是国内各报刊唯一开设"马克思研究"专栏。到1919年11月11日止,该专栏存在了6个月,发表了数十篇颇有分量的宣传马克思主义思想理论的文章,像日本学者河上肇的《马克思的唯物史观》,渊泉译注的《马氏资本论释义》《马氏唯物史观概要》,以及《马克思年表》《布尔什维主义的胜利》《庶民的胜利》《法俄革命之比较观》等颂扬俄国十月革命、探讨马列主义理论的文章。借助公共舆论空间传播马列主义,启迪民众觉悟,是李大钊作为具有共产主义理想信念的传媒人竭力为之的事情。

二、孙伏园:以新文学的勃兴为己任

1. 业绩不菲的主编

孙伏园本人的回忆是:"李先生(指李大钊,笔者注)之后,其中经过一位张梓芳先生,以后便由我接编。"[②]从1920年8月至1924年10月,孙伏园在《晨报副刊》担任四年多主编,为历任主编任职时间最长者。任职时间长,就能从容不迫地对刊物进行改革创新,就能更加热心助推

---

① 晨报副刊(影印本〔1—3卷〕)[G].北京:人民出版社,1981.
② 吕晓英.孙伏园评传[M].北京:中国社会科学出版社,2011:前言.

第三章 《晨报副刊》历任主编新文学传播策略与业绩

现代文学前行。

孙伏园任《京报副刊》主编时曾一再指出报纸副刊带给读者的主要作用是欣赏文艺作品:"日报的附张正当作用就是供给人以娱乐,所以文学艺术这一类的作品,我以为是日报附张的主要部分,比学术思想作品尤为重要。"①孙伏园的副刊编辑思路是,新文学作品、翻译文章、新文化理论文章等必须加大刊登力度,专业性太强的文章或艰深难懂的作品一概从少登载。这就明白无误地告诉广大读者,《京报副刊》《晨报副刊》等进步传媒专为新文化建设服务,只做传播新文化的媒介,媒介属性与定位非常清晰,清晰的媒介定位给现代文学主将与文学新人极大鼓舞。许多年后孙伏园回忆:"那时副刊的几大重要任务现在已不存在了,第一,是大报改革的先驱与传播新文艺。"②从其言行看,孙伏园的编辑思路与前任大体相同,同时又有一定创新,文化启蒙、思想启蒙文章继续占相当比例,新文学文章加大了刊登力度,既要关注文学新人作品,更要重点推荐名家文章,对两位恩师则给予更多方便。为了使恩师更多地发表文章,孙伏园在《晨报副刊》为周作人开设"自己的园地"栏目,专供周作人刊发文章。鲁迅更不用说,除了不间断组稿、催稿,孙伏园差不多成了鲁迅的秘书,经常为鲁迅找资料、联系书商、陪鲁迅外出办事,就连鲁迅和陈源(笔名西滢)的唯一一次见面都有孙伏园陪在身边③。笔者查阅《鲁迅日记》进行初步统计,其中共有413处提到孙伏园。鲁迅对孙伏园的编辑工作同样给予了很多支持,孙伏园曾就此回忆道"鲁迅先生对我们年轻人办报的热忱,总是极力帮助和支持。他那时写的稿,除了登在《新青年》上的以外,大都寄给晨报附刊了。"④孙伏园有意选用名人稿件的主要目的是想让熟悉的名人或社会知名度高的名人更多支持《晨报副刊》,增加读者群,使更多人关注这份副刊,进

---

① 孙伏园.理想中的日报附张[N].京报副刊(第1号),1924-12-05.
② 孙伏园.理想中的时报附张[M]//姚福申,管志华.中国报纸副刊学.上海:上海人民出版社,2007:279、281.
③ 1924年5月8日《鲁迅日记》记载:孙伏园晚上来找鲁迅,晚八点俩人到协和大礼堂观看新月社举办的庆祝泰戈尔64岁生日晚会,在礼堂遇见陈源,两人握手打招呼.鲁迅.鲁迅全集(第十四卷)[M].北京:人民文学出版社,1991:499.
④ 孙伏园.回忆伟大的鲁迅[M].北京:新文艺出版社,1958:78.

一步扩大《晨报副刊》的社会影响力,在推动新文化发展方面发挥更大传媒影响力,同时亦借此提升《晨报副刊》人气。孙伏园上任不久就将《晨报副刊》由过去四版扩为八版,定期推出《文学旬刊》。这一编辑思路果然见到了实效,《阿Q正传》《不周山》《肥皂》(鲁迅),《医院的阶陛》《故乡的野菜》《女子与文学》(周作人),《印度洋上的秋思》《翡冷翠的一夜》《天下本无事》(徐志摩),《人妖》《一个驴夫的故事》(林语堂),《给一位文学青年的公开状》(郁达夫),《悲哀的哑者》(郭沫若)等现代文学名作都发表于《晨报副刊》孙伏园主编时期。

　　副刊栏目的设置孙伏园也做了调整,像"论坛""科学谈""星期讲坛"这些读者喜爱的栏目继续保留,每期发文量也比以前增加,文章内容仍然以普及科学知识为主,用浅显易懂的文字把科普知识介绍给读者,降低公众进入科学的门槛,引发读者对科学知识的兴趣,促进国民素质的提升。借媒介平台打造一个文化与科学交流互动契机,创造一种"知科学、用科学"的科学亚文化。

　　关注科学普及类文章的同时,编辑方针的重中之重是新文学栏目的增设,"开心话""小说""诗""诗歌""杂感""杂记""剧本""古文艺""通信"等一批文学栏目的设置,给名家和文学新人提供了大显身手的机会。

　　孙伏园的编辑风格是文化性、思想性、知识性、趣味性并重,四者同时用力,他就此说道:"很想从几个方面把附刊的影响力扩大到全报,第一,附刊是白话的。第二,附刊是加标点的。第三,附时是学术性的但又比较趣味化,因为那时正是五四运动时代,很希望学术性、民主性的气味浓一点。"[①]基于这一认识,《晨报副刊》独立发行后,既保留了原有特色,又注意到副刊的趣味化问题。此外,孙伏园经常借助副刊版面组织各种学术讨论,或者根据读者来信开展某一主题研讨,请社会名人发表看法,从而在广大读者中竖立《晨报副刊》以传播新思想著称的声誉,以及宣传新文化和知识性、趣味性见长的媒介品牌。

　　孙伏园在主编任内做出了不菲成绩,在他的精心运作与努力下,

---

① 　孙伏园.回忆伟大的鲁迅[M].北京:新文艺出版社,1958:78.

第三章 《晨报副刊》历任主编新文学传播策略与业绩

《晨报副刊》在读者心目中的影响力不断攀升,副刊成为现代文学不断前行的得力传播阵地,报刊自身经济效益明显提升。孙伏园任主编期间《晨报副刊》日发行一万余份,这亦是《晨报副刊》最辉煌时期。

作为一位出色传媒人,孙伏园为《晨报副刊》做出了很大贡献,这份副刊在他兢兢业业打理下处于持续上升期,孙伏园本人成为报馆老板厚爱的主编。意料不到的是就在事业蒸蒸日上之时,孙伏园竟然于1924年10月底突然辞去了主编一职。

鲁迅在《我和〈语丝〉的始终》中谈了孙伏园辞职缘由:

"'我辞职了。可恶!'

这是有一夜,伏园来访,见面后的第一句话。那原是意料中事,不足异的。第二步,我当然要问问辞职的原因,而不料竟和我有了关系。他说,那位留学生乘他外出时,到排字房去将我的稿子抽掉,因此争执起来,弄到非辞职不可了……"① 鲁迅所说和他有关是指鲁迅写了一首打油诗,题为"我的失恋",这次没署名鲁迅,故意起了个有些调侃意味的笔名"某生者",投寄到报馆。孙伏园看到稿件凭借熟悉的文风立刻猜出是鲁迅所写,马上排版,最后校稿时孙伏园外出不在,由刚从国外留学归来的《晨报》总编刘勉己代为校审稿件,此公因为有留学背景并且和北大教授陈源熟悉,在陈源推荐下当了《晨报》主编。刘勉己没能品出这首诗的另一层喻义,只是觉得诗意不足,便把已排好版准备付印的《我的失恋》抽掉了。孙伏园得知此事愤而辞职。对于辞职这事孙伏园本人的回忆大致相同,不但大骂刘勉己,而且满屋子追着打刘勉己②。以上是相关史料的记载,也有人认为孙伏园辞职并不是只因为这一件事,而是另有原因,就是这件事发生之前孙伏园曾经把周作人写的一篇民风民俗传记类散文排版准备刊登,但是被《晨报》报馆老板看到,认为周作人这篇《徐文长故事》讲述的是低俗的地方民间传说,此类内容不符合《晨报》风格,不准登载,这是导致孙伏园辞职的另一原因。孙伏园本人谈到从《晨报副刊》辞职的原因时说:"……关于上面所讲鲁

---

① 鲁迅.鲁迅全集(第四卷)[M].北京:人民出版社,1991:165.
② 孙伏园.京副一周年[N].京报副刊,1925-10-31.

95

迅先生《我的失恋》一诗只能算作大半件,那小半件是关于岂明先生的《徐文长故事》,岂明所说一点儿也不错的。不过讨《我的失恋》的是刘勉己先生,讨《徐文长故事》是刘崧先生罢了。"①对于孙伏园本人来讲,他并不怕辞职,只要是人才就会有用武之地。1924年10月底孙伏园辞职后,11月初他便筹划自己办杂志,这边刚开始筹办,《京报》总编辑邵飘萍主动接洽邀请他主编《京报副刊》,可见传媒人才的重要性。刚开始孙伏园不想答应这事,鲁迅鼓动他,一定要出这口气,非把《京报副刊》办好不可,意思所指很可能是孙伏园前不久从《晨报副刊》辞职一事。仅这一实例就足以证明孙伏园出色编辑才华非一般人所及。

鲁迅本人是否支持孙伏园辞职? 从鲁迅的著述中查找不到明确答案,但是自从孙伏园辞职鲁迅就不再往《晨报副刊》投稿。由孙伏园筹划的《语丝》办起来后,鲁迅的文章开始投到《语丝》杂志,从这件事看鲁迅确实是用行动支持孙伏园。不过随后周作人也不在《晨报副刊》发文章,改在《语丝》刊发。

从《晨报副刊》辞职后,孙伏园先担任《语丝》主编,随即又担任《京报副刊》主编,身兼两个刊物主编。鲁迅、周作人、章川岛等人作品不在《晨报副刊》发表,无疑是一个不小损失。孙伏园主编《晨报副刊》四年间,不仅刊物自身社会影响力和新文学传播的传媒功绩早已得到了《晨报》报馆老板的高度认可,月入1 000块大洋也让《晨报副刊》经济效益在京城各大报纸名列前茅。但是,尽管有很好的经济业绩,报馆老板竟然宁可同意孙伏园辞职而不竭力挽留(后来经济效益下滑曾派人说和,但辞职之时并没挽留),这对于旧中国传媒业以经济效益为首位考虑的报馆老板来讲实属罕见。结合相关史料以及当事人回忆,有以下原因。

其一,有一种观点认为时为北大名教授的陈源与鲁迅一直不和,陈源与《晨报》报馆老板关系不错,《晨报》总编辑刘勉己是由陈源推荐给《晨报》老板的。孙伏园曾是鲁迅的学生。

其二,《晨报》老板和股东均是新月社成员,与徐志摩私交甚好,原本意图就是想让徐志摩接任《晨报副刊》,徐志摩本人曾透露过相关信

---

① 孙伏园.京副一周年[N].京报副刊,1925-10-31.

第三章 《晨报副刊》历任主编新文学传播策略与业绩

息,"去年(指1924年)黄子美(《晨报》股东,笔者加)随便说起要我去办副刊,我听都没听,在这社会上办报本来就是没有奈何的勾当……三月间(指1925年)我要到欧洲去,一班朋友都不肯放我走,内中顶蛮不讲理的是陈博生与黄子美,我急了只得行贿,我说你们放我走回来时替你们办副刊。他们果然上了当立刻取消了他们的蛮横,并且还请我吃饭饯行。"①这段话明显看出早在孙伏园主编期间,《晨报》股东就想让徐志摩接管《晨报副刊》,只是徐志摩本人不愿意。因而,孙伏园离开《晨报副刊》只是时间迟早的事情。

其三,与北京军阀政府打压有关。《晨钟报》原本在六年前被军阀政府查封过一次,大力传播新文化必然会引起早已被封建思想彻底洗脑的官吏不满,他们鼓动军阀政府对包括《晨报副刊》在内的北京进步报刊施压,迫使报馆老板做出此决定也有可能。可佐证的史实是,孙伏园从《晨报副刊》辞职后在《京报副刊》只当了一年多主编,1926年4月24日《京报》就被军阀政府查封,总编邵飘萍同日被捕,两天后被杀害,鲁迅、孙伏园、《国民新报》副刊主编陈启修、张凤举等人一同被军阀政府列入通缉名单②。

对于孙伏园离开《晨报副刊》的原因,另有一种观点认为与研究系出于对政治形势的担忧有关,"孙中山先生的北上,及他所带来的政治主张与思潮,已使《晨报》报馆老板有些恐慌了。于是他们不满于再起的青年运动。更不满于孙伏园所编的副刊。因为当时副刊不只是登些辛辣的文艺作品,有时还登载批评政治、批评社会的杂感与论文。在这种形势下,伏园被逼而离开《晨报》了。"③这种可能性似乎也存在,但是反之分析,如果确实是因为孙伏园在《晨报副刊》经常登载批评政治、批评社会的杂感和论文而迫使他辞职,那就不会在孙伏园辞职后过了一段时间又派人找他说和,请他回来继续主编副刊,这种观点不太具有说服力。那么,到底是哪种原因真正导致孙伏园离开《晨报副刊》,没获得

---

① 徐志摩.我为什么来办 我想怎么办[N].晨报副刊,1925-10-01.
② 方汉奇.中国新闻史[M].北京:中国人民大学出版社,2015:112.
③ 荆有麟.京报的崛起[M]//鲁迅博物馆,鲁迅研究室.鲁迅回忆录(上册).北京:人民文学出版社,1999:183.

新的一手证据之前应以当事人的说法为准。

2. 借媒体之力助推现代文学

1920年12月13日《晨报副刊》刊登《文学研究会宣言》，三天后《晨报副刊》"专件"栏目刊登《小说月报改革宣言》。此类文章刊登目的再明确不过，就是要表明传媒立场与态度，大张旗鼓为新文化运动造势助威。1923年6月1日又将文学研究会会刊《文学旬刊》并进《晨报副刊》，每月3期，随《晨报副刊》附送（共发行82期）。这一举措进一步扩大了《晨报副刊》的阅读层面和新文学运动对社会各界产生的影响力，亦使文学名家和文学新人在《晨报副刊》刊发文章机会大为增加，扶植推出一批文学新人新作。

孙伏园主编《晨报副刊》四年多最值得自豪的一件传媒业绩就是促成了鲁迅《阿Q正传》的发表。《晨报副刊》于1921年12月4日开始分期连载《阿Q正传》，共分9期连载完。首次是刊登在当日《晨报副刊》第一版"开心话"栏目，这天《晨报副刊》第一版只有两篇文章，即孙伏园本人以松年笔名撰写的《人生的价值》。这是一篇竭力启发中国百姓做"人"的自觉意识，宣扬"人"的解放的颇有分量的文章。旁边"开心话"栏目就是《阿Q正传》。孙伏园觉得《阿Q正传》思想性非常深刻，其目的是揭示老百姓自身固有的国民劣根性顽症。同时他又认为剖析数千年封建传统社会制度下生成并定型的国民性是一个非常严肃的主题，尽管《阿Q正传》是用讲故事的方法揭示国民性主题，但是将其排在"开心话"栏目则有些不严肃，于是从第二期起《阿Q正传》移到《晨报副刊》第二版"新文艺"栏目。

《阿Q正传》发表后在新文学史产生的影响力非常之大早已是人人皆知。鲁迅通过小说对国民劣根性的历史根由予以入木三分的解剖，小说挖出了中国人的劣性心理根之所在，深刻剖析了中国人的祖传德性，这些均有许多论文予以评论。鲁迅除了《阿Q正传》，另有《肥皂》《不周山》《故乡》等小说以及数量颇丰的杂感、评论、译文等都是孙伏园主编期间刊发在《晨报副刊》的。初步统计，孙伏园主编期间鲁迅共在《晨报副刊》发表各类文章122篇，周作人在《晨报副刊》发表的

第三章 《晨报副刊》历任主编新文学传播策略与业绩

366篇各类文章中的352篇也刊登于孙伏园主编期间。另有文学研究会、创造社、新月社等现代文学流派作家和其他作家相当数量文章均是孙伏园主编时期刊登于《晨报副刊》的。

　　孙伏园不仅悉心为他人刊发文章,自己也发表了不少颇有影响力的作品。1921年12月18日《晨报副刊》头版发表的颇具社会影响力的《民治与教育的关系》就是一篇颇有深度的力作,他对当时社会舆论较多的君主政治与无政府主义两种对中国人的思想产生了一定影响的政治理论一一给予了批驳。接着指出:要想使中国得救,要想让百姓彻底改变几千年延续下来的生存状况,唯一办法就是提高全民教育水准。他为此说道:"换一句话说,就是,人是教育得好的,所以不必用君主政治,也是因为人是尚有待于教育的,所以不宜用无政府制度——却应该自己举出人来,给他一种权柄,叫他替我们治理,治理得不好时就立刻把他更换。现在唯一适宜的政治制度就是民治,做到民治的手段就是教育,民治的重要根据也是教育。民治国家的重要教条,就是对于教育的莫大信仰。"[①]他把教育治国和依靠教育提高全民族综合素质的认知上升到一个非常重要的高度。

　　在《谁是中国今日的十二个大人物》(《晨报副刊》1922年11月25日)一文中,孙伏园对胡适在《努力》周报推举的十二个大人物(章炳麟、罗振玉、王国维、康有为、梁启超、蔡元培、陈独秀、吴稚晖、张謇、孙中山、段祺瑞、吴佩孚)中的几位"大人物"表示了不同看法,他推举倾极大精力致力于五四新话剧运动的陈大悲为十二个大人物之一。孙伏园竭力称赞:陈大悲由于在美国留过学,因而学会了美国的广告学,用美国的广告学方法在中国宣传、推广新话剧,他接受过新思想的活泼性精神,大力宣传新文化的精神值得国人学习。孙伏园对陈大悲的推举实际上是对五四新文化运动中兴起的话剧中国化潮流的赞颂。

　　与《阿Q正传》同期在《晨报副刊》发表的《人生的价值》是一篇极具思想启蒙力度的文章。孙伏园把争做"人"的思想觉悟的觉醒过程分为四个时期。第一时期是蒙昧时期,这一时期的人类只知衣食温饱、生

---

① 孙伏园.民治与教育的关系[N].晨报副刊,1921-12-18(1).

儿育女,根本不知除此之外还有别的人生价值。第二时期是心甘情愿做奴隶时期。"随着知识的进步,文明制度教导人们,人类的一生为的是上帝,儿女的一生为的是父母,臣的一生为的是君,妻的一生为的是夫。这时的老百姓真信了他们的话,便心甘情愿地做起了奴隶。"第三时期随着"知识更进步了,人们起了怀疑,说'为什么人们只是上帝的奴隶,父母的儿女,君的臣,夫的妻,而不是我们自己的我们?'"怀疑的结果便有了宗教革命、政治革命与家庭革命。当然,从思想上竭力麻痹国民、试图让百姓世世代代做奴隶的统治者绝不想让老百姓觉醒,最后便是流血收场。第四时期随着"一代一代的下去,剥蕉抽茧渐渐的去掉历来的污泥和尘垢而趋向于自由的国土。这时候人生的价值不必待挣扎而后得,人类社会早已有了认识人生价值的习惯,既没有天灾人祸要他驱除,也没有制度礼法把他束缚了。"他指出,"现在的中国,多者在第二个时期,小半还在第一个时期,极微极微的一部分在第三个时期。"[①]此时的当务之急是需要更多的声音奋力呐喊,把沉睡的奴隶尽快唤醒,尽早开始第三、第四时期的运作。从国人绝大多数还在昏睡状态实际情况看,他的观点是正确的。《人生的价值》确实是一篇振聋发聩的力作,此文的启蒙感召力是很大的。除了思想启蒙,孙伏园作此文的另一目的是为日后《晨报副刊》此类文章的刊发起一个导向作用。

3. 开拓创新的编辑理念

美国政治学家拉斯韦尔在"5W模式"中提出媒介功能主义理论,认为媒介是社会组成部分,本质上应保证文化传递和社会继承功能。媒介具有对社会大众精神文化需求的满足的传播功能,任何时候都不能轻视媒介的社会大众文化传播功能[②]。孙伏园一生从事报刊编辑工作,数十年一直用实践经验诠释着媒介功能主义理论,不断开拓创新其编辑理念,并将开拓创新的媒介编辑理念运用到实践中。以《晨报副刊》为例,他任主编四年确立了一个明确清晰的办刊方针,即:"竭诚提

---

① 孙伏园.人生的价值[N].晨报副刊,1921-12-14(1).
② 拉斯韦尔.社会传播的结构与功能[M].何道宽,译.北京:中国传媒大学出版社,2013:29.

第三章 《晨报副刊》历任主编新文学传播策略与业绩

携新进作家。他不以作者名字的生疏作为择稿的标准,尤其不把作者观点与编者本人的异同放在心上。"①对孙伏园的办报理念再做一个通俗比喻,那就是人们常说的"作者是千里马,编辑应是伯乐。"一份刊物要想办成功,能够得到广大读者喜爱,主编必须有伯乐精神。孙伏园正因为具有伯乐精神,方才使得许多在现代文学史留有影响力的文学新人的新文学作品——刊登在《晨报副刊》。

作为报纸副刊主编,开拓创新编辑理念的具体实践之一就是善于催稿,鲁迅曾回忆道:"伏园虽然还没有现在这样胖,但已经笑嘻嘻,善于催稿了。每星期来一回,一有机会,就是'先生,《阿Q正传》……明天要付排了。'于是只得做……然而终于又一章。"②这段充满爱意的话语可看出鲁迅对孙伏园编辑策略的由衷赞赏。孙伏园的催稿技巧从新闻学视域分析则是一种巧妙独特的公关编辑策略。孙伏园每次去鲁迅住处催稿时都是重复一句话:"先生,《阿Q正传》明天又要付排了……"鲁迅回回听见这句话尽管没有烦恼的表情流露,心里肯定有听烦了的感觉。孙伏园也明白不能老是这样催促,天天都在想着如何换一种催稿方法能使鲁迅情绪更加轻松一些。此时,有人从绍兴捎来两盒平水珠茶,孙伏园如获至宝,待与鲁迅先生相约在漪澜堂茶室茗憩实则是借此再次催稿时,悄悄泡了一杯平水珠茶。鲁迅一瞥之下,惊喜不已,连声称赞,孙伏园恰到时机地说:"我知道,只要它与您作伴,您那阿Q的故事可就格外来得快了啊。"鲁迅顿时领悟了其用意,高兴地称赞道:"嗅嗅,原来你这是施着催稿之术,妙哉乎也,妙哉乎也。"③读之不得不佩服孙伏园高超的情感攻关式催稿技巧。

这种催稿技巧亦是编辑对好文章的感情争夺,报刊只有刊登思想内容与艺术特色俱佳的文章,媒介自身影响力才能不断扩大。才能更加有效地助推新文学发展。作为一名优秀传媒人,孙伏园始终能站在具有超前传媒理念的编辑立场,始终坚持文学性应是副刊的重要特性,

---

① 陈漱渝.中国副刊之父孙伏园[N].今晚报,2003-12-13.
② 鲁迅.鲁迅全集(第三卷)[M].北京:人民文学出版社,1991:378-380.
③ 凯亚.鲁迅和孙伏园的茶侣之谊——鲁迅茶情录之二[J].农业考古,1997(4).

始终认为在五四新文学处于初创期的时期，报刊理应发挥出更大的新文化传播作用。

孙伏园主编《晨报副刊》的编辑思路之一就是对于作者的各类稿件"一面要兼收并蓄，一面却要避去教科书或讲义式的艰深沉闷的弊病，所以此后我们对于各项学术，除了与日常生活有关的，引人研究之趣味的，或至少艰深的学术而能用平易有趣之笔表达的，此外一概从少登载。"①从《晨报副刊》设置的各类栏目分析，确实体现出他的创新编辑意图。以科普栏目为例，孙伏园主编时期开设的新栏目有"地质浅说""卫生浅说""生物浅说"等，全是浅说，其目的就是要通过浅显易懂的科普介绍，向广大读者普及科学知识。孙伏园曾在《京报副刊》第一号《理想中的日报附张》中表明了自己的主张，认为理想中的副刊应该是："对于社会、学术、思想、文学艺术、出版、书籍的批评，也应成为副刊的重要部分；可以多登载不成形的小说、伸长了的短诗、不能演的短剧、描写风景人情的游记和饶有文艺趣味的散文，竭诚欢迎新作家。"②纵观孙伏园的编辑生涯，确实一直努力践行着上述传媒理念。

本节分析的一个个让人称道的编辑业绩完全可以给孙伏园冠以优秀传媒人称号。小品文作家梁遇春曾赞誉道："有了《晨报副刊》，有了《语丝》，才有周作人先生的文字，鲁迅先生的杂感。"③曹聚仁的评价更高："近几十年的副刊编辑，孙伏园可以说是第一流的好手。"④确实如此，孙伏园一以贯之的进步传媒思想、独特的办刊理念与新颖的采编模式，出自对新文学发展的全力支持目的，对作者与作品的厚爱和全力扶助，无疑给当时以及后来的报刊编辑提供了极有价值的经验借鉴，为传媒人业务素质提升和办报素养的培育提供了传帮带作用，本人也成为副刊主编一流好手。

---

① 吕晓英.孙伏园评传[M].北京：中国社会科学出版社，2011：54.
② 孙伏园.理想中的时报附张[M].新闻学论文集，1930：21.
③ 张红军.鲁迅文学经典与现代传媒的关系[D].沈阳：辽宁大学，2011：57.
④ 曹聚仁.文坛五十年[M].上海：东方出版中心，1997：69.

第三章 《晨报副刊》历任主编新文学传播策略与业绩

第二节 徐志摩和其他主编的编辑思路与编辑实践

一、徐志摩:《晨报副刊》另类主编

1925年秋,徐志摩受邀接任《晨报副刊》主编,开始了传媒人生的第一篇章。实际上,办一份纯文学刊物一直是徐志摩的理想,早在1923年3月回国不久,《时事新报》改组,梁启超推荐徐志摩主编四大副刊之一《时事新报》副刊《学灯》,但因他此时刚回国,人气不高,未能受聘。同年冬天,张君劢组织理想会,准备办《理想月刊》,邀请徐志摩参加编辑工作并向他约稿,这次因其他原因仍然未能实现。1924年4月,泰戈尔访华时建议徐志摩筹办一份英文杂志,借助媒介平台传播世界各地消息,徐志摩当即同意并着手筹划,不料随着北方军阀战事发生,已进行的筹备工作只得暂停。一年后机会又来了,1925年10月1日,徐志摩正式接任《晨报副刊》主编,实现了他的传媒人梦想。

一年后,徐志摩在《晨报副刊》1926年10月13日第四版刊登"志摩启事",向读者告假。徐志摩自称"告假",实则此后再也没回京续任,即使1927年年初"闷在上海,无聊到不可言状"时,也没想过返回北京继续主编《晨报副刊》,这次告假实则就是辞职。关于徐志摩辞职不归主要有以下原因:一是徐志摩任《晨报副刊》主编一年,该副刊整个经营业绩并不如从前,无论发行量还是赢利,抑或读者的喜爱度与报刊社会影响力等,均不抵孙伏园主编时期。这一切均引发《晨报》投资人不满,徐志摩本人知道这一情况,因为他在就职演说中立下的雄心壮志并未能实现。徐志摩是一个极爱面子的人,脸面所致也不好意思再回去上班。他在1927年1月7日给胡适的信中委婉地说出了心思:"但在北京教书是没有钱的,《晨副》我又不愿重去接手,你一定懂我的意思……"[①]二是北京的政治形势越来越反动黑暗,军阀政府加紧对政治人物的抓

---

① 徐志摩.志摩的信[M].上海:学林出版社,2004:272、278.

捕以及对媒体的打压,白色恐怖笼罩北京城,文人纷纷南逃避难。这种情形下,徐志摩也不愿意冒险再回北京。三是白色恐怖笼罩北京后,徐志摩的挚友胡适也准备离开北京,这事对徐志摩的影响非常大。最后一个原因是徐志摩告假时实际上已经把《晨报副刊》交给瞿世英了,不好意思再跟他要回来。诸种原因合在一起,徐志摩彻底告别了《晨报副刊》。

徐志摩离任不归,新月社同仁失去了《晨报副刊》传媒平台,只得如同离群的鸟四处乱飞,多数人选择去南方。新月成员纷纷南下后,开始聚在上海创办新的媒介,于是有了后期新月社另一传媒平台《新月》杂志,热心操办此事的还是徐志摩。过完年春天,《新月》杂志正式出版。出至1931年11月徐志摩遇难暂停了数月,1932年出版的《新月》四卷一期是徐志摩纪念号。该期之后,《新月》又经历了近半年的停刊最终结束了其传媒使命。办《新月》的同时,徐志摩筹划另外办一份专门刊登新诗的杂志《诗刊》,经积极奔走,1931年1月20日,共86页的《诗刊》季刊创刊号在上海正式出版。这年11月19号,徐志摩因飞机失事不幸去世,《诗刊》勉强又出了一期便告终刊。徐志摩这位文学家兼传媒人的传奇生涯随着他的不幸离世画上了一个本不该有的句号。

"志摩自经过西欧的文化洗礼,便以文学为务,不但崇尚创作,并且一生推动文艺事业不遗余力,这也是他追求理想的一种具体行动。在今天这个不是残酷暴虐就是尔虞我诈的世界,我们不能不特别怀念志摩对朋友以至一般人的种种真情和雅意。在这个以黄金白银为衡量一切价值的今天,我们不能不特别怀念志摩对文艺谬司那一点始终不渝的赤诚。志摩身后的名声,直到如今,还是毁誉参半。有些文士把他捧上三层天,另一班则把他打下十八层地狱。不过,他既非天使,更非上帝,亦非魔鬼,他是一个人!所以他并不完全,正如大千世界的芸芸众生一样;但在他身上若干灿比朝霞的美德,在这面具舞会般的社会中,即使亮起明灯,也难得寻见。他属白昼,不属黑夜。"[1]梁锡华先生对徐志摩一生的评价应是中肯的。

---

[1] 邵华强.徐志摩研究资料[M].北京:知识产权出版社,2011:384-388.

第三章 《晨报副刊》历任主编新文学传播策略与业绩

1. 冲劲十足颇具创新精神

分析徐志摩主编《晨报副刊》的实绩,时间应再往前移,徐志摩就任《晨报副刊》主编前一年半就参与了《晨报副刊》编辑事务。1924年3月22日,徐志摩在《晨报副刊》第四版刊登了一则征求国外短诗翻译的启事。这则启事很长,有一千多字,细读不仅仅是一则启事,简直就是一篇评论外国文艺的学术论文,像这段"我们正应得预备宗教的虔诚,接近伟大的艺术的作品。不论是古希腊残缺的雕像,宝贝德花芬断片的音乐,或开茨与雪莱的短歌。因为什么是宗教只是感化与解放的力量;什么是文艺只是启发与感动的功能;在最高的境界,宗教与哲理与文艺无区别,犹之在诗人最超轶的想象中美与真与善,亦不更不辩涯沿。"这则启事把西方古典文艺一顿赞誉,语气中充满了审美激情。调动起有志于从事翻译文学人士的情绪后,才道出了主题"我们想要征求爱文艺的诸君,曾经相识与否,破费一点功夫,做一番更认真的译诗的尝试,用一种不同的文字,翻来最纯粹的灵感的印迹……我现在随便提出三四首短诗,请你们愿意的先来尝试,译稿(全译或不全译随便),请于一月内寄北京西单石虎胡同七号或交王剑三君亦可。译稿选登《小说月报》或《文学旬刊》。"征稿邮寄地址是他自己的住址,署名也没像往常用笔名或简称,而是全名"徐志摩敬启"。征稿准备刊登的媒介是文学研究会主办的《小说月报》和《晨报副刊》附送的《文学旬刊》。对整篇征稿启事的学术意蕴暂不评价,《文学旬刊》原本是由《晨报副刊》附送的一份纯文学专刊,署名和邮寄地址又是徐志摩本人。这就明白无误地告知众人,徐志摩此时就已经主动参与了《晨报副刊》编辑事务。

《晨报副刊》在鲁迅、周作人、胡适等文学名家竭力扶持下,在李大钊、孙伏园主编的精心打理下,数年时间刊登了大量新文学作品,其中有相当部分是现代文学史扛鼎之作。《晨报副刊》在读者心目中已经占有着相当位置,不说别的,只是发行地域就扩大到地理位置偏远的西北省区,这些业绩足以证明《晨报副刊》社会影响力之大。因而,徐志摩接手时面临的压力自然不小,就是不能更上层楼,也得保持已有业绩。

令人欣慰的是徐志摩是一个不甘守旧、乐于试验新事物的人。

《晨报副刊》新文学传播研究

1925年10月1日徐志摩正式接手《晨报副刊》,上任当天便在《晨报副刊》刊登了一篇《我为什么办　我想怎么办》的"就职演说",起首就说:"我早就想办一份报,最早想办《理想月刊》,随后有了'新月社'又想办新月周刊或月刊;没有办成的大原因不是没有人,不是没有钱,倒是为我自己的'心不定——……'一个朋友叫我云中鹤,又一个朋友笑我'脚跟无线如蓬转',我自己也是老是'今日不知明日事'的心理,因此这几年只是虚度,什么事都没办成,说也惭愧。"徐志摩在"就职演说"中如实解剖他早有办报刊心愿,有这份心愿就证明对新文学的热爱,证明他已认识到一份有分量的文学刊物能对新文学产生相当大的传播作用。但是没办成的原因是缺乏意志,自己是一个心志不定的人。纵观徐志摩的一生,确实是一个属于"云中鹤"性格的人,是一个喜善"云游"的人,正像朋友对他的评语"'浮'和'杂'"。① 但这种"云中鹤"性格从另一角度看更能培养人的创新能力,培养求新不守旧的个性。从徐志摩接手《晨报副刊》后的系列动作便可明显感到这点。再者,对于一个平生喜欢浪迹天涯、喜善"云游"的"无业游民"来讲,办刊物每天必须坐在办公桌旁看稿件是一件非常痛苦的事,还得费时费力四处催稿,这才是徐志摩不愿接手的主要原因,关于这一原因徐志摩在这篇演说中诉说了很多。既然是件苦差事,为啥还要揽这差事,原来面子上是朋友之托盛情难却,实质上则是他在《再剖》一文吐露的:"最初我来编辑副刊,我有一个心愿。我想把我自己整个儿交给能容纳我的读者们,我心目中的读者们……假如编辑的意义只是选稿、配版、付印、拉稿,那还不如去做银行的伙计——有出息的多。我接受编辑副刊的机会,就为这不单是机械性的一种任务。"② 让《晨报副刊》在已有的业绩之下,能在社会上继续增加影响力,继续发挥为新文学摇旗呐喊的作用,借助媒介反映当代青年的心声,呼应青年人的时代使命,为有志于新文学创作的青年提供媒介平台,扶助文学青年迅速成长,这些才是徐志摩接手的主要原因。另外则是他心中一直有股想要做传媒人的冲动。两年前刚回国时师傅梁

---

① 陈从周.徐志摩年谱[M].上海:上海书店出版社,1981:54.
② 徐志摩.再剖[N].晨报副刊,1926-14-07.

第三章 《晨报副刊》历任主编新文学传播策略与业绩

启超推荐他主编《时事新报》副刊他立马答应,印度大诗人来华时建议他办一份英文杂志更是满心欢喜,这一次虽然是《晨报》老板和总编辑邀请,但是心里早存的办报冲动则是一个动力;就是后来离开北京在上海定居,仍然热心筹办《新月》和《诗刊》。各方面分析得出的结论是徐志摩始终有着做传媒人的理想和热情。再一个理由就是想给由他联络筹划成立的新月社寻找一个传媒阵地,借助传媒平台聚合人气,展现他喜善交朋友的个性。新月社是靠着他的张罗成立起来的,不定期在新月俱乐部聚餐并不能满足众人学术观点的交流与讨论,利用媒介把观点聚合并传播出去才能达到效果最大化,有一份报纸或杂志就能更加方便地传播新月社同仁的新文学主张。几个原因合在一起,接手《晨报副刊》就是顺理成章之事。

徐志摩在《我为什么办 我想怎么办》的"就职演说"中阐述了他的编辑方针,即必须最大限度保障新闻言论自由与真实,当主编就是要"把我自己整个儿交给能容纳我的读者们"。军阀统治下的黑暗社会能够如此大声道出传媒人的媒介责任感是非常难能可贵的,而作为新闻人坚守职业道德素养与职业操守更是令人钦佩。这就会让人联想到美国传播学者 D. M. 怀特的传媒把关人理论,D. M. 怀特认为,尽管媒介自身经营方针和社会文化等规定着新闻和信息的传播,但同时因为信源的压力以及新闻媒介自身的压力,使得那些与传媒集团的利益相符的内容更容易被传播。传媒把关人理论认为,新闻来源和新闻事件与广大受众之间并不是相互隔绝的状况,而是经由一系列把关环节所掌控,信息是经过记者、责任编辑、总编辑等各个环节有组织地把关后传播出去的,这种把关的总体要求是把关人(编辑)应体现媒介的立场、主编的立场加传播政策。主编立场直接主导了媒介对于文学作品的取舍倾向和标准,取舍标准既能让知名作家的作品一再问世,也能及时助推新潮流、新文学的壮大,但也常常会让那些有潜力的文学新人被腰斩[①]。徐志摩主编《晨报副刊》期间超越这一理论的可贵之处就是顶住各方面的压力,及时助推新文学队伍不断壮大,不但不会让有潜力的文

---

① 郭庆光.传播学教程[M].北京:中国人民大学出版社,2011:131-132.

学新人被编辑腰斩,而且积极主动助推文学新人成长。

同时应看到,徐志摩的思想和行动说到底是自由甚至散漫的,他生来不喜欢被约束,我行我素是早在青少年时期养成的个性。之所以办报刊的另一目的就是能有一个属于自己的信息传播平台。正如前面已分析的,他的办报理念是"我说怎么办就怎么办,我想怎么办就怎么办"。他在《又从苏俄回讲到副刊》中就此观点再次解释:"我办什么报,不论是副刊或是什么,要保持的第一是思想的尊严与它的独立性,这是不能让步的。""有时副刊许不免受报馆主张大纲的影响。后来博生允许给我全权我才来的。所以我更高兴这个机会有勉己先生再来声明一次副刊的独立性,主任的可以绝对不受牵制的发表他的思想,登载他的稿件。""至于我办副刊期内所认定的一个标准只是思想的忠实,此外都不关紧要。"[1]五天后,他再次亮明观点:"我第一要声明的是本副刊决不是任何党派的宣传机关;本副刊撰稿选稿是我个人完全除外的特权。""我恨一切私利动机的活动,我恨作伪,恨懦弱,恨下流,恨威胁与诬陷。我爱真理,爱真实,爱勇敢,爱坦白,爱一切真实的思想。"[2]半年后,徐志摩在《再剖》中又一次解释:"晨副变成了我的喇叭,从这管口里我有自由吹弄我古怪的不调谐的音调,它是我的镜子,在这平面上描画出我古怪的不调谐的形状。我也决不掩讳我的原形:我就是我。"[3]至此,徐志摩已将传媒理论作为他编辑副刊的指导思想[4],他要把《晨报副刊》办成"爱真理、爱真实、爱勇敢、爱坦白、爱一切真实的思想"的大众传媒。换在旧中国新闻传播史视角评价徐志摩的上述办报理念,也是应被赞扬的传媒职业精神。

为了办好这份副刊,徐志摩谈了他的具体编辑思路,约请新文化运

---

[1] 徐志摩.又从苏俄回讲到副刊[N].晨报副刊,1925-10-10.
[2] 徐志摩.关于苏俄仇友问题的讨论(前言)[N].晨报副刊,1925-10-15.
[3] 徐志摩.再剖[N].晨报副刊,1926-04-07.
[4] 自由至上主义理论核心观点是:强调个人的重要性,相信人的理解能力和天赋人权。宗教信仰自由,言论自由和出版自由都是天赋人权的一部分。自由主义至上者相信公众最终会消化吸收所有的信息,抛弃那些不符合他们利益的内容,接受那些符合个人及其社会所需要的东西,这就是著名的"自我修正过程"。西伯特,彼得森,施拉姆.传媒的四种理论[M].戴鑫,译.北京:中国人民大学出版社,2008.

第三章 《晨报副刊》历任主编新文学传播策略与业绩

动名人为《晨报副刊》撰写文章是头一计划。为此,徐志摩罗列了一批已内定好的五四新文化运动的名将作撰稿人,并且提前一一亲自写信约稿,这其中既有新文化运动开拓者之一胡适,创造社的郭沫若、郁达夫,新月社的闻一多,更有老一代的梁启超,女才子凌淑华、陈衡哲,擅长美学研究的宗白华,美术大家刘海粟,戏剧名家余上沅等。只是这份长长的约稿名单不见鲁迅和周作人的名字。但同时徐志摩并不是见名人稿件就刊登的编辑,他有自己的办刊原则,"同时我当然不敢保证进来的稿件都有刊登的希望,虽则难免遗珠,我这里选择也不得不谨慎,即使我极熟的朋友的来件也一样有得到'退还不用'的快乐。我预先声明保留这点看稿的为难的必要。"[①]由此可相信,徐志摩既然接手《晨报副刊》主编一职,一定会兢兢业业把刊物办下去。

事实确实如此,徐志摩刚接手《晨报副刊》就增加了《国际》《社会》《家庭》专刊,分别由他和新月社成员负责组稿。《国际》专刊全是国际间各种事情的报道或评论,以第三号(期)为例,共刊登了三篇文章,分别是渊泉的《美国最近的外交政策》、陈翰笙的《叙里亚的革命》、守素的《近代英国的关税政策》。渊泉的《美国最近的外交政策》对第一次世界大战结束后美国政府外交政策的调整予以详细分析。陈翰笙的《叙里亚的革命》借法国正在和摩洛哥进行的战争为由,对第一次世界大战后法国乘机强占了叙里亚(叙利亚)的侵略行径予以揭露。守素的《近代英国的关税政策》对英国关税政策的历史进行了回溯。《社会》专刊着重关注国内发生的事件和政治、哲学、政策等方面的文章,像"经验派历史哲学之体系""领事裁判权"等,与苏俄关系问题是《社会》专刊的讨论重点。《家庭》专刊刊登的是家庭生活事宜。再以《家庭》专刊第三号为例,第一篇是张雪门翻译的福禄贝尔的有关幼儿教育的文章,另有舜庭的《刷牙和漱口》、陈光饶《数学游戏一则》、彭秋庵的童话《小铜匠》、绮青的家庭小说《如此家庭》、摄生的《西洋烹饪谈》。主编极具创意地使用图文并茂方式以增加刊物的可读性,从而引发读者更大兴趣,这些举措能够有效扩大《晨报副刊》的社会影响力,提高《晨报副刊》在读者心

---

① 徐志摩.我为什么来办 我想怎么办[N].晨报副刊,1925-10-01.

目中的地位。徐志摩这种三把斧式的版面改革策划,确实给读者耳目一新的感觉。

为了更加方便传播新月社同仁的新文化理念,徐志摩先后在《晨报副刊》开设了《晨报副刊·诗镌》和《晨报副刊·剧刊》专刊。《晨报副刊·诗镌》于1926年4月1日创办,先后出了11期,共刊登新诗84首,翻译域外诗歌2首,诗歌评论20篇,大部分出自新月社同仁。徐志摩本人用笔名"南湖、谷、鹤"发表了16首诗,有的诗作在现代文学史产生了一定影响。《晨报副刊·诗镌》出刊期间闹出的一大动静是刊登了朱湘的两篇文章,第一篇《新诗评》居然对胡适的《尝试集》等新诗予以言辞激烈的批判,称其陈旧落伍。批判完胡适又将矛头对准郭沫若,《新诗评二郭君沫若的诗》一文对郭沫若的新诗展开猛烈批评;给人的感觉像是有股"脚踢高衙内,拳打镇关西"的勇猛劲头。《晨报副刊·诗镌》刚一停办,接着又出《晨报副刊·剧刊》专刊,据徐志摩本人讲,出《晨报副刊·剧刊》专刊的目的是要倡导新月社同仁提出的"国剧运动"。"国剧运动"的主要诉求就是借鉴西方戏剧理论和戏剧艺术改造本土传统戏剧,寻找一条新式戏剧民族化道路。徐志摩在《剧刊始业》一文中专门阐述了戏剧与其他文学创作的不同:"戏是要人做舞台来演的,戏尤其是集合性的东西,你得配合多人不同的努力才可以收获某种期望的效果;不比是一首诗或是一幅画可以由一个人单独做成的。"[1]《晨报副刊·剧刊》出到15期时停刊,共刊登了54篇文章。尽管时间不太长,但还是为新月社同仁推行的"国剧运动"在一定程度扩大了社会影响力。

徐志摩主编《晨报副刊》期间产生过较大社会影响力的另一传媒举措是借《晨报副刊》媒介平台引导了三场学术论争。

第一场是1925年10月初开始的关于"苏俄仇友问题的讨论"。1925年10月6日距徐志摩上任不足一星期,《晨报副刊》社会版刊登了陈启修的《帝国主义有白色和赤色之别吗》文章,作者在文中阐述了一个观点,苏联并不是我们的敌人。徐志摩发现这是一个能引发大讨

---

[1] 徐志摩.剧刊始业[N].晨报副刊,1926-06-17.

第三章 《晨报副刊》历任主编新文学传播策略与业绩

论的话题,于是设法引导发起了一场关于苏联到底是敌人还是朋友的"苏俄仇友问题的讨论"。讨论历时两个多月,《晨报副刊》共发表了30多篇文章。

第二场是关于"闲话"的论争。1926年1月,徐志摩挑头在《晨报副刊》1926年1月13日发表《"闲话"引出来的闲话》,该文竭力夸赞他的好友陈源。周作人原本对陈源在"女师大风潮"中的表现极为不满,看到这篇文章后给他寄来一篇《闲话的闲话之闲话》,再度对陈源的言行予以批判。徐志摩将文章刊登在《晨报副刊》1926年1月20日第1版,结果当天就遭到陈源的反驳,引发了"关于闲话"的论战。论战双方是周作人、鲁迅与陈源,这次论争和上次最大的不同是对事更对人,陈源竟然把本是局外人的鲁迅也拉了进来,予以攻击,双方火药味很浓。《晨报副刊》几乎天天都有论战文章,这场论战持续了近一个月,最后连徐志摩本人也受不住了,赶紧给周作人写信道歉"我真不懂,惶惑极了。我愿意知道罪所在,要我怎样改过我都可……"①方宣告结束了论战。

第三场是1926年9月引发的关于"党化教育"的讨论。《晨报副刊》1926年9月11日发表了徐志摩整理的胡适的长篇通信《一个态度及按语》,胡适在信中讲述了他前不久在莫斯科待了几天的感想,分别参观了莫斯科的监狱、博物馆,与苏联各界人士进行了交谈,结论是对苏联正在进行的"空前的伟大的政治新试验"不能不佩服,赞同苏俄的教育政策是采取世界最新的教育学说,做大规模试验。认为"他们(指苏联)有理想,有计划,有绝对的信心,只此三项已足使我们愧死"。文章发表后引发众多反驳意见,就连徐志摩本人也发文反驳胡适的观点,《晨报副刊》又发起一场关于"党化教育"的讨论。讨论断断续续进行了一个月,直到最后也并没有得出一个能被论争双方认可的结论,徐志摩结婚回南方老家后,讨论自行结束。

徐志摩主编《晨报副刊》一年时间居然发起三场引发外界较大关注的讨论或者说论争,共耗时四个月,占本人主编《晨报副刊》总时长三分

---

① 徐志摩.志摩的信[M]//鲁迅博物馆鲁迅研究室.鲁迅研究资料(第四辑).天津:天津人民出版社,1980.

之一,时间密度、持续时间等在国内各报刊从未见过,确实是徐志摩的一个独特传媒业绩。如果再往深入分析,徐志摩并不是有意要利用报刊挑起文人意气之争,他本人从中取乐,或者说看热闹,展示中国人传统的"看客"心态。不是,绝对不是。他利用主编副刊机会发起论争的主要目的是提供一个学术争鸣平台,通过知识分子对某一问题的不同看法、不同观点的争论,厘清学术界对于某一思想的认知根源。就是陈源和周作人、鲁迅那场论争其目的也是如此,只是没想到论争中会涉及个人隐私,加之陈源个性较倔,好较真,于是,对个人的言语攻击就不可避免,但是论争焦点还是思想倾向以及双方不同观点之争。当然,这场论争对双方来讲不可避免会联想到一年前那场惊动全国的"女师大风潮"事件中陈源和周作人、鲁迅的论争。总之,三场论争在学术层面是颇有效果的,尤其是当时五四新文化运动高潮已过,处于退潮期,知识分子对纷至沓来的西方各种思潮并未能辨清良莠,一时间有些不知所措。这种情形下,作为传媒人来讲,利用媒介平台组织相关学术讨论,厘清各种思潮来龙去脉,辨析对五四新文化运动后继发展有益的思想理论,以作为新文化运动后续发展的理论指导,则是颇有意义的传媒举措。

　　徐志摩正是出于这一想法组织了三场学术论争。从新闻传播学角度评说也是值得赞许的举动。但是也应看到,学术论争应当只就学术进行讨论争辩,不应涉及私人情绪,更不能对对方人身进行言语攻击。读者是出于对报刊的信任与喜爱订阅报刊的,如果发表对论辩双方人身攻击的语言会觉得很不舒服,像第二场论争正进行时就有读者来信表示了这方面的不满,"君子绝交,不出恶言,最高学府的堂堂教授先生们,反不及也。我以为谁和谁过不去,手枪对待,白刃周旋,倒是丈夫之所为,若彼此互骂,不惟丈夫不为,正是下游根性的表现。"[①]到了这时,徐志摩也觉察到论争超出了他的初衷和论争底线,赶紧写信劝和,结束了论争。

---

　　① 张克昌.读了《闲话的闲话之闲话》引出来的几封信的三言五语[N].晨报副刊,1926-02-03.

第三章 《晨报副刊》历任主编新文学传播策略与业绩

　　后人对徐志摩主编《晨报副刊》褒贬不一。结合相关史料分析，徐志摩是一个性格复杂的人，往他身上硬贴标签是贴不长也粘不牢的。如本节前面所述，他的思想和性格中充满了浪漫与矛盾，从他短暂的人生经历整体评估，徐志摩无疑是一个自由主义知识分子，浪漫与激情是他性格的主流，单纯和率真是他性格的补充。他是那种愿意把自己的思想、理想、幻想、情感等一切展现给别人的浪漫主义诗人。以《晨报副刊》为例，认真读完《晨报副刊》便会清晰地产生一个认识观，徐志摩办报伊始就再度改革了报纸版面，使后继者沿着他的编辑思路继续把《晨报副刊》经营下去。正是在他的努力下方使《晨报副刊》继续成为现代文学重要传媒阵地，成为新月诗人早期诗歌理论和新诗展示的平台。

　　有人评论徐志摩像是小孩子摆家家，兴趣一来劲头儿十足，劲头儿一去又立刻泄气，还有人认定他"感情之浮，思想之杂"。评论者爱举的例子就是徐志摩不管是办刊物还是写文章都是三天打鱼两天晒网。《晨报副刊·诗镌》办了没几期就给放假了，《晨报副刊·剧刊》办了不长时间也歇业了，《晨报副刊》主编了一年也旷工了。如果从当时的实际情况分析则应看到，正是由于主编《晨报副刊》这一年同时忙碌于和陆小曼的恋爱与结婚事宜才使他的精力发生了移位，这是无暇兼顾两头的主要原因。

　　近些年，又有研究者认为徐志摩做了《晨报副刊》主编把这份副刊办成了新月诗派传媒阵地，这话似有一定道理，但也并非完全如此。徐志摩接手后在《晨报副刊》附设了《晨报副刊·诗镌》专刊，刊登的新诗和新诗理论文章半数以上确实出自新月社同仁之笔。随后又从《晨报副刊》链接了一个《晨报副刊·剧刊》专刊，刊登了一些新月社同仁关于新式话剧国有化的理论文章。但也仅此而已，并没有其他举动，更没在《晨报副刊》正刊只刊登新月社同仁的文章，《晨报副刊》和过去一样，各种来稿兼收并蓄，同等对待，现代文学史其他作家作品在此期间照常刊发于《晨报副刊》。徐志摩不但身体力行践行着《晨报副刊》既有办刊方针和传媒主旋律，同时热诚于助推文学新人成长，仅以胡也频、沈从文、蹇先艾为例，即可看出他对文学新人热心扶持的良苦用心。

113

2. 对文学新人的偏爱与扶持

徐志摩任主编期间另一传媒功绩就是全力扶植文学新人成长。正如他在就职演说中所期盼的"我们更盼望外来精卓的稿件"[①]，外来精卓稿件实则是期待更多新人新作。关于这点徐志摩在《再剖》一文中一再提出对文学青年热心于新文学创作的期望，既然有这种传媒期望，就会有传媒人主动扶助文学青年成长的责任。动用主编编辑权利，利用媒介平台扶助文学青年在新文学领域尽快成长是徐志摩一直努力做的事情。于是，各地来北京的喜爱文学创作的青年不少人先后得到了徐志摩的扶助，使其文学创作顺利通过媒介测试，迅速成长为新文学骨干力量。在徐志摩大力扶持下不断成长，日后收录在现代文学史教科书中一个个耳熟能详的名字不必重复介绍，本节具体以沈从文、胡也频、蹇先艾三位当时的北漂青年为例予以论证。

1922年夏，沈从文独自来北京寻求发展，1927年底离开北京去上海，总共在北京待了5年。沈从文自身文化功底较浅，来北京的主要目的就是想通过自学提高文化程度和文学素养，同时设法寻得名人推荐步入文坛，实现自己的文学梦，这一想法却一直未能如愿。1924年11月16日郁达夫发表在《晨报副刊》第三版的《给一位文学青年的公开状》一文彻底击碎了他借助名人成名的梦想，但同时亦激励起沈从文在文学之路走下去的更大决心。于是，沈从文开始了近乎拼命般的努力。时间过去了一个月零七天，他的第一篇文学作品《一封未曾付邮的信》终于刊登在一个月前同一份曾刊发羞辱过他或者说激励过他的《晨报副刊》1924年12月22日第二版上。在这篇小说中，沈从文借其处女作讲述了似乎是自己的一段经历：寄住在一家小店的一位穷困青年，走投无路时给一位名人写了一封信，恳求他给找一个哪怕最低下的工作，以使生活能有个着落。信写好后因没有钱邮寄，便向店家借钱买邮票。但是这家小店当时的经济状况和这个穷困青年一样穷，这位青年已欠了小店不少钱，店家连一分钱的邮票钱也没借给他，这封信最终未

[①] 徐志摩.我为什么办　我想怎么办[N].晨报副刊,1925-10-01.

第三章 《晨报副刊》历任主编新文学传播策略与业绩

能寄出。小说读后感是沉重的,使人想见军阀统治下黑暗中国无数穷苦百姓的悲惨命运。小说揭示的主题是非常深刻的。巧合的是《晨报副刊》同期第二版刊登了郁达夫的小说《秋柳》,这或许是编辑的一份良苦用心,让郁达夫欣赏自己作品的同时能读到这位曾经有求于他的文学青年的初作。

从发表第一篇作品到徐志摩主编《晨报副刊》,10个月时间沈从文只在《晨报副刊》发了3篇作品,而徐志摩主编《晨报副刊》到沈从文1927年底离开北京短短两年,沈从文先后在《晨报副刊》发表了145篇各类文学作品,其中不乏佳作,像《野店》《玫瑰与九妹》《赌道》《茵子》《黎明》等。题材选择与内容均以表现小人物为主,试图通过小说揭示黑暗社会广大百姓普遍性的贫穷落后现状,揭示一批又一批"零余者"在苦难社会挣扎的现实状况。沈从文的小说在《晨报副刊》刊登后引起了很大反响,他借此在文坛崭露头角,摆脱了生存困境。是《晨报副刊》使得沈从文在现代文学史获得了位置,成就了沈从文的文学事业,主编徐志摩亦功不可没。

经徐志摩鼎力扶助在现代文学史留下较深印迹的胡也频则是另一实例。胡也频当年漂到了北京,起初举目无亲、生活穷困潦倒,靠给公寓老板做杂事维生。尽管心中怀着强烈的文学梦,但是要想让稚嫩文稿变成铅字并不是一件容易之事,因聚集在皇城根下的文学大师非常之多,胡也频起初投出的稿件大多均是石沉大海。直到徐志摩接手《晨报副刊》,胡也频才找到了一个强有力的助推其文学之路的传媒平台,在徐志摩的关爱与帮助下,胡也频创作的各类文学作品陆续刊发在《晨报副刊》。初步统计,从1926年3月20日在《晨报副刊》发表新诗《我是铁锚山上的大王》到1928年6月5日在《晨报副刊》连载小说《黎蒂》(二)止,两年间胡也频共在《晨报副刊》刊发诗歌、小说162篇,《晨报副刊》停刊最后一期最后一篇文章也是胡也频的小说《黎蒂》(二),这一实例足以证明《晨报副刊》对胡也频支持力度之大。靠着徐志摩主编《晨报副刊》给其提供的平台,胡也频在现代文坛踩实了自己的脚印。

胡也频在《晨报副刊》刊发的文学作品主要是小说和诗歌,以诗歌成就最大。像《温柔》《恐怖的夜》《中秋节》等都是名诗佳作。胡也频刊登在《晨报副刊》的作品不论小说还是诗歌，大多是表现普通百姓生活之艰辛和对美好生活的期待，揭示旧社会制度黑暗和统治者腐朽残暴，着力描写新文化运动中兴起的妇女解放与婚姻自由，这种颇具启蒙内容的新文学作品确实能给读者带去相当的思想启迪和变革旧制度的激情。如果从20世纪初"四海变秋气，一室难为春"的社会现实状况分析，更加感到其作品彰显出的新文学意义。

从另一角度分析，胡也频创作的162篇刊登在《晨报副刊》的新文学作品文风清新亮丽、文笔朴实自然、通俗耐读。平心而论，胡也频能有如此文学成就，传媒人的全力扶助是不可小视的原因。对于一位名不见经传的文学新人居然有如此大的信任度，确实需要主编具有一定胆识。报纸和其他媒体一样，要想发展首先要能够生存，生存下去的要件是发行量，发行量靠的是读者的认可与相互间人际传播，而这一切又必须有名篇佳作尤其是名作家支持方可。以《晨报副刊》为例，能有相当的社会影响力很大程度靠的是名篇佳作，像鲁迅的《阿Q正传》开始连载那段时间，读者刚看完这期就迫不及待盼下期报纸。再有像几乎每期都有读者来信询问各种问题、编辑答疑解惑等，这些亦是报刊媒体声望的明证。如果媒体人敢于把一个文学新人的作品大量刊登，而且刊登量远超当时任何一位名家大腕，无疑会在读者层面造成一定的不解与困惑，很有可能导致发行量下降。但是，徐志摩置一切于不顾，全力扶助沈从文、胡也频等文学新人在现代文坛成长，这种传媒精神值得称赞。

蹇先艾是徐志摩任《晨报副刊》主编期间全力扶助在现代文坛站稳脚跟的又一位文学新人。1925年10月1日徐志摩接任主编一职，10月17日蹇先艾就在《晨报副刊》第三版发表小说《知道了》，此后一发不可收，最多时一月能发30篇，平均每天1篇。徐志摩主编《晨报副刊》期间，蹇先艾在《晨报副刊》发表各类文章53篇。徐志摩不停手地在《晨报副刊》刊登蹇先艾的作品无疑是对一个刚出道青年作者的最大鼓励。作为作者来讲，最兴奋的事情莫过于自己的创作能够变成一个

第三章 《晨报副刊》历任主编新文学传播策略与业绩

个铅字被人阅读，被人传诵。正是徐志摩的无私帮助让塞先艾实现了文学梦。可见徐志摩对文学新人的扶持并不是以其是否新月社成员为界限。

塞先艾最早刊发于《晨报副刊》的文章是1924年3月20日《晨报副刊》第三版读者来信《若汗牛之充栋》。塞先艾作为一位普通读者从《晨报副刊》看到一篇文章有一句"若汗牛之充栋"，不理解这句话的意思，写信向编辑请教，编辑在同一版做了回复。此后一年总共在《晨报副刊》刊发了11篇文章，有读者来信、散文随笔、短诗等，明显是初入文坛的习作。直到徐志摩主编《晨报副刊》，塞先艾才如鱼得水、井喷式地不停刊发较成熟的文学作品，作品内容深度与文学底蕴在一次次文学创作实践中明显提升。例如，1927年3月30日在《晨报副刊》连载的小说《穷人的时运》就是一篇思想内容深厚、新文学色彩鲜明的佳作。小说用娓娓道来的笔墨把在北京军阀政府当差的旗人松先生的生活现状予以翔实生动描述：松先生月工资20块大洋，在衙门同仁中算是收入较高者，但是不断高涨的消费指数使得这点儿工资入不敷出，居然养活不了家人，全家人只能过着半饥半饱的穷困生活。小说愤慨地揭示出军阀政府无能腐朽的统治现状。

徐志摩为什么会刻意扶持初涉文坛的文学青年？本书认为原因之一是他本人有海外留学经历，学习并掌握了欧洲文艺复兴百年史生成的新公民文化精髓，深谙西方先进文化对中国守旧文化的冲击与影响，认定新文化是必须靠大众即普通百姓创造、普通百姓欣赏的大众文化。其二是徐志摩认为中国新文化的创造与发展所依靠的应是一代文化新人的崛起，只有大批具有文学热情的文学新人登上新文学舞台才能有更大的新文学发展可能，依靠大批文学新人方能卓有成效地推动新文化运动的深入进行。作为受众来讲，对于媒介的认可与接受有一个自我固化过程，这一固化过程是沿着认知、接受、期待的线性过程发展完成的。正如美国新闻学学者在"使用与满足"理论中指出的：读者对媒介拥有一种期待融合，受众对于媒介的接触与使用其目的是为了满足本人对于信息的需要与渴求所致。受众的媒介需求同时受到心理因素与社会因素的影响,这种影响促使受众对媒介产生一种期待心理,促成受众选择某一特定媒体并使用该媒体,以获得对其需求的满足。受众需求最终无论是否得到了满足,都有可能影响其此后对媒体的选择和使用,根据满足程度调整对媒体的原有印象,并在不同程度改变自身的媒介期待[①]。

  需注意的是,徐志摩热心帮助新人成长帮过了头就会弄出令人难堪的事。《晨报副刊》1925 年 11 月 11 日第三版刊登了沈从文的小说《市集》,这篇小说之前已经在《燕大周刊》发表,《民众文艺》又转载了这篇小说,只是前两次刊登时用的是笔名"休芸芸",送到《晨报副刊》发表时署名沈从文,这是非常明显的一稿多投。这篇小说稿件送到编辑部时沈从文希望代理主编刘勉己能予以刊登,主要是想用稿费支付欠房东的 20 块钱房租。但是刘勉己既没刊登,也没退稿,稿件搁在了编辑部。徐志摩接手后看到了这篇稿件,不但刊登而且还写了一段极具煽情的编者附注。小说刊登后,沈从文做梦也梦不到这篇一稿多投并且没有下文的小说能得到徐志摩的欣赏,但是心里却是一阵阵发虚,怕被人发现一稿多投会坏事,会被人耻笑,于是赶紧给徐志摩写了一封《关于市集的声明》的信,请求在《晨报副刊》发表,以挽回一些面子。徐志摩却满不在乎,回信说:"从文,不碍事,算是我们副刊转载的……我想另一个办法是复载值得读者们再读三读乃至四读五读的作品,我想这也应得比乱登的办法强些,好在版权是不成问题的。"徐志摩把这封《关于市集的声明附记》的信,连同《关于市集的声明》一并刊登在《晨报副刊》1925 年 11 月 16 日第三版,为自己的编辑行为辩解。徐志摩帮助文学新人成长的做法确实够义气,居然不顾及编辑的传媒职责而任意为之。沈从文对此不仅受宠若惊,简直是感激涕零。不管如何评说,主动将自己的作品一稿多投数次赚取稿费并不是一件值得肯定的事。不过从中可看到徐志摩意气用事的性格特点。

  除了力推文学新人新作,徐志摩本人在《晨报副刊》发表了大量作品,如前文所述,徐志摩在《晨报副刊》先后发表各类文章 254 篇,是《晨

---

  ① 赛佛林,坦卡德.传播理论:起源、方法与应用[M].北京:华夏出版社,2002:320.

第三章 《晨报副刊》历任主编新文学传播策略与业绩

报副刊》发文量较多作者之一。徐志摩刊发在《晨报副刊》的作品有诗歌、散文、文学评论、外国文学译介等,品种繁多、各具特色,各体裁的作品成就都不小。诗歌佳作有《破庙》《APra Yer》《雷峰塔》《一家古怪的店铺》《翡冷翠的一夜》《在哀克刹脱教堂前(Exeter)》等。除了诗歌,徐志摩的散文亦可圈可点,如游记散文《印度洋上的秋思》(《晨报副刊》1922年12月29日)、《我所知道的康桥》(《晨报副刊》1926年1月16日起连载)、《北戴河海滨的幻想》(《晨报副刊·文学旬刊》1924年6月21日)等。外国文学译文和外国文学评论也是徐志摩的文学成就之一,既有对欧洲戏剧的评论,也有俄罗斯文学翻译,更有对泰戈尔的情有独钟。像剧评《得林克华德的〈林肯〉》(《晨报副刊》1923年5月13日)、曼殊斐儿的《金丝雀》(《晨报副刊》1923年6月21日)、嘉本特的《性的海》(《晨报副刊》1924年11月27日)、泰戈尔的《谢恩》(《晨报副刊》1924年11月24日)等。上述之外,徐志摩刊发在《晨报副刊》的文学评论和杂感亦是颇有分量的新文学成绩。像《天下本无事》(《晨报副刊》1923年6月10日)、《从小说讲到大事》(《晨报副刊》1925年10月7日第一版)等,再有像刊登在《晨报副刊》的《诗刊弁言》《诗刊放假》《剧刊始业》《剧刊终期》等都是颇有分量的学术文章。留学欧美经历给徐志摩的新文学创作融入西方文艺美学底色,不少可圈可点的新文学佳作频频刊发于《晨报副刊》,也给这份副刊带去了另一种亮丽成绩。

  启蒙运动是西方文艺史的一个重要转折。如果说伏尔泰是一个古典主义者,卢梭则开启了浪漫主义先河。现实主义和自然主义注重客体和理性,推崇再现与反映,可以说是古典史诗传统在现代的绝唱,尽管它对丑恶的展示已经取代了古典主义的唯美,西方文艺美学思想还是于有意无意间贯穿于徐志摩文学创作始终。但也正是由于作品彰显出浓重的主观抒情性和个人主义色彩,徐志摩被批评为具有"小资产阶级情调"的作家。但是,如果换一个视角分析,对于徐志摩的思想与政治倾向性不能简单用贴标签方式给他贴上某种标签,因为这种价值观判断与思想取向会限制对于"以整鉴偏"的科学评价。"只有把徐志摩大致是一个什么样的人,他所处的历史语境是怎样的,对这些问题给予一个轮廓性的交待，才能有助于更好地理解徐志摩主编的《晨报副刊》。"①

二、其他几任主编

1. 张梓芳主编时期

张梓芳原是《晨报》艺体部编辑。艺体部主要负责《晨报》体育赛事、文艺演出、电影消息以及广告等版面内容的编辑策划与审稿排版事宜。1920年5月李大钊辞职后一时没有合适继任者，《晨报》总编临时指派张梓芳代理主编第七版（《晨报副刊》），张梓芳主编了两个月后由《晨报》兼职编辑孙伏园正式接替张梓芳，张梓芳成为《晨报副刊》任期最短的主编。

张梓芳任主编期间并没有改革举措，完全延续李大钊主编时期的编辑方针和版面安排，继续把罗素的《社会改造之原理》《尼采之一生及其思想》等大部头文章连载完，同时约稿翻译了杜威的《哲学史》。每期刊文量为6～9篇，偶尔有增减，和李大钊主编时期基本相同。张梓芳主编期间共刊登小说20篇，诗歌28首，散文、游记、报告文学最多，共计75篇，戏剧14篇，译文35篇，史料传记9篇，非文学类文章46篇，各类文章合计约227篇。两月后由孙伏园接任，由于两位主编交接没能查找到精准时间，只能以相关史料和孙伏园本人的回忆为准，数据统计可能有少许误差。

2. 刘勉己主编时期

刘勉己是孙伏园1924年10月底辞职后接任《晨报副刊》主编的，1925年10月1日交由徐志摩接任，任主编时长近一年。

刘勉己早年留学海外，回来后由好友陈源推荐任《晨报》总编，任职不长时间就和孙伏园闹翻，导致孙伏园辞职，孙伏园辞职后一时找不到合适人选，只得自己兼职主编，近一年时间身兼两个编辑职位，确实够

---

① 张涛甫.报纸副刊与中国知识分子的现代转型[M].桂林：广西师范大学出版社，2007：107.

这位传媒新手忙碌，实在忙不过来时曾请江绍原等人帮忙编辑了一段时间。刘勉己主编《晨报副刊》期间没有任何改革迹象，完全是延续孙伏园的编辑方针，或者说始终是在吃孙伏园打下的老本。只是他主编期间不但鲁迅没刊发文章，周作人也没在《晨报副刊》发表文章，此外，章川岛、李小峰等过去常在《晨报副刊》发文的作家也未发文，这无疑是《晨报副刊》的损失。

数据统计显示，刘勉己主编期间共刊登小说339篇，诗歌246首，散文、游记、报告文学最多，共计348篇，戏剧36篇，文学评论138篇，译文52篇，史料传记169篇，非文学类文章575篇，各类文章合计约1 903篇。总发文量相比孙伏园主编时期略有减少。

3. 瞿世英主编时期

瞿世英是《晨报》编辑，也是徐志摩的好友，1926年10月中旬徐志摩和陆小曼结婚回浙江老家，请他代理主编一段时间，但不料徐志摩一走就再也没回来，瞿世英只得编辑了近一年，这段时间曾临时交江绍原代理编辑了一个月，1927年9月瞿世英辞去主编一职，由《晨报》艺体部编辑轮流编辑。

瞿世英主编期间《晨报副刊》发文量明显少于孙伏园主编时期，名家稿件也不如从前，不但不见鲁迅、郭沫若、梁启超等名家名作，就连徐志摩竟然也极少给《晨报副刊》投稿，这就会连带引发读者对《晨报副刊》忠诚度的降低，订阅数相应减少，经济收入不如从前。每期版面安排只有三四篇文章，每周仍然只出四天，另三天继续被《国际》《社会》《家庭》专刊占用。

但是应看到，这一时间段瞿世英对于文学新人的扶持力度并没有减少，例如胡也频在《晨报副刊》发文量峰值正是瞿世英主编时期。这一时期对于域外文学的引进、文学评论文章的刊发等续接前任编辑的思路，瞿世英助推新文学发展的热情不减，这是应当予以肯定的。

瞿世英主编期间刊登小说171篇，诗歌114首，散文、游记、报告文学102篇，戏剧27篇，文学评论54篇，译文40篇，史料传记42篇，非文学类文章206篇，各类文章合计756篇。

4. 艺体部编辑轮流代理期间

艺体部众人轮流代理编辑是指瞿世英1927年9月底辞职到1928年6月5日《晨报副刊》停刊这段时间,共计约8个月。这一时间段为《晨报副刊》末期,众人轮流编辑必然不会太上心,均是取一种维持心态。此时军阀混战虽然看似结束,但是北京城却处于军阀割据状态,形势愈来愈混乱,人心惶惶,知识分子纷纷离开北京。名家稿件来源更少,每期各版加一起只刊登三四篇文章,个别日子则更少。艺体部轮流代理这段时间共刊登小说186篇,诗歌102首,散文、游记、报告文学126篇,戏剧31篇,文学评论17篇,译文36篇,史料传记76篇,非文学类文章123篇,各类文章合计697篇[①]。

文学史规律证明,当一个民族的文学处于停滞或衰落的时候,汲取外来文学营养使民族文学焕发生机,从而开创文学新局面,对于民族文学的发展大有裨益。然而,摄取外国文学为新文学所用,必须建立在鲁迅所说"审己知人"的基础上。所谓"审己",即对中国的文学传统进行全面反省,看其需要什么养分;所谓"知人",即对外来文学的由来和现代发展进行分析研究,看其能够提供什么养分,并且寻找中国传统与现代契合的文学因子,使传统向现代转型,这样才会真正寻找到外来文学在本土生根开花的文化土壤。分析《晨报副刊》发表的域外文学作品,应将鲁迅提倡的"审己知人"作为基准认知点。

综合分析五四新文化运动时期报纸与副刊的新文化传播实绩,对新思想、新文学作品的传播与新文学文体改革宣传,国外先进哲学、文艺思潮的引荐以及对百姓的科学普及等均是国内报刊的自觉行为。这种自觉传播的实绩无疑为五四新文化运动后续发展提供了动力,并且

---

① 本书关于《晨报副刊》历任主编交接时间,有的通过当事人回忆和史料记载,能有较准确的时间,但是也有前后任主编交接时间查不到准确到某日的确切时间段的一手证据。尽管使用了各种查阅方法,但是始终未能查找到精确到某日交接的一手史料,相关史料提供的时间只能是一个大概时间段,前后可能有数天的误差,本节统计不包括《国际》《社会》《家庭》专刊发文量。对于查找不到精确交接时间涉及发文量数据的,只能以史料和主编本人回忆为准,因而本节关于日期统计和发文量数据可能有少许误差。《晨报副刊》发文量总则是以《晨报副刊》影印本一篇篇计数统计得出的,在此统一解释。

第三章 《晨报副刊》历任主编新文学传播策略与业绩

成为中国新闻史值得书写的一页。但是,在赞赏的同时也应注意,这种传播行为尽管摆脱了商业气息对媒介的束缚,但也有跌入大杂烩场景之嫌疑。这一情况在当时的主流媒体报刊中普遍存在,是报刊的传播定位所致。数千年封建王朝专制社会的统治者对人的思想禁锢是维持其统治制度延续的法宝,统治者就是不让百姓知道太多事情,就是不让百姓有知识、有文化、有思想,只有把百姓头脑禁锢成只知吃饭不知其他的动物状态,才有利于统治地位的稳固。伴随着辛亥革命的成功,大量国外先进科学、先进文化纷纷传入中国,各种思潮纷至沓来,一时间令国内传媒人应接不暇,于是,传媒界有一个共识,就是尽量把各种知识、各类思想、文化艺术更多地介绍给国人,用知识武装国民头脑,从而摆脱奴隶状态,开始争做"人"的自觉历程,完成精神"立人"、思想"立人"、文化"立人"的大众传媒的社会职责。所以说,对于当时一些报刊传播新文化时刊登文章不分类别、不以思想导向为主的编辑思路导致版面文章安排有时会呈现大杂烩状态的情况,应结合当时特定的社会环境予以客观分析与评定。

　　本章重点探讨了《晨报副刊》历任主编的传媒贡献和新文学成就。《晨报副刊》创办十年除了李大钊、孙伏园、徐志摩三大名主编,还有曾经短暂(临时)代理的几位主编,如李大钊辞职时尽管孙伏园已经是《晨报》兼职编辑,但还是由《晨报》编辑张梓芳临时代理了两月才正式交孙伏园主编。孙伏园辞职后一时找不到合适人选,只得由从美国留学归来的《晨报》总编刘勉己代编了大半年。徐志摩南下无暇顾及《晨报副刊》,委托瞿世英代理了近一年主编,由江绍原协助了一段时间,一年后瞿世英辞去主编一职,《晨报副刊》竟然无人愿意接手,只得由艺体部编辑轮流代理至次年 6 月停刊。从时间上推算,《晨报副刊》三大名主编任职总时间约六年半左右,占《晨报副刊》总时长约 65%,其余三年半时间换了三位临时代班主编,最后半年竟然是众人轮流主编《晨报副刊》。如果放在当代新闻传媒界分析,这是很奇特的事情,但是在旧中国的传媒业则较为常见。从副刊发文量分析,《晨报副刊》创办最后两年不但版面和文章数量减少,经济效益也不如从前。原因尽管有多种,

123

但是无人精心打理,只抱应付心态是不容忽视的原因。从中可反证三大名主编为《晨报副刊》做出的贡献无疑是《晨报副刊》十年史的亮点。

　　从现代文学发展进程审视,译文引进是新文学作家的一个创作选项,只有"先窃来外国的火,方才能煮熟自己的肉"成为有志新文学创作的作家的共识。因而,文学翻译其过程就不仅是译者二次创作,也是文学理念认知的自我反思与提升。鲁迅、周作人、徐志摩等人既是文学家又是翻译家早已得到公认,他们的译文和文学创作同被广为流传和赞颂。

　　另一值得注意的问题是,现代文学史教材或教科书均未见到从传媒视域深入分析大众传媒对文学新人成长所起到的助推作用。[①] 比如,各学者分析沈从文的文学成就时,通常认为他的新文学贡献是用小说、散文建造起特异的"湘西世界"。对于为新文化运动的发展发挥出巨大助推作用的《晨报副刊》,唐弢和钱理群诸位先生撰写的教科书也只是简单叙述,并没从传媒对文化的巨大推动作用视域评价媒介的新文学传播意义,不能不说是一个研究缺憾。本书作者认为可能有以下原因:(1)无论是王瑶还是唐弢,再到钱理群等学者,均以古典文学史编写体例为现代文学史篇章结构模板。(2)《中国现代文学史》是高校中文专业基础必修课教材,编写体例和教材大纲有具体规定和编写要求,不能随意肢解主干、喧宾夺主。(3)前辈学者可能有一个共识,大众传媒确实对新文学的发生与发展发挥出了巨大的传播作用,功不可没,理应重点研究。但是,从传播学视域专章评论报纸媒介与现代文学应是新闻传播学教材承担的职责范畴,现代文学史不应也无暇旁及。上述原因综合在一起应是《现代文学史》教材未能用专章篇幅论述大众传媒与新文化传播的原因。当然,这只是本书之言,很可能另有原因。

　　纵观《晨报副刊》十年史,李大钊主编时期政治倾向性较明显,主要表现为对马列主义的引进、传播。孙伏园主编时期政治倾向性较为弱

[①] 唐弢的《中国现代文学史》(第二册)介绍胡也频开始文艺活动是1924年,与人合编《京报》副刊之一《民众文艺》,同时用胡崇轩笔名发表作品。本书写作者在国家图书馆从《京报》附带一个版面的《民众文艺》查到两篇署名胡崇轩的文章,内容明显看出是刚入道习作,对于大众传媒的新文学传播功绩并未展开阐述。

第三章 《晨报副刊》历任主编新文学传播策略与业绩

化,全力传播新文化、新文学的编辑举措可见明显的助推现代文学发展的倾向性。大量刊登自然科学知识、民间传说等文章则几乎看不出主编的主观偏向性。徐志摩主编时期倾向性稍有提升,为了借助媒介宣传新月社同仁的新诗主张,他就任主编一年间刊登新月社成员新诗和相关理论文章明显增多,一时间《晨报副刊》似乎有新月诗人专属传媒阵地之嫌。但是辩证分析也并不完全是编辑倾向性所使,而是新月诗人的作品新潮化倾向较为适应新文化运动的要求和主编的编辑理念所致。从整个版面排版比例可看出,徐志摩主编时期仍然是各家各派文章照登不误,所遵循的是以文观人的新闻编辑学原则。值得注意的是,《晨报副刊》从创办之日直到停刊,始终积极传播域外思想和域外文化,其目的之一就是借助西方理论为新文化运动摇旗呐喊,推波助澜,从传媒视域推动新文化的更大发展。

「第四章」

《晨报副刊》与新文学传播

第一节 《晨报副刊》与周氏兄弟

一、鲁迅:文学家兼传媒人

1909年6月,鲁迅从日本回国,先在浙江老家教书,辛亥革命成功不久,应临时政府教育总长蔡元培之邀到教育部任职,从此时起,他逐渐认识到大众传媒在新文化运动的创生与发展过程中具有极其重要的传播意义,开始身体力行地传播新文化。历经数年文学积蓄,他于1918年在《新青年》杂志发表了现代文学史第一篇白话文小说《狂人日记》。此后一发不可收,至1936年10月去世止,他共计在134份报纸、杂志发表了小说、诗歌、散文等合计1 093篇(注:以篇为单位,不包括日记,数据来源于《鲁迅全集》人民文学出版社1991年版)。作品中的绝大部分首次发表时均刊登于国内各类报纸杂志,报纸杂志是鲁迅文学理论与文学作品对外传播的主阵地。再以《晨报副刊》为例,从1919年3月11日《晨报副刊》第89号开始转载《狂人日记》到1924年10月,鲁迅共在《晨报副刊》发表(含转载《狂人日记》)各类文学作品129篇。其中小说21篇,散文15篇,杂感11篇,译文82篇。尽管这一数字只占鲁迅作品的一部分,但仍居刊登鲁迅作品各报刊之前五位(鲁迅任主编的《语丝》除外)。《晨报副刊》鲁迅发文类别折线图如图4-1所示。

第四章 《晨报副刊》与新文学传播

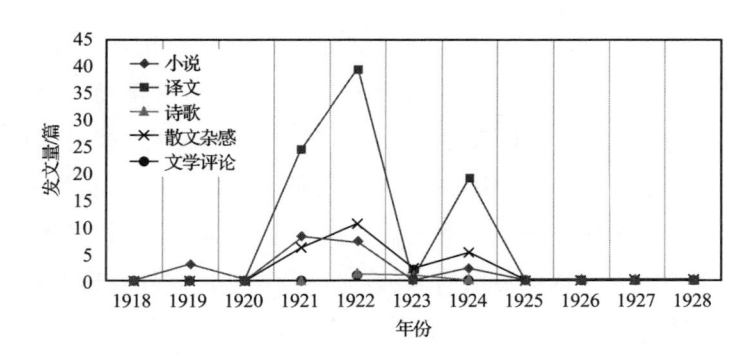

图 4-1 《晨报副刊》鲁迅发文类别折线图

鲁迅在《晨报副刊》发文峰值是 1922 年前后。以 1922 年为例,鲁迅在《晨报副刊》发表各类文章合计 58 篇,占鲁迅所有刊发在《晨报副刊》文章总数约四成。

鲁迅在《晨报副刊》发文峰值为什么集中在这一时间段,原因之一是该时间段恰值他曾经的学生孙伏园任主编。鲁迅二字就是《晨报副刊》品牌与无形资产,作为一个成熟的职业传媒人,孙伏园当然会重视文学品牌的传媒价值与新文学价值。

学术界对鲁迅的评价是:鲁迅先生是一位伟大的思想家,同时亦是一位伟大的文学家! 这一定位是准确的,但是遗掉了一个有价值的立论点,鲁迅更是一位优秀的传媒人。其佐证是,鲁迅从事新文化运动的一生,自己首先是一位报人、一位编辑。据张红军的博士论文统计,鲁迅一生曾担任过 18 种报刊的编辑或主编[①]。这一数字足以证明鲁迅生前已实现了作为传媒人利用媒体直接参与改造旧文学的志向及通过大众传媒实现新文学拯救民族、传播新思想的目的。鲁迅为现代传媒和现代文学均做出了非常重要的贡献。"鲁迅将媒体作为更新观念、改造社会的工具,将自身文化观念融入传媒立场、传媒功能中,在文学实践中不断克服传媒带给主体的不利影响,积极运用传媒、建构传媒,最大限度地实现了文学家在传媒时代与传媒的互相开发、互融、互渗。"[②]

---

① 张红军.鲁迅文学经典与现代传媒的关系[D].沈阳:辽宁大学,2011:94.
② 张红军.鲁迅文学经典与现代传媒的关系[D].沈阳:辽宁大学,2011:4.

辛亥革命之前,由于数千年深受封建体制制约,中国社会很少甚至干脆没有封建强权之外的、可自由传播的声音,启迪民智、启蒙百姓思想的主张和观点没有渠道表达,只能在国外办报刊发声传播新思想,但是因距离太远,声音传入国内时已极其微弱。辛亥革命后,现代传媒业的发展与普及为军阀统治下的人们提供了一个相对宽松的释放空间,越来越多的人开始依赖传媒的力量,通过传媒在体制外表达他们的政治心声和文学理想。鲁迅也不例外,早年在日本留学时,下定决心弃医从文第一步想要做的事就是自己办杂志,拥有媒体,才能发声,才能传播想要传播的声音。因而办《新生》杂志的想法绝不是一时心血来潮,而是青年鲁迅此时已经意识到只有大众传媒才能承接时代担当。随着社会的发展与进化,媒介对社会的影响力必然越来越大,媒介对人的精神生活的影响也必然越来越大,媒介可代言百姓的意志和理想,媒介承担着百姓代言人的角色。

从另一方面看,不管是报纸还是杂志,必须依靠人去编辑、出版、发行才能传播给广大受众,编辑出版发行无疑是媒介的主轴,对此鲁迅有着清醒的认识。正因为媒介的力量是巨大的,因而媒介于自觉与不自觉中参与构建鲁迅所处的辛亥革命后的文化环境,改造并提供了鲁迅通过媒介自我反思的精神。"因此,可以说,鲁迅文化精神的诞生与当时的传媒有着重要关系……鲁迅发表那么多文学作品,与他'撰稿人''编辑人'身份也有重要关系……而且,传媒研究与鲁迅文学研究越是结合得紧密,得出的研究结果也就会越有价值。"[1]对于思想理念领先于常人的鲁迅来说,必须自己先成为传媒业的一员,才能驾驭媒介传播新思想、传播新文化。因而,鲁迅必然会自觉地身体力行地入行入业,做编辑、做撰稿人、做广告人,成为一位合格的传媒人。"鲁迅作为一代'报人',他对传媒的贡献也是巨大的,他为现代传媒创造了报章文体'杂文',并且为当时报纸副刊提升了读者,增大了阅读率。"[2]实际上鲁

---

① 张红军.鲁迅文学经典与现代传媒的关系[D].沈阳:辽宁大学,2011:5-6.
② 张红军.鲁迅文学经典与现代传媒的关系[D].沈阳:辽宁大学,2011:7.

第四章 《晨报副刊》与新文学传播

迅的传媒业绩不仅创造了报章文体,而且创新了编辑模式,革新了报纸与广告传播方式,成为思想家、文学家之外卓有成就的传媒人。对此,只要深入盘点即可证明。早在1906年鲁迅就和顾琅合作编写了《中国矿产志》,由上海普及书局出版,鲁迅由此正式介入传媒业。1912年2月,鲁迅亲自编辑出版了《越社丛刊》第一集。丛刊出版后尽管没能在社会上产生很大反响,但毕竟标志着鲁迅已在传媒业有了业绩,掌握了编辑出版技能,为此后成为具有娴熟编辑出版业务技能传媒人打下了基础。以当时的编辑出版业实际运作情况而言,编辑主要有以下业务,选题、拉稿、组稿、编辑排版,再有一个看似不起眼但直接影响刊物质量的工作就是校对。这几项工作鲁迅都做过,而且每一项工作都是非常认真地去做。1912年鲁迅负责编辑《越社丛刊》时初次领略了四处组稿的辛苦。1925年4月《莽原》创刊,由鲁迅负责编辑,《莽原》附《京报》发行,不必担心订阅量与发行量,但是这次做编辑让鲁迅再次体验到了拉稿、组稿的不易,常常由于编辑策划好的稿件不能按时交稿使得当期《莽原》内容空泛,引发读者不满。为此鲁迅诉苦道:"其实,投稿难,到了拉稿,则拉稿亦难,两者都很苦……当投稿时,要看编辑者的脸色,而一做编辑,又要看投稿者,书坊老板,读者的脸色了。脸色世界。"① 诉苦归诉苦,鲁迅始终认真严谨地做着编辑应做的每一项工作。1929年《艺苑朝华》创办时鲁迅负责版面设计,对于这项工作鲁迅非常认真地对待,刊物每一个细小环节像书函、环衬、窗式标题等都设法将颇有新意的创意技法融入其中,使得版面设计新颖独特、不落俗套。《语丝》后期在上海出版时交由鲁迅编辑,他对这份杂志更不敢怠慢,从组稿、编辑、排版直到校对都亲力亲为。编辑职业的辛苦,鲁迅常常很无奈,曾在《我和〈语丝〉的始终》中谈了做编辑的苦恼。但是不管如何苦恼,鲁迅并没有对编辑工作失去信心,《奔流》创刊时是鲁迅和郁达夫编辑,《朝花》创刊后由鲁迅和柔石编辑。《萌芽》创刊时鲁迅、冯雪峰负责编辑。鲁迅严谨的编辑作风在相当程度上影响着其他编辑,孙伏园

---

① 鲁迅.鲁迅全集(第十三卷)[M].北京:人民文学出版社,1991:21.

曾经回忆:"我从大先生家里拿得他的稿子刚回到报馆,电话铃响起来,是大先生打来的,说是刚才给我的稿子,在第几页第几行上的什么字,要改作什么字……"①这段回忆再次证实鲁迅所具有的优秀传媒人的一丝不苟编辑作风。尽管鲁迅没有直接参与《晨报副刊》编辑工作,但是《晨报副刊》创办那些年鲁迅经常主动过问编辑事宜,热诚关心这份新文学刊物的发展,《鲁迅日记》多次记载鲁迅亲自到《晨报》报馆商谈《晨报副刊》编辑事项,仅1924年5月的日记就有两条:"1924年5月11日,往晨报社访孙伏园,坐至下午,同往公园啜茗,遇邓以蛰、李宗武诸君,谈良久,逮夜乃归。""1924年5月31日,午访孙伏园于晨报社,在社午饭。"②

从上述两段日记可明显感觉到,鲁迅并不只是单一要见孙伏园,而是要和孙伏园长谈,孙伏园是《晨报副刊》主编,极可能谈《晨报副刊》编辑事宜。再把孙伏园的系列回忆和鲁迅其他相关文章串并起来可得出一个结论,所谈应是鲁迅对这份副刊编辑与版面策划建议,应是孙伏园关于报纸编辑业务、稿件取舍、版面处理等新闻编辑业务遇到问题的请教。俩人一谈就是半天,连午饭都在报社吃,头一次《鲁迅日记》记载不但在报社谈了半天,又去公园喝茶继续谈,一直聊到晚上才回家。

从时间概率分析,鲁迅一个月亲往报馆两次按说次数不算多,但就是同一个月(1924年5月),鲁迅在日记中另有5次记载了《晨报副刊》主编孙伏园去鲁迅家里商谈事情,分别是5月4日、5月8日、5月13日、5月18日和5月29日。本月《鲁迅日记》另有4次记载鲁迅给孙伏园寄信,分别是5月10日、5月15日、5月20日和5月22日,几项合一起共11次,占当月时间总数三分之一。数据尽管不能说明一切,两人频繁接触也不能证明每次都是只谈《晨报副刊》一件事,但是毕竟能为鲁迅与《晨报副刊》以及主编关系非同一般做旁例佐证。

孙伏园任主编四年间,只要其约稿,不管事情如何多,鲁迅总会答应,并且设法按期交稿。实际上不仅仅限于投稿,就连《晨报副刊》的报

---

① 孙伏园.回忆伟大的鲁迅[M].上海:新文艺出版社,1958:64.
② 鲁迅.鲁迅全集(第十四卷)[M].北京:人民文学出版社,1991:496、499.

第四章 《晨报副刊》与新文学传播

名都是鲁迅给起的①。当然,鲁迅除了是一位优秀传媒人,更是一位伟大的文学家,其文学成就早已举世公认。正如孙伏园所言,他创作的经典文学作品中的相当部分均刊登在《晨报副刊》,从1919年3月11日转载《狂人日记》起始,到1924年10月31日在《晨报副刊》第1版译完《苦闷的象征》第二部分止,短短几年间鲁迅在《晨报副刊》发表(包括转载)了数量可观的各类颇有影响力的新文学作品,像《狂人日记》《故乡》《一件小事》《肥皂》《不周山》《呐喊·自序》《宋民间之所谓小说及其后》等。一个个亮眼成绩足以证明,《晨报副刊》尽管不是鲁迅文章刊发最多的媒介,但却是鲁迅经典作品面世较多的传媒平台。鲁迅曾说:"报纸没有一家没有背景,我们可以不问,因为我们自己绝对办不了报纸,只能利用它的版面,发表我们的意见和思想。不受到限制、干涉,机会,打破包围着我们的黑暗和沉默。"②"我们自己绝对办不了报纸"是指有背景的报纸确实办不了,但是利用各种媒介传播新文学的做法以当时社会背景分析无疑是一种高明策略。

鲁迅生前一直有个想法,正如他在《我怎么做起小说来》中道出的,借助大众传媒的传播效应,创作小说改良社会③。基于此,鲁迅逐渐形成的思路就是以新文学启蒙国民思想,进而改造国民固有的奴隶思想,把百姓从麻木死水般的奴隶状态中解救出来,让他们清醒地认识到什么是"人","人"与"奴隶"有着本质不同,进而开始争做人的权利的斗争。正是这一新文学创作理念指导,鲁迅身体力行从事新文学实践,创作出现代文学史第一篇白话小说《狂人日记》,打响了文学启蒙第一枪。

---

① 据孙伏园回忆:当时《晨报》负责人蒲伯英见稿件骤增,主张把第七版学术栏扩充成为独立的四开一张小报纸。既成了一张单独刊报,就得起一个名字,蒲伯英让孙伏园请鲁迅给起名,鲁迅一时想不出太好名字,就说既然是随《晨报》刊行,就叫《晨报附刊》吧。蒲伯英在题头的时候写了四个篆文字体"晨报副镌",从此,报眉用《晨报附刊》,报头用《晨报副镌》。一直使用到1925年4月,临时主编《晨报副刊》的艺体部编辑将报头、报眉统一为《晨报副刊》。学术界为了叙述时更加严谨,以《晨报副刊》为该副刊名称。《晨报副刊》不但成了这份副刊的官名,而且"副刊"二字也成为同类刊物的通用名。参见:孙伏园.鲁迅和当年北京的几个副刊[N].北京日报,1956-10-17.
② 冯并.中国文艺副刊史[M].北京:华文出版社,2001:258.
③ 鲁迅.鲁迅全集(第十四卷)[M].北京:人民文学出版社,1991:511-512.

131

尽管《狂人日记》发表后引起了相当大的社会反响,但是《新青年》毕竟是一份面向知识分子的杂志,读者面不广,传播范围有限。为了能引起更大反响,《晨报》第七版主编李大钊于1919年3月11日起在《晨报》第七版(《晨报副刊》)转载《狂人日记》。此时距《晨报》正式创刊只有三个月,《晨报》第七版连续刊登了四期才转载完。第一天转载时当日《晨报》第七版"小说"栏目除了《狂人日记》,另有三篇翻译文章,分别是志希翻译的《大战后之民主主义》、可叔翻译的《地底的俄罗斯》和协公翻译的《满蒙之日人》,三篇译文也连着刊登了好几天。同一期"文苑"栏目另有四篇散文,梦华的《题叶天寥笠屐遗象》、樊山的《对雪偶成》《再叠前韵》、审言的《病起寄王雷夏日本》。"笔记"栏目的文章是《明清野乘——乾隆朝伪皇孙》,"剧评"栏目刊登的是《戏剧杂说》,"自由论坛"选登的是《好大的赔款》。从栏目编辑与版面安排看,《晨报》第七版内容繁多,小说、散文、译文等各类文学题材应有尽有,还刊登了一篇有关俄国十月革命的文章,共计10篇作品如同众星拱月般烘托着现代文学史第一篇白话小说《狂人日记》。《狂人日记》经《晨报副刊》再次传播给广大读者,小说的文学启蒙效应得以继续在全社会发酵,再次引发巨大反响。

《狂人日记》首次在《新青年》发表后,小说思想内容的深刻性、创作手法的新颖独特等确实是前无古人,但正如本节所说,《新青年》毕竟是一份期刊,其主要局限是出版周期长,发行与送达时限较长,与每天出一期的报纸相比,无疑是一个明显短板。另外,《新青年》的读者群基本是知识分子,普通读者群体占比并不大,因而,《狂人日记》在《新青年》发表后尽管在知识分子层面和社会层面的反响很大,但是广大百姓群体的反响一直未见到相关数据。三个月后由李大钊主编的《晨报》第七版再次转载情况则明显不同,虽然是对已经发表过的作品的二次转载,但由于《晨报》是一份属于主流媒介的日报,读者群体各层面人都有,发行量远超《新青年》杂志,每天一期时效性强的特点也令《新青年》无法相比。从传播效果看,《晨报副刊》转载《狂人日记》产生的社会影响力尤其是新文学传播效应明显强于数月前首家刊登《狂人日记》的《新青年》杂志。

第四章 《晨报副刊》与新文学传播

　　同时应承认，《晨报副刊》转载《狂人日记》不管产生的社会效应有多大，毕竟是转载文章并不是原创作品。在主编李大钊的努力下，鲁迅原创小说《一件小事》于1919年12月1日刊登在当日《晨报·周年纪念增刊》。这是一篇运用新闻文体创作的纪事小说，小说好像是在说"一件小事"，但是对知识分子心灵揭示的深度一点不小，反思人性的过程中把什么是真正的"人性美"用新闻纪实报道方式告诉给广大读者。

　　两年后，在新任主编孙伏园的积极奔走下，鲁迅把久存心底的阿Q形象完整地呈现给读者，创作出又一个传世之作《阿Q正传》，《阿Q正传》于1921年12月4日起至1922年2月12日连载于《晨报副刊》。《阿Q正传》在《晨报副刊》刚登了两章，就有人认定作者是他熟悉的某人，小说主人公阿Q是在影射他、贬讽他，此人竟然因《阿Q正传》弄得惶惶不可终日。仅此一例足以证明小说产生的巨大社会效应，其思想启蒙效果则是当时任何一篇小说所不及。如主编孙伏园所说："作品付印出来后，接着是大量的读者来信和各报刊的评论，大部分是热情的赞叹，也有表示栗栗危惧，以为《阿Q正传》是专门骂他自己，因而探听询问作者是谁，表示抗议。这时，我又感到一种新的激动和快意，我深深意识到先生的作品成功了，正因为他对中国社会的剖露深刻，因此才会引起那么多、那么强烈的反响。"[①]毛泽东赞誉道："《阿Q正传》是一篇好小说，我劝看过的同志再看一遍，没看过的同志好好地看看。"[②]可见《阿Q正传》的魅力之大。

　　《阿Q正传》第一次在《晨报副刊》刊登时安排在"开心话"栏目，并没排版于"小说"栏目，有主编想让剖析国民性的主题能更轻松一些的考虑。本期"小说"栏目安排的是黎明的小说《哑的悲哀》、灵牧的新诗《问马骨上驮着的人骨》、离滨的散文《月下的回忆》。学者把注意力全放在了《阿Q正传》上，未能关注《晨报副刊》同期"小说"栏目刊登的新文学作品。《哑的悲哀》亦是一篇思想启蒙的好作品，小说讲述的是一段爱情悲剧，作者用第一人称笔法按时间排序以书信方式回忆了"我"

---

① 孙伏园.追念鲁迅师[N].中国青年报，1961-09-24.
② 毛泽东.论十大关系[M].北京：人民出版社，1976.

133

美好的初恋。"我"被家长聘请来的家庭教师超凡的学识和外表吸引，爱上了家庭教师，俩人关系迅速发展，后来竟然不回避"我"的密友就相互接吻，可见感情之深。某日，男友接到家里来信，让他回老家和早年家长为他定下的妻子成婚。男友来告别时信誓旦旦地保证，回家并不是结婚，而是和女方解除婚约，十天之内必将了结此事。但是，痴心的"我"等待了一个多月男友却一直杳无音讯，痴心女孩儿只能在梦中完成凄凉的等待。小说不动声色地揭示出封建传统势力在辛亥革命后仍然具有的强大影响力，批判了表里不一的知识分子卑琐心理以及对爱情不敢大胆坚持的懦弱心态；映射出五四新文化运动暴露出的个性解放的不彻底性。1920年2月12日《阿Q正传》连载到最后一期时，本期除了《阿Q正传》最后一章另有三篇作品，分别是胡毅的《阴历新年高师戏剧社之〈良心〉》、周作人用笔名仲密发表的《国粹与欧化》以及赵景深的文学评论《童话的讨论》。周作人的《国粹与欧化》也是一篇非常不错的学术论文。针对梅光迪在《学衡》杂志发表的关于模仿与奴隶之说，周作人阐述了自己的观点，他认为："既然模仿，绝不会再有'得其神髓'这一回事；模仿者所得只能是皮毛……奴隶无论怎样的遵守主人的话，终于还是奴隶而非主人。主人的神髓在于自主，奴隶的本分在于服从；他想做主人，除了从不做奴隶入手以外，再没有别的方法了。"确实如他所说，主人和奴隶的区别实际上是非常明显的，即到底是"自主"还是"服从"。这里有一个核心概念，也就是动物式服从，还是人的不盲目服从，首先需要认识你自己。人应该立于世，显于外，亦是周作人对《阿Q正传》的呼应。

全力助推文学新人成长亦是鲁迅一以贯之的新文学主张，鲁迅为此说道："我之以《莽原》起哄，大半也就为了想引出些新的这样的批评者来，虽在割去敝舌之后，也还有人说话；继续撕去旧社会的假面。"[1] 鲁迅在写给许广平的另一封信中再次说："《语丝》虽总想有反抗精神，而时时有疲劳的颜色……我现在还要找寻生力军。加多破坏论者。"[2]

---

[1] 鲁迅.致许广平.鲁迅手稿全集(书信第二册)[M].北京:文物出版社,1978:56.
[2] 鲁迅.鲁迅全集(第十一卷)[M].北京:人民文学出版社,1991:470-472.

第四章 《晨报副刊》与新文学传播

鲁迅在《莽原》第二期《华盖集题记》中干脆直接呼唤:"我早就很希望中国的青年站出来,对于中国的社会、文明,都毫无忌惮地加以批评,因此曾编印《莽原周刊》,作为发言之地,可惜来说话的竟很少。"[1]一次次对文学青年的热切呼唤,是鲁迅已经意识到新文学的荆棘之路需要青年人初生牛犊不怕虎的勇气,新文学要想得到更大发展必须依靠青年一代。急切盼望文学青年尽快成长无疑是鲁迅的心愿,发现和培养文学青年则是鲁迅推动新文学发展的职责。本节只举一个例子,曲传政是20世纪30年代一位大连文化青年,曾在大连市开过一家文化书店,因出售进步书刊遭日本宪兵查封。1932年春,曲传政几经周折,从大连乘船到了上海,前往鲁迅寓所拜访了仰慕已久的文化导师鲁迅,与鲁迅促膝长谈。事后,鲁迅两次赠书于他,并且在日记中专门做了记载:"下午得沈子余信。赠曲传政君《毁灭》一本。""午后复市信。复罗清桢信并寄照相一枚。下午寄王熙之《伪自由书》一本,《唐宋传奇集》上下二本。赠曲传政君《伪自由书》、《两地书》各一本。"[2]鲁迅不仅与这位大连青年促膝长谈,并且介绍曲传政到延安投身革命[3]。仅以《晨报副刊》为例,就查阅到许钦文、冯雪峰、石评梅等不下十位文学新人的文章是经鲁迅推荐发表的。鲁迅为文学新人的成长付出了很多心血,成就了一批又一批文学青年的志向,这方面鲁迅先生常常是以传媒人的身份从编辑视域扶持新文学作者成长的。

二、周作人:"自己的园地"的耕耘者

早年在日本留学时,周作人与鲁迅一起筹办《新生》杂志,周氏兄弟为《新生》确定的主题是利用大众传媒把域外新文学介绍给国人,打开国人视野。只是事情没有想象的那般顺利,总共只有四个创办人,其中一人还去了英国。不过这还是其次,遇到的最大困难是办刊物所需经费没着落,最终《新生》没能生出来。但是周作人和鲁迅的文学活动并

---

[1] 鲁迅.华盖集题记[J].莽原(第二期),1926(1).
[2] 鲁迅.鲁迅全集(第十五卷)[M].北京:人民文学出版社,1991:2,105.
[3] 崔银河.纪念鲁迅定居上海90周年学术研讨会论文集[M].上海:上海书店出版社,2018:164.

135

没因此停止，兄弟二人翻译域外文学作品，翻译完设法联系刊物发表赚取生活费。当时国内译者均是依照林琴南为代表的老式传统译法翻译外国文学作品，即只翻译原文大意，另一半则依据原文意思现编，也就是半翻译半创作。鲁迅和周作人则一改这种模式，直译原作，既不现编，也不随意创作，这在当时则是一个创新举措。胡适曾给予兄弟二人翻译出版的《域外小说集》很高评价："鲁迅兄弟二人用最好的古文翻译了两本小说，叫《域外小说集》，比林琴南翻译的好，是地道的古文小说；他们弟兄的作品在社会上成为一股力量。"[1]尽管《域外小说集》评价不错，但是销量不佳，总共只卖出 21 套，其中 1 套还是鲁迅自己买的。销量不行，收入自然不好，经济状况得不到改善，周作人在边学习边弄文为生状况下过了五年清贫留学生活。

辛亥革命成功后，经历了各种磨炼形成的习惯于冷眼壁上观的周作人此时不可能也不会完全做一个局外人，面对已经发生了巨变的中国社会，周作人再也坐不住了。1912 年 1 月 18 日，他在《越铎日报》发表了《望越篇》和《望华国篇》两篇文章，文中既有对革命胜利的欢呼，更有对革命尚未彻底成功的提醒。文章发表后在社会上引起了较大反响，周作人渐渐引起了学界注意。1917 年蔡元培任北大校长后邀请周作人到北大教书，周作人犹豫再三还是决定接受邀请，离开绍兴老家到了北京，在北京开始了其一生所待城市时间最长的生活之旅。

从《晨报副刊》与现代文学传播层面探讨，周作人始终在用文学实绩对《晨报副刊》予以全力支持。本书初步统计，从 1919 年 12 月 1 日发表《圣处女的花园》到 1928 年 1 月 1 日发展《文学的贵族性》，周作人共在《晨报副刊》发表各类文章 366 篇（包括《文学旬刊》10 篇），是《晨报副刊》发文量最多作者。这些作品包括诗歌 16 首、杂感 158 篇、散文 54 篇、译文 61 篇、小说 13 篇、其他 62 篇。需注意的是 1919 年 12 月到 1920 年 7 月，一年半时间只发表 7 篇作品，1925 年 1 月至 1928 年 6 月，三年半时间只发表 3 篇作品，发文量集中在孙伏园主编时间段。

周作人在《晨报副刊》发表的 366 篇各类文章以散文杂感为多。除

---

[1] 历史的天窗.胡适先生谈鲁迅兄弟的转变.录音采访，1959，台北.

第四章 《晨报副刊》与新文学传播

了借新文化理论支持新文学的发展,《晨报副刊》还为他开辟了"自己的园地"栏目,方便其刊发文章。要知道,能在《晨报副刊》这份当时影响力很大的媒体开辟专属于自己的版面,简直比登天还难。周作人做到了,而且是主编主动为他开设,这份待遇自《晨报副刊》创办十年来是独一份,就连鲁迅也没能享受如此待遇。其中原因是什么,只要关注这份刊物的人恐怕都会有此疑问。原因并不神秘,师生关系之缘和周作人所具有的传媒文化影响力。"师生关系之缘"细究则是,1913年孙伏园转入浙江省立第五中学读书,其时周作人在这所中学教书,此段时间周作人责无旁贷是他的老师。1917年周作人应聘北京大学教授,第二年就介绍孙伏园和弟弟孙福熙到北京大学旁听,只旁听了一年孙伏园便转为正式生,在北大读书几年他听过周作人多少门课没有精准数据,但师生定位则是准确无疑的。这份浓厚师生情谊孙伏园不会不回报。当然,具体到《晨报副刊》开设专栏一事,师生情谊仅占极小比例,仅凭师生关系周作人绝不可能获此优待。传媒人讲究的是职业准则,文章的取舍主要靠水平和质量,孙伏园非常清楚周作人渊博的学识和深厚的文学功底,作为主编自然不会让好文章失掉传播机会,给文化名人周作人在《晨报副刊》开辟"自己的园地"栏目是顺理成章的事情。

周作人在《晨报副刊》刊登的文章为新文化运动呐喊助威数量最多,思想内涵颇具深刻性。这方面首推是《新文学的要求》(《晨报副刊》1920年1月8日)和《文学上的俄国与中国》(《晨报副刊》1920年11月15日—16日)。另一篇影响较大的文章是《女子与文学》(《晨报副刊》1922年6月3日),是周作人应邀在北京女子高等师范学校学生自治会做的专题演讲。演讲一开始周作人就指出:"自古以来文学似乎与女子是没有关系的,因为文学是载道用的。但是到了现在,关于女子与文学的观念全然改变了,文学是人生的某一形式的实现,而不是生活的工具。"周作人明确把新文学定位于为人生的文学,文学既不是载道的形式,也不是生活的工具。这样,文学就必然与每一个人的思想发展变化有着直接关系。不管是男是女,是老是少,每一个人都应当把文学看成自己人生理想与人生价值的形象化的展示过程。这一观点无疑为五四新文化运动的意义做了一番科学诠释。

　　虽然周作人的新文学成就早已被公认,但是新闻学见解与主张却一直未能引起重视。周作人和鲁迅一样,早年曾应邀担任《新青年》编辑,此外协助编辑了数份刊物,像《每周评论》《语丝》等,有着较为广阔的新闻学视野。1935年12月12日,周作人应邀在世界日报社创办的北平新闻专科学校做了《新闻读者的苦口谈》的演讲,这次演讲是五四新文化运动兴起后周作人对新闻传播的责任与传媒功能的深刻反思,也是集中表达他的新闻观的压轴之作。从另一层面观察,五四新文化运动之后的另一场"新启蒙运动"似乎正在周作人的反思之中悄然成形。虽然在此之后,1936年10月1日至12月31日,周作人接手主编《世界日报·明珠》副刊,历经短暂"触媒"后复又收手,但不管怎样,这次《新闻读者的苦口谈》演讲所具有的新闻学意义值得新闻史学者深入研究。

　　《新闻读者的苦口谈》连载于《世界日报》第七版"教育界"专栏1935年12月13日、15日、16日三期,原演讲稿摘录如下:"我以多年看报的经验,今天来对大家讲"苦心谈",当然有批评报纸的话,这是对不住大家的。先讲国际新闻,中国在国外没有通信社,一切国际新闻都是根据外国通信社的稿子翻译的,据江绍原先生曾经在《世界日报》上发表一篇文章说,有的报纸翻译得不正确,这点我倒没注意。国内政治新闻,我们在报纸上得不到的新闻,就是最严重的华北问题,我们也能在报上看出实在的情形,反倒让大家传出许多谣言,在报馆方面,或者因为环境的关系,不能登载。其实我们现在也没有在报上得到真正政治新闻的野心。至于教育新闻,是我们在教育界服务的人注意的新闻,正如商人注意商业新闻一样。在大报中还以《世界日报》的教育新闻最多,而且最快。可是现在的教育新闻,都变成广告,甚至于我们亲自看见过的事实,在教育界(指《世界日报》的"教育界"专栏)都不能看见了,这当然不能怪报馆,只是环境的关系……甚至于从前明清的笔记中的事情,报纸上有时也有登载的,就可以知道这是文抄公抄下来的。发生这样事情的缘故,不外是投稿人的自纂,或因为没有稿件来充篇幅,我

第四章 《晨报副刊》与新文学传播

们感觉这空气太旧,太腐败了。这是不能满足我们求新知识欲望的。我相信办报人是可以改良的,因此我们发现一个缺点,就是报馆自己记者的缺乏,如果本报记者能亲自去探访,就不会有这种现象的。同时我们看社会新闻,看看甲报的,再拿乙报,文字是相同的,再看丙报也没有改变,几种报纸全是一样,也没有信用,我认为这是报馆失败的地方。我们因为政治教育新闻的不正确,不得不看本地的社会新闻,结果是这样,岂不是失望?! 还有报屁股,文艺版艺术副刊及画报,副刊有的根本不是自己办的,而是委托人。有时一般学生因嗜好文学,自己常弄一点文章,在大的杂志上,是不接受的,于是便找着报纸,组了一个副刊,按期而出。这是不对的,这有点太乱了,文艺副刊本来是一个报纸的本身特色。"

这篇演讲稿所具有的学术价值是周作人从新闻学视角对新闻业的评价以及对传媒人的忠告。无论是20世纪二三十年代国内新闻业的发展实际,还是时间更早的清朝末年近代社会新闻业的状况,国内新闻从业者创办媒体时的传媒人的职业道德自律无疑是欠缺的,有闻必录是否是新闻人必须遵守的原则,没人能回答。因而,导致国际新闻只能转录国际通讯社的电稿,国内新闻有的被统治者封闭不准报道,有的则是只取间接新闻嫁接后登载,好似有一种通用的现成通稿可供各家报纸使用。但是,这种使用法造成的弊病就是新闻最为重要的指标要素"新闻性原则",社会上的各种声音都应有均等的、通过大众传媒向更多的公众表达自己的利益和观点的机会。人们通过新闻媒体可讨论共同关心的问题,即使无法达成共识,也可以在相互尊重的基础上得到某种程度的和解。

这篇演讲稿可看出周作人对文艺副刊的现状很为不满,文艺副刊原本是报纸自身的一种媒介特色,对新文化运动的发生与发展起到了非常重要的助推作用。文艺副刊是母报的一张名片,而且是很为耀眼的名片,也是报纸媒介自身不断发展的有力推手,这是周作人在《晨报副刊》刊发文章的经验总结。但是,有的报纸却不再用心经营自己的副刊,个别报纸竟然把副刊租给学生去办,造成媒介经营管理混乱和副刊自身传媒影响力下降,这必将连累到新文学的发展。这种现象应当引起报业经营者警觉。周作人针对当时社会处于混乱状态下连带出现的报纸乱象对传媒人的警告是及时的。时间早于此,《晨报副刊》1923年12月31日刊登的《读报的经验》也是涉及编辑技巧的一篇颇具说服力的新闻文学文章。

周作人的新文学成绩非常亮眼,本节以《晨报副刊》刊发的文章为实例分析探讨。周作人在"自己的园地"(《晨报副刊》1922年3月26日第一版)刊登的《自己的园地——九〈沉沦〉》是热心支持新文学运动的一篇力作。这一时期文学研究会和创造社虽然还没有像后来那样矛盾公开化,但毕竟是两个文学主张不相同的文学流派,能够抛开派系之争,公开力挺另一文学流派被批评的作品,并不是件易事,周作人做到了。针对当时有人写文章将创造社主将郁达夫的小说《沉沦》贬为不道德小说,周作人反驳道,《沉沦》尽管有低下成分,但也并不是不道德的小说,而是真实地讲述了中国人精神苦闷现状,描述了人的灵与肉的冲突的真实感受,是一篇成功的心理描写小说。《沉沦》是"'受戒者的文学'(Literature for the imitated)而非一般人的读物。明智的读者却能从这诗里得到真正稀有的力……对于正需要性的教育的'儿童'们却是极不适合的。"除了对小说《沉沦》的肯定与支持,同时对如何区分艺术欣赏与性的猥亵作了令人信服的阐述,纠正了某些人对《沉沦》的误解,由此开出欣赏、分析新文学作品的鉴赏模式。

此外,《翻译与批评》《复古的反动》《什么是不道德的文学》《新文学的要求》《女子与文学》等刊登在《晨报副刊》的系列文章从不同角度有针对性地对现代文学不断前行的同时,社会上出现的各种非主流文学现象给予了极具说服力的评论。

除了评论文章,"自己的园地"栏目中辛勤耕耘的文章以随笔散文为主。谈天说地、追求闲适,再现了周作人看似无忧无虑的生活实景。像《文艺上的宽容》《贵族的与平民的》《神话与传说》《谜语》等散文都表现出作者此种心态。任何一部文学作品都不可能仅仅是某一社会现实的纯客观记录,而是作者以特定的思想观念自觉不自觉地选取、集中某

第四章 《晨报副刊》与新文学传播

种特定的立体化的社会现实。在对客观事物主观化或主观情感、主观思想客观化的过程中，以及客观与主观的对接交锋过程中，文学作品常常以各种明显的或不明显的、直接的或间接的方式体现着作家的创作理想与思想本质，这一观点可作为周作人刊登在《晨报副刊》文章结构设计的参照。

周作人撰写的《学校生活的一叶》(《晨报副刊》1922年12月1日[《晨报》四周年纪念增刊]第十二版)和鲁迅刊登在《晨报副刊》的《呐喊·自序》大体相同，都是对自己人生经历的回忆。只是周作人这篇文章刊发时间更早。作者在文中回忆了早年在江南水师学堂的学习经历，回忆了对文学作品的最初接触和文学启蒙经历。周作人感激地回忆道：鲁迅当年给他从日本寄来的《天方夜谭》是自己走上文学之路的引路石。这篇回忆散文在谈家论常式的絮话感觉中领悟着周作人是如何走上文学道路的切剖之声。

周作人刊登于《晨报副刊》的散文及其他文学作品看似作者心情或情绪的随意抒发，文章结构有些散，但是认真品味则会另有一番别致滋味，这种滋味可借用"形散神不散"予以解释。不管内容如何散，文章主题意旨非常明晰，作品主题像一根无形的线把景、物、人自然串在一起，非常耐读。像《怀旧》《故乡的野菜》《饮酒》《绿洲》等均有上述阅读美感。以新文学刚登上中国文学舞台的现实背景品读周作人谈天说地的散文，就会品出明显的文学特色之新。从另一方面分析，周作人大量散文作品在《晨报副刊》刊登无疑增加了《晨报副刊》的读者吸引力，带去了清新亮丽的副刊文风，这亦是周作人辛勤耕耘"自己的园地"得到的收获。

周作人刊登在《晨报副刊》的散文既有"平和冲淡"作品，也有"浮躁凌严厉"之作，后者多收入《谈虎集》《谈龙集》，像《三个文学家的纪念》《自己的园地旧序》《思想革命》《新文学的非难》《思想界的倾向》等。这些文章既对封建文化进行批判，也对各种文学现象进行反思，更有评论时事、关注社会现实的力作。内容涉及范围很广，谈天说地、草木溪流，如行云流水。眼中所见均能化作笔下所有，人性、社会性与自然界的优美以幽默风趣的艺术手法发表于《晨报副刊》。娓娓而谈中留下一个个有待下回解读的阅读期待,充分表现出作者独特的文学个性。

文学创作之外,周作人积极引进域外文学,以丰富新文化运动的内容。域外文学的引进涉及数个国家,既翻译了英国作家的《育婴刍议》(《晨报副刊》1923年9月7日第三版),也翻译了古希腊路吉诺亚斯的《魔术》(《晨报副刊》1921年11月14日)。他对俄国盲人作家爱罗先珂小说翻译最多,可看出周作人对这位盲人作家的爱戴,更与爱罗先珂来中国后曾在周作人家里住过一段日子有关。

从量化层面分析,一位作者能在短短两三年把300多篇作品投给同一份报刊,足以见出作者对这份报刊的厚爱与希冀。周作人实实在在是借助《晨报副刊》传播新文学,透过传媒看启蒙,希望用文学启蒙方法实现思想启蒙目的。

再换一个视角分析,感时忧国的动因下倡导的张扬个性的新文学传统正是新文化运动与西方文化融合的结果,这种具有明显个性的新文学传统在周作人的散文与文学评论中显现的尤为明显。同时应看到,五四文学革命是一场深刻的审美和艺术革命。文学革命兴起后,俄国形式主义、英美新批评以及结构主义等西方批评方法传入中国,语言本体论观点渐渐在学界抬头,于是有学者将白话文取代文言文说成是五四文学革命的本质特征。周作人在发表于《晨报副刊》的《思想革命》中一再强调,文学是文字的学问,语言的艺术,更是思想内容的学问和艺术。文学革命如果只是单变文字不变思想的改革只能是换汤不换药,不可能成功。文学革命的真正目的或者说终极目的是要革除旧文学、封建传统文学的命。读过周作人刊登在《晨报副刊》的杂文与文学评论则可明显看到他一直倡导新文学思想内容应大于语言文字形式的观点。

对周作人与《晨报副刊》的关系以及在该副刊发表的文章进行解读与分析,能够深切感悟到,尽管已经有了五四新文化运动的洗礼,虽然已有一批又一批怀有文学启蒙助推思想启蒙信念的文学家向封建文化冲锋陷阵,但是从当时的新文学发展实际情况评估则可看到,数千年间

第四章 《晨报副刊》与新文学传播

知识分子一直受到强大的、顽固的封建体制的制约，很少甚至没有封建强权之外的新的自由的声音能够传播给广大百姓，很多思想者以及有志之士的主张和观点没有合适传媒渠道表达。尽管清朝末年时已有思想启蒙者黄遵宪喊出了"崇白话废文言""我手写吾口，古岂能拘牵"的口号，但在强大传统势力面前根本不值一搏就被踢翻。直到辛亥革命后大量出现的现代传播媒介才真正为体制内的人提供了一个相对宽松的话语释放空间，知识分子方可借助于大众传媒这一极具社会影响力的"公共空间"进行文学启蒙与思想启蒙，越来越多的人依赖传媒力量，通过传媒在体制外表达他们的政治心声和文学理想。文学精英到了这时方可通过传媒使他们的观念和思想辐射并影响广大百姓，形成导向性传播效果。本节分析的实例证明，传媒与文学的关系是自然的，也是必然的。新文学的创生与发展一刻也离不开大众传媒，作为主流媒体之一的报纸、杂志在政府体制外形成了一个新的话语空间或新型社会机体，为知识分子文化启蒙与文化振兴提供了一个强有力的话语平台。这一切则是文学与媒介共融洽、同发展的明证。

1936年5月，鲁迅回答美国记者埃德加·斯诺的提问时，当问到"中国新文学运动以来最优秀的杂文作家是谁"的问题时，鲁迅举出的名单是：周作人、林语堂、周树人（鲁迅）、陈独秀、梁启超。埃德加·斯诺所问杂文是指广义范畴的杂文，包括杂感、小品文和新文体散文。鲁迅把自己列在第三位，当然有着自谦成分[①]。把周作人推举为中国新文学史最优秀散文家首位则是鲁迅对周作人新文学功绩的肯定。鲁迅当时是在向国际友人介绍中国现代文学的发展状况，评价是郑重的，是经过深思熟虑的。此时他与周作人决裂已久，但丝毫不抹杀周作人的文学成就，评价既是无私的，也是唯物的，是令人钦佩的。

20世纪20年代，周作人和鲁迅失和后尽管经常刊发文章，但是再也不公开评论鲁迅的作品。直到中华人民共和国成立后，留在北京的

---

① 路元.鲁迅同斯诺谈了些什么——访鲁迅与斯诺谈话录的发现者安危[J].中国记者，1987.斯诺.鲁迅同斯诺谈话整理稿[J].安危，译.新文学史料，1987(3).那里面即译作"最好的散文杂文作家"，名单是"周作人、林语堂、陈独秀、梁启超"，但是没列鲁迅，不知何故。

周作人在政府对鲁迅给予极高社会定位与新文学史定位后,开始叙写回忆鲁迅的文章。这一时间段所写回忆鲁迅的文章几乎全是纯客观史实回溯,主观情绪基本看不到,但越是微妙小心,越证明字里行间有着无法消泯的尴尬。从20世纪50年代开始写回忆鲁迅的文章到1967年去世,周作人写了数十篇回忆文章,结集为《鲁迅的青年时代》《鲁迅小说里的人物》《鲁迅的故家》先后出版。这些回忆文章确实有珍贵史料价值,回想当初义断情绝和鲁迅闹翻,晚年却要主动撰写回忆鲁迅的文章,不能不让人感慨命运无常和时运之吊诡。周作人艰难地走完了自己的人生苦旅和文化苦旅。

第二节　《晨报副刊》:新文学社团的传媒场域

一、文学研究会人气聚合的平台

文学研究会成立时发起人共有12位:蒋百里、郭绍虞、郑振铎、孙伏园、许地山、朱希祖、周作人、耿济之、瞿世英、王统照、沈雁冰、叶绍钧。从这个名单看,孙伏园、瞿世英先后做过《晨报副刊》主编。王统照做过并入《晨报副刊》出版的《文学旬刊》主编。周作人、许地山、郑振铎、叶绍钧等文学研究会发起人都在《晨报副刊》刊发过文章。鲁迅本人虽然没正式加入文学研究会,但是对文学研究会的活动一直给予支持,他的三弟周建人正式加入了文学研究会,在《晨报副刊》发表了5篇科普文章。

文学研究会是新文学史中重要的文学团体,成立时发布了《文学研究会宣言》,宣言说,之所以发起成立这个会,有三种意思一定要请大家注意:(1)联络感情,交换意见,增进互相理解,结成一个以文学为中心的团体。(2)研究学问。研究学问本不是一个人关了门可以成功的,必须联合大家才可以做到,成立文学研究会就是这个意图。(3)发起成立

第四章 《晨报副刊》与新文学传播

本会,希望不但成为普通的文学会,还是著作同业的联合的基本,谋文学工作的发达与巩固。既然这几条是文学研究会的宗旨,那这个团体就不能一直松散下去,如果一直松散下去,成立时发布的《文学研究会宣言》就成了一纸空文。

为了能切实为五四新文化运动和新文学做贡献,就必须有一个平台让大家相互间交换意见,便于联络感情,让大家一起讨论新文学,推动新文学发展,具备这些条件的只有《晨报副刊》。《晨报副刊》是一份颇具社会影响力的大众传媒,而且是一份文艺报刊,非常适合传播文学研究会成员的新文学作品。《晨报副刊》主编就是文学研究会发起人之一孙伏园,这是得天独厚的条件。尽管文学研究会刚成立就把《小说月报》改成了文学研究会的传媒平台,但是《小说月报》毕竟是一份杂志,出版周期长,远不如每天出一期的《晨报副刊》更适合文学研究会聚拢人气,而且《晨报副刊》的社会影响力或者说知名度要比《小说月报》高。因而,《晨报副刊》义不容辞地承担起了聚集文学研究会成员的义务。主编孙伏园的具体做法是大量刊登文学研究会成员的文章,组织有关新文学思潮的讨论,对于新文化运动中出现的各种学术论争及时组织文学研究会成员撰写文章积极参与,发表文学新人的作品让他们通过《晨报副刊》知晓文学研究会的情况并加入这一学术团体。实际运作是成功的,也就一两年时间,许多文学新人通过《晨报副刊》聚拢在文学研究会旗下,像冰心、顾毓琇、黄庐隐、朱自清、王鲁彦、夏丏尊、胡愈之、刘半农、刘大白、朱湘、徐志摩、彭家煌、蹇先艾、陈毅等人都是后入会成员。文学研究会成员最多时达170多人,为现代文学史上人数最多的文学社团。

以《晨报副刊》刊登的文学研究会成员作品为切入视角分析,从冰心发表在《晨报副刊》1919年8月25日的《二十一日听审的感想》到1924年12月止,文学研究会成员共在《晨报副刊》发表各类文章700余篇。1920年12月13日《晨报副刊》特地刊发了《文学研究会宣言》,这篇宣言被看作是对封建文学的宣战书和文学研究会成立宗旨与目的告知书。紧随其后,《晨报副刊》于三天后的1920年12月16日刊发了

《小说月报改革宣言》,再次公布了文学研究会同仁的新文学主张。上面所举实例即可证明文学研究会与《晨报副刊》关系非同一般,借助《晨报副刊》媒介平台,聚集文学研究会诸多作家,扩大了新文学队伍。

本节分几个具体研究点深入分析文学研究会与《晨报副刊》的渊源。

1. 借传媒平台聚合文学研究会同仁

文学研究会发起人之一孙伏园于 1920 年 8 月担任《晨报副刊》主编,上任后除了继续保留原有深受读者喜爱的栏目,如"世界新潮""自由论坛""纪念专号"等,又新开了不少栏目,具体情况前面章节已做分析。新栏目的开办确实给中国文坛添加了不少新鲜空气,为聚合文学研究会同仁提供了媒介平台。为了更有效地聚合人气,文学研究会发起人之一王统照在孙伏园的支持下,从 1923 年 6 月起在《晨报副刊》单设《文学旬刊》,十天出一期,出《文学旬刊》这天不出《晨报副刊》。至于为什么要办《文学旬刊》,主编王统照在《文学旬刊》发刊词中说出了因由:"在中国如居沙漠中的人心里,他们的思想,被一切一切的东西阻限住了;他们的目光,被一切一切的东西隔障住了,他们的情感,被一切一切东西僵死了……唯有借文学之花的灿烂,可以引动,感化他们,近年来新文学的萌发勃起,也正是为了这个时代所切实要求的。"基于国民情感已僵化,急需消融感化,因而必须借助大众传媒作平台,聚集文学研究会同仁力量,刊登进步文艺作品,唤起国民觉悟,震醒他们麻木的神经,进而改造整个社会,这是文学研究会作家肩负的新文学使命,正是这份使命感使得《文学旬刊》得以诞生。

《文学旬刊》登载的文章大多为文学研究会作家撰写,其中不乏现代文学史经典之作:学术论文有周作人的《艺术与道德》、王统照的《文学批评之我见》、庐隐的《月色与诗人》等;小说有李健吾的《曾祖母和狼》、塞先艾的《到家的晚上》、王统照的《初恋》等;诗歌有徐志摩的《雷峰塔》、汤鹤逸的《恋痕》、庐隐的《秋菊》等;散文有周作人的《自己的园地自序》、陈毅的《介绍室中旅行法》、孙伏园的《游戏的重要》等;另有外国名作的翻译。可以说,《文学旬刊》是文学研究会聚合人气的另一传

第四章 《晨报副刊》与新文学传播

媒阵地。

孙伏园接任主编后聘请文学研究会成员顾颉刚主编《晨报副刊》新设的"歌谣"栏目。此栏目专门刊登全国各地民歌、民谣,请文学研究会成员帮助收集。"歌谣"栏目先后办了一年多,刊登各地民歌、民谣总计146篇,像《粤西农歌》《合肥歌谣》《湖州丝歌》等独具特色的地方民歌就是通过《晨报副刊》的刊登才得以传播到其他地方,引发各地百姓的关注,以此推动本地民歌、民谣更为广泛的传播与交流。

从新闻传播学视角分析,《晨报副刊》历任编辑有一个共识,就是缺什么补什么,当时最缺的就是对国民思想的启蒙,辛亥革命爆发的直接结果是推翻了清王朝260多年的封建统治,结束了有数千年历史的封建专制社会,其意义是极为巨大的,更是史无前例的。但是,数千年封建专制制度下生存了一代又一代的中国百姓,早已经习惯了昏昏欲睡的精神麻木状态,早已把做奴隶看成是生存乃至人生唯一目的。一代代封建统治者早已将统治百姓等同于圈养动物成为其思维定式。面对数亿昏睡不醒的百姓,让他们意识到人和动物有着本质的不同,设法让百姓尽早醒来争做人的努力成为文学研究会成员的共识和迫切要做的事情。那么,如何具体操作,运用何种方法才能实现让国人从麻木昏睡状态中尽早醒来,大众传媒无疑是切实有效的途径。于是,文学研究会成员和其他文学社团的知识分子不约而同地看好了大众传媒所具有的非凡传播力。正如社会认知理论指出的:"文学的理论学意义主要是文学作品应满足受众对通过大众传媒有效获取有用的文学知识和信息的期望,通过生动易懂的表述、形式多样的互动等手段提高受众对文学知识和信息的理解,促使受众积极参与文学传播、加深其对文学知识和信息的理解,提高其自我效能感。"①

2. 以小说创作呼应新文化运动

《晨报副刊》发表的文学研究会成员的文章主要是小说、新诗、散文等文学作品,以小说成就最为突出。除了本章已论述的周作人,成绩突

---

① BANDURA A.思想和行动的社会基础:社会认知论[M].胡谊,译.上海:华东师范大学出版社,2001:64.

出的首推是冰心。本书初步统计,冰心先后在《晨报副刊》发表各类文学作品共68篇,其中小说10篇,写得最好的是学者一致认可的《斯人独憔悴》《去国》《庄鸿的姊姊》《两个家庭》。在这4篇小说中,作者分别提出了怎样扫除封建家长制的权威,怀有一片报国心、却无报国路的知识分子和妇女如何获得真正的、彻底的"人"的解放等一系列社会问题。小说之外,《繁星》(《晨报副刊》1922年1月1日第三版)一诗更是直接喊出"发展你自己,贡献你自己,牺牲你自己"女性解放口号。从冰心发表在《晨报副刊》的小说可看出,作者关注度最高、心情极为迫切的就是妇女解放、男女平权。

自1915年新文化运动兴起,思想启蒙、人的解放成为新文化运动的主题与目标。但是新文化运动倡导者和主将在运动初期似乎并没有刻意关注妇女解放问题,这对于已经深受新文化、新思想冲击的女性来讲,自然不满意运动的发展态势。已经具有了初步新文化思想的女性,期待妇女解放的心情必然变得更加迫切。她们此时一定要亲自上阵,必须冲锋在前,为妇女解放、女性独立呐喊呼唤。冰心成为她们的代表与妇女解放先锋也就成为新形势下的必然选择,这也是人们常说的形势比人强。读过冰心发表在《晨报副刊》的各类文学作品确实能明显感到对妇女解放、女性独立的大胆呼吁,不论是作品表现出的鲜明的思想倾向,还是对人物命运的真实描述,都能让人读之更加希望全社会都应当立即关注妇女解放与女性独立问题。

《晨报副刊》在引导妇女解放问题讨论的时候,会刻意往前引申到以法国女权运动先驱发表的《女权宣言》为标志,认为《女权宣言》明确致力于为妇女谋求教育平等和社会平等权利,争取妇女选举权。新文化运动兴起后,中国女权主义急先锋提出"欲弭社会革命之惨剧,必先求社会之平等;欲求社会之平等,必先求男女之平权;欲求男女之平权,非先与女子以参政权不可"的主张明显是对法国女权运动者提出的女性解放口号的呼应。五四新文化运动中的女权主义者认为,"女子之有参政权为人类进化必至之阶级,今日不实行,必有它日;则与其留日后之争端,不若乘此时机立完全民权之模范"。于是,提倡妇女解放的激

第四章 《晨报副刊》与新文学传播

进主义女性高举"天赋人权""男女平等""妇女参政"旗帜,以妇女参政团体为依托,掀起了勇争参政权的女权运动[①]。时间再往后,到了后现代社会,后现代女性主义开始质疑启蒙理性,要求重新评价通过理性获得进步与解放的概念,通过理性获得解放的神话被质疑。由后现代女性主义者衍生的后女权主义则把观念推向极端,提出了"我,是个女的!"更加激进的女权主义口号。

解读冰心发表在《晨报副刊》的小说可发现:女性焦虑是这一时期新文学大潮中的女性文学的另一特征,由于性别身份的突兀和其与整个文学精神性别语境的格格不入,使女作家的新文学创作常常与负面情绪为伴,与愤怒甚至疯狂为友,具象显示物、现实隐喻情、道德内化机制过程中产生的抗力等凸显出的女性焦虑作为一种代价的性质而存在。因而,女作家对作者自我权力迷失窘境的困惑和恐惧,不仅使写作主体具有问题意识,还使其不断在写作过程中探寻解决问题的方式策略。于是,传统文化与新文化的对抗、碰撞与激烈搏斗中的某种迷茫状态下的不自觉认同,无意识遵守呈现出的无所适从状态成为女性焦虑的主要特征。究其原因是源自内心崇拜,还是自觉趋从、有意效仿、被迫体认,或更隐蔽、自觉、有意识地"否定""推翻"以及"重审"等,均没有一个权威性推定。从形式上看,此时期的女作家似乎都以丢失个性为代价存留在困境中,女作家文本意义空间的隐喻态势,成为新文学初期发展阶段的一个引人关注现象。

很有意思的是冰心刊登在《晨报副刊》的文章都要署名冰心女士,冰心后面刻意加上"女士"二字。不只是冰心,石评梅从1922年4月1日在《晨报副刊》发表《这是谁的罪》开始,署名也要在评梅后面加上"女士"二字。如此署名之目的就是要明白无误地告诉广大读者,我是个女人。今天这个社会的女人再也不像数千年封建社会传统女性那样毫无社会地位,更不是清王朝统治时期只能做家庭妇女的角色,必须独立于社会。所以,称呼我们女人时必须和男士一样要加上"女士"。从这一层面解读,作者的目的极有可能是以此倡导女性必须在社会上获

[①] 略论辛亥革命时期知识妇女群的解放心态[S].中国社会科学网,2014-12-11.

得人格的彻底解放和地位认同。冰心的观点和后女权主义时代提出的口号"我是个女的"都是刻意突出"女人"以提升妇女地位，增强女权意识。此外应看到，当时有相当一批女作家正是借助五四新文化运动及其文化语境方才得以进入文坛，在变革传统的男尊女卑文化，消解男权中心意识，创造男女平等诸社会文化进步方面做出了重要贡献。从冰心、庐隐到丁玲，20世纪初期女性文学基本是由她们所抒写的。

再换一个角度分析，冰心迈入新文学文坛开始文学创作时，五四大潮已渐渐消退，思想革命、反封建革命等革命口号的高声呐喊已降低了好几度，随着五四潮水退去，一时间曾被淹没在水平面下的各种反动的、封建的、僵化的沉渣杂物又都露出了身子。这种情形下，作者用提出问题的小说模式重新唤起人们的思想解放觉悟。由冰心开头，随即有相当一部分作家刊登于《晨报副刊》的问题小说亦在现代文坛引发了读者的强烈反响。

冰心之外，王统照刊登在《晨报副刊》的近乎散文笔法的小说《同病》(《晨报副刊》1925年5月7日第三版)亦是一篇不错的作品，小说通过主人公志洁和玉的对话描写，把志洁等几个女孩子青春萌动的心理极细腻地表达出来。提出一个想爱又不知如何大胆去爱的那一代虽然深受五四思想影响，但没有勇气冲出封建传统束缚的青年女性普遍存在的现象。

叶圣陶发表在《晨报副刊》的小说则是以一种冷峻笔调叙述社会下层百姓普遍存在的穷困现象，代表作有《晓行》(《晨报副刊》1921年6月21日—23日)《苦菜》(《晨报副刊》1921年3月22日—24日)《绿衣》(《晨报副刊》1921年3月19日—20日)等。作品对深受地主压迫、剥削的贫苦农民，因家境贫困而无力读书的儿童等下层小人物倾注了很大同情，关怀他们的同时对不合理社会提出质问。刊登在《晨报副刊》的小说每段故事情节均具有独立完整性，明显是主动适应报纸媒体版面特点和排版要求构思创作，显现出报章小说章回叙事特点。

上述之外，另有郑振铎、许地山等文学研究会作家在《晨报副刊》发表了不少颇具影响力的小说。从小说的思想内容可看出，因为作者发

第四章 《晨报副刊》与新文学传播

现了问题,所以要提出问题。数千年封建社会延续下来的传统思想文化猛地一下子被新文化运动掀开了盖子,种种杂质、杂物必然统统冒出来,必然会暴露在世人面前,因而,由封建余渣带出来的各种社会现实问题一一暴露在大众面前。于是,揭示各种黑暗现象成为早期问题小说的创作主题。但是,揭露归揭露,寻找或者说提出解决问题的方法应是此类小说创作的归结点或总主题。可惜的是不少作品基本上提不出根除社会不公现象的办法或对策,正如鲁迅忧虑的"娜拉走了怎么办"?不知下一步该怎么走则是文学研究会作家普遍焦虑的心态。

乡土小说创作是文学研究会作家的另一新文学成就,文学研究会作家发表在《晨报副刊》的乡土小说数王统照、蹇先艾、许钦文、王鲁彦等人出力最大。本书就《晨报副刊》附属《文学旬刊》做了一个初步统计,王统照共在《文学旬刊》刊发7篇乡土小说,蹇先艾发表了12篇,许钦文发了19篇。另有王鲁彦5篇、许地山5篇、陈毅3篇以及其他文学研究会作家30余篇。蹇先艾的《珠儿的死》(《晨报副刊》1924年12月25日第三版),许钦文的《引见以后》(《晨报副刊》1923年7月2日—3日第三版)、《模特儿》(《晨报副刊》1924年1月6日第三版)都是产生了较大影响的乡土小说。再有像黎锦明的《出阁》、许钦文的《孔长寿的死》、蹇先艾的《到家的晚上》等先后发表在《晨报副刊》的小说或描述农村生活的穷败、生活重负下苦苦挣扎的农民的痛苦与愚昧,或讲述中国人的穷困生活以及百姓的善良友善,小说写得极具生活化,令人读之难忘。

另有文学研究会作家在讲述农村生活贫困的同时尝试把笔触及工厂题材,叙写生活在军阀统治下的黑暗社会穷苦工人的不幸命运与悲惨境地。许钦文先后发表在《晨报副刊》的《孔大有的吊死》和《工人朱贵有》把以孔大有和朱贵有为代表的劳苦工人的悲惨命运揭示得真实、痛心,作者试图通过《晨报副刊》的传播另辟一个文学主题。

文学研究会作家刊登在《晨报副刊》的小说为现代文学史第一个十年增添了亮点,做出了相当贡献,透过《晨报副刊》刊登的一篇篇文学研究会作家的小说不仅可以验证五四新文化运动的成绩,更可看到大众传媒对于新文学的不菲传播意义。

3. 成绩卓然的诗歌和散文

文学研究会作家刊发在《晨报副刊》的诗歌和散文数量均不少。以冰心为例,早期诗歌不管是小诗还是长诗,不论抒情还是叙事,几乎全刊发在《晨报副刊》。孙伏园做《晨报副刊》主编期间,冰心读了泰戈尔的《飞鸟集》触动很大,孙伏园鼓励她尝试写诗,双重影响之下冰心尝试着写小诗,由此一发不可收。为此冰心专门说过:"我立意写诗还是受了《晨报副刊》记者的鼓励。1921 年 6 月 23 日,我在西山写了一段《可爱的》,寄到'晨副'去,以后是这样的登出来了……"①随后直到《繁星》《春水》,冰心发表在《晨报副刊》的诗作共计 46 首。诗歌发表后在社会上引起了很大反响,"《繁星》《春水》在《晨报副刊》连载后,'冰心体'在当时风靡一时,有很多人竞相模仿"。② 可以说,《晨报副刊》刊登冰心的数十首小诗其诗歌形式确实很为独特,字少句短,语意颇为直白,读起来明白晓畅,有一股新鲜阅读美感。这些诗作不但和曾经有过较大影响的半文半白诗歌完全不同,就是和同时期白话诗也不一样,尤其是刊登在颇具影响力的媒体《晨报副刊》,读者竞相模仿就是一种必然现象,自然会成为颇具导引作用的"冰心体"。凭实而论,冰心发表在《晨报副刊》的诗歌对现代新诗的发展起到了相当的助推作用。

周作人、叶圣陶、王统照等文学研究会成员在《晨报副刊》刊发的诗歌其影响力也不容小视。叶圣陶发表在《晨报副刊》的《小诗三首》(《晨报副刊》1922 年 2 月 27 日),非常真切地把自己的思绪、情感透过对字句的吟咏传递了出来。王统照刊发于 1923 年 7 月 21 日《晨报副刊》的《日观峰上的夕照》,将作者在一个夕阳已现时分登上日观峰后,由看到的夕阳西下景象进而引发对人间、宇宙的种种联想,通过诗句出神入化般予以表达。俞平伯的小诗《凄然》(《晨报副刊》1921 年 10 月 7 日)、《到家了》(《晨报副刊》1921 年 12 月 6 日)、《所见》(《晨报副刊》1921 年 12 月 16 日)初看似乎有着冰心小诗体的痕迹,但是细读又不同,诗作

---

① 阎纯德. 二十世纪中国著名女作家传(冰心)[J]. 新文学史料,1981(11).
② 王才路. 中国现代小说流派史[M]. 天津:天津人民出版社,1995:37.

第四章 《晨报副刊》与新文学传播

更多表现出的是作者内心感受的抒发,是对某事某物由所见而触动的一种心绪的外显。另外,像文学研究会成员郑振铎的《厌憎》《两件故事》(《晨报副刊》1922年3月12日),叶圣陶的《津浦车中的晚上》《想》(《晨报副刊》1922年2月27日)等,都是很耐读的新诗。

小说、诗歌之外,文学研究会作家发表在《晨报副刊》的散文作品数量也相当可观,成就亦不容忽视。冰心、周作人、叶圣陶、骞先艾等文学研究会作家刊发在《晨报副刊》的散文数量不少,影响较大,其中数周作人成绩最为突出,本章已做分析,不过更应看重的是另一位文学研究会作家瞿秋白从苏联发回并刊登在《晨报副刊》的系列游记散文。当时国内许多人正是通过《晨报副刊》读了介绍苏联现实情况的游记散文才对苏联有了一个真实了解,知晓了苏联社会主义的真实状况。此外,郑振铎在《晨报副刊》1921年12月30日发表的《儿童世界宣言》也是一篇颇有新意的散文。作者颇具辩证地阐述了五四新文化运动中儿童文学创作所能产生的少儿启蒙教育作用的新观点。《儿童世界宣言》在《晨报副刊》的发表引起了文学研究会同仁对儿童文学的更多关注,引发了对国外儿童文学作品的翻译兴趣,此后直到现代文学第二个十年,文学研究会作家的儿童文学创作与翻译均在各文学社团中名列前茅。

4. 大力引荐域外文学作品

还是先看数据,周作人刊发在《晨报副刊》的366篇作品中对外国文艺的翻译介绍共61篇。周作人之外,《晨报副刊》刊登了文学研究会成员郭绍虞的翻译作品7篇,王统照的翻译作品3篇,郑振铎的翻译作品4篇,以及许地山、陈毅等人的翻译作品。其中陈毅翻译的《德国的民间传说》(《晨报副刊》1925年4月21日第四版连载)、《译米塞诗:歌与愁》(《晨报副刊》《文学旬刊》1925年4月25日)、《失掉了的孩子》(《晨报副刊》《文学旬刊》1925年9月15日第三版连载)3篇译文对译内容准确、语意明晰,对原作思想内容表述与作品所独具的语言风格翻译准确到位,真切地表达出原作的思想意旨与美学意蕴。3篇译文的翻译水准就是拿今天的眼光衡量也让人读后为之赞叹,由此可见被称为文人元帅的陈毅外文功底之深。此外,朱自清(佩弦)翻译的挪威毕恩生的《父亲》(《晨报副刊》1919年10月4日第七版)也是文学研究会作家在《晨报副刊》的一个不错成绩。

  翻译引进国外作品的同时,文学研究会作家不忘对国外文学流派的翻译介绍,现实主义、浪漫主义、自然主义,尤其是俄国现实主义更是由文学研究会作家不遗余力通过《晨报副刊》予以翻译引进,用行动响应"窃别国的火,意在煮自己的肉"以及"西学中用""别求新声于异邦"等文学理论主张。经文学研究会作家翻译引进,现代文学第一个十年掀起了一场文学翻译大潮,由此带来的直接影响使得刚刚诞生的现代文学一下子徒具一股强劲生命力,为现代文学第一个十年增添了更多生机与活力。正如钱理群等诸位先生在《中国现代文学三十年》中所说:"大规模的文学翻译活动,实际上构成了文学革命的一个重要组成部分。"①

  《晨报副刊》虽然只有一段时间是文学研究会作家刊登作品的主要传媒平台,但是从该作家群刊登在《晨报副刊》上的各类作品中能够大致把握他们的文学创作取向与艺术追求。研究会提倡的"为人生"特别强调对人的个人价值和自由的重视,强调文学作品应对个人命运格外关注。

二、助推创造社扩大新文学影响力

  相比文学研究会,创造社与《晨报副刊》联系要少,在《晨报副刊》刊登的作品数量相对较少。主要原因是创造社主要活动阵地在上海,创造社从成立之初就提倡自己创办报刊,自己拥有媒体,因而创造社成员的新文学作品大多刊发在他们自己创办的杂志上。

  从量化视角分析,笔者统计后有郁达夫、郭沫若、倪贻德、张资平、冯沅君等创造社成员在《晨报副刊》发表过作品。其中郭沫若21篇,郁达夫14篇,张资平11篇(含2篇译文),倪贻德6篇,冯沅君1篇,总计53篇。《晨报副刊》刊登创造社成员的文章总数只及创造社成员刊发在国内所有媒体文章总量十几分之一,如果仅从量化角度评估,《晨报

---

① 钱理群,温儒敏,吴福辉.中国现代文学三十年[M].北京:北京大学出版社,1998:14.

第四章 《晨报副刊》与新文学传播

副刊》并不是创造社的主要传媒阵地。但是,发文量少并不能代表一切,量化研究不能证明所有,创造社成员在《晨报副刊》发文量少于文学研究会和新月社作家,但是文章质量并不差,其中数位创造社成员的现代文学代表作品均是首先刊发于《晨报副刊》。

  从新闻学视角分析,《晨报副刊》另一重要作用就是利用传播平台的独特作用力聚集作家集合在新文学大旗下为现代文学的发展努力奋斗,因而,大众传媒某种程度已成为聚集作家的主要平台。《晨报副刊》聚集了周作人、冰心、叶圣陶等一批文学研究会作家,同时聚合了郭沫若、郁达夫、张资平等创造社作家,聚集了徐志摩、闻一多、梁实秋等新月诗人。此外,《晨报副刊》还聚集了鲁迅、梁启超、李大钊等并不属于上述新文学社团的名家。

  当然,这种情况创造社自办刊物时也存在,创造社刚成立时办的《Green》刊登的全是创造社成员的文章,早期创造社自办《创造》《创造周报》时的目的之一也是试图把刊物办成创造社机关报,刊登的文章多半是创造社同仁撰写的。但是很快就发现如果没有大量外来稿件,其他文化人的文章如果不能在他们的刊物发表,那就会填塞言路,刊物的影响力无从谈起。创造社办刊物的媒体人很快意识到了这一问题,于是常常写信主动向社会知名人士约稿、催稿。真诚热情的催稿果然有了效果,就连林徽因也给创造社办的杂志投稿。再者,《晨报副刊》作为进步媒体之一,历任主编尽管不乏本人就是某社团重要成员或发起者,但是对稿件的取舍一直保持中立立场,稿件选用以是否能助推新文学发展为基准要素,不以主编个人喜好为取舍标准。当然,这也是新闻职业道德的检验指标,《晨报副刊》历任主编通过了该指标检测,评价良好,值得当代传媒人借鉴。

  从媒体角度分析,创造社自办媒体数量明显多于文学研究会和新月社。创造社成立之前,其同仁就努力尝试办刊物,以借助自己的媒体更加快捷地传播其新文学主张、进行新文学实践。早在1920年春,郭沫若等人就在日本办了一份杂志,取名《Green》,1922年5月创造社同仁创办了《创造》季刊,由于是季刊,三个月出一期,周期太长,该季刊发

155

表的文章一旦引起争论时常常得不到及时回复。为了适应新文学发展形势,创造社同仁又在1923年5月和7月先后创办了《创造周报》和《创造日》,报纸时效性顿时显现。可能是看到了办刊物带来的社会效应,创造社成员周全平等人又创办了《洪水》杂志,初始为周刊,后改为半月刊。由于创造社创办的刊物刊登的文章思想前卫,就连一些平时极难见诸报刊的人也纷纷在创造社创办的刊物刊发文章,像秦邦宪(博古)、陆定一、林徽因等。再往下数家谱,创造社成员陆续创办了《文化批判》《流沙》《创造月刊》《文艺生活》《思想》《太阳月刊》《我们月刊》《日出》旬刊和《畸形》半月刊,不论创造社的新文学热情潮涨还是潮落,办刊物的热情只增不减。

　　上面实例说明一个问题,其他新文学社团自己办刊物在数量方面根本无法与创造社相比,文学研究会前前后后只是办了《小说月报》《文学旬刊》《诗》月刊等为数不多几个刊物,新月社亦不能令人满意,成立之初的传媒阵地居然是《晨报副刊·诗镌》,除了《晨报副刊》,后期只能靠《新月》和《诗刊》支撑门面,根本无法和创造社创办的庞大刊物群相比。基于这些实例,可证实创造社同仁对于新闻传播学的传媒社会影响力理论认知基础厚实,实践动力非常足,始终认为媒介是文学发展、文学论争、文学传播的原动力,因而能自觉实践,并且有着不菲功绩。有关现代文学第一个十年蜂拥而至的各类新文学社团和新文学刊物对于新文学发展发挥出的传播与助推作用,茅盾给出了中肯评价:"这几年的杂乱而且也好像有点浪费的团体活动和小型刊物的出版,就好像是尼罗河的水泛滥,跟着而来的是大群的有希望的青年作家,他们在那狂猛的文学大活动的洪水中已经练出一副好身手,他们的出现使新文学史上第一个'十年'的后半期顿然有声有色。"[①]

　　创造社成员在《晨报副刊》的发文量尽管少于文学研究会和新月社成员,但精品不断,不少文学作品已成为现代文学史名篇佳作。像张资平的情感小说《性的等分线》(《晨报副刊》1925年4月17日—19日连载)就是一篇代表作。主人公医科学校毕业回到故乡一所女子师范学

[①] 中国新文学大系.小说一集导言[M].上海:良友图书印刷公司,1935.

第四章 《晨报副刊》与新文学传播

校当了两年生物学教员,教书过程中喜欢上了女学生明瑞,明瑞对他也有好感,但是怯懦性格所使,他当着明瑞的面又说不出口。后来,他发现明瑞有了未婚夫时,失望至极差不多要自杀。再后来,明端毕业后嫁人,他也辞了职,到C市一家医院当了妇产科医生。五年后,竟然在医院碰到了明瑞,此时明瑞已是他人妇,并生有一女。但是,两人间那份隐藏在各自心底的情感却一直没能熄灭,随着明瑞每天来就诊一次,两人的感情日渐升温,终于有一天,他对这位过去的学生道出了心里话:"我一点也不想讨那样累赘的东西!我自在女子师范认识你后就不想结婚了。你毕业离校后我就决意独身了。"这种师生恋情在封建传统礼教根深蒂固的年代无疑是极为大胆的,昔日老师的表白很让明瑞感动,一边是对她非常温顺但经常夜不归家的丈夫,另一边是深爱着她的昔日老师的真情表白,明瑞在矛盾旋涡中苦苦挣扎。

小说中的感情就是在今天也不应是正面描写的主题,更何况是在封建传统思想根深蒂固的旧社会。但也正因为如此,作者想借助这个故事从另一角度传播婚姻自由、恋爱自主的新思想。小说把社会道德与人的本能之间的矛盾碰撞写得扣人心弦,对于深受五四新文化大潮影响下的一代知识分子如何争得婚姻与恋爱自由起到了一定的导向作用。

张资平的这篇小说一如他此后的创作风格,心理描写细腻、老道,人物性格的复杂性在不动声色中予以翔实描绘,像明瑞接受与昔日老师的师生恋情整个过程描写特别细腻,明瑞本人对老师的爱慕、拒绝、接受、自责、激情、大胆尝试等极为复杂、变化多端的情感纠葛出神入化般呈现在作品中,小说写得扣人心弦,非常耐读。

郁达夫的《秋柳》(《晨报副刊》1924年12月14日—24日连载),应是另一篇小说《茫茫夜》的姊妹篇,也是郁达夫自叙传小说系列较好作品之一。小说既揭露了旧中国知识分子处在社会底层时的不得志和被社会压迫时自然生出的变态心理,同时又把人自身的性苦闷作为一种时代病症状和社会问题一并提出,借此揭穿旧道德、旧秩序的虚伪。

倪贻德的《零落》(《晨报副刊》1925年2月1日)叙述的是一个世代书香之家的败落景象。这篇作品和郁达夫的自叙传小说属于同类,明显有着作者自己家世的影子。再有像郁达夫的《薄奠》描写作者在北京坐黄包车时为车夫纯朴老实品德所感动,并由此生出对车夫困苦生活的同情。张资平的《小兄妹》描写知识分子生活艰辛的同时借此揭露社会黑暗现实。此类刊登于《晨报副刊》的作品均有着批判现实主义创作倾向。

创造社作家刊登在《晨报副刊》的散文也不乏上乘之作,代表作应推郭沫若的《卖书》(《晨报副刊》1925年3月20日第二版)。作者用一种平淡的语气讲述了日本留学期间的一件卖书往事。读后第一感觉作者好似并不爱书,当年离开老家四川时把小时候读过的书全部丢掉了。出国留学前又把平时买的书全丢掉了,只带了一部文选,就这还是在大哥的劝说下才没丢弃。离开冈山去东京前又把在冈山留学期间买的书送了友人,只剩下《庾子山全集》和《陶渊明全集》舍不得丢掉,决定在临走前卖掉。但是去书店卖书时碰了个钉子,一气之下捐给了冈山图书馆。

文章初看像是作者对书的厌倦心态的表露和烦躁情绪的传递,细读却发现实际并非如此,卖书或赠书(送书)只是作为精神食粮的书籍实在无力时时陪伴在浪迹天涯的游子身边时的不得已选择。因而随后几年作者每次回到冈山时任何熟悉景物均不能触动半分情感,只惦念着冈山图书馆如何处置了他赠送的两套古籍。书籍对于作者的重要由此方见出。

该文所要表达的核心内容是书籍对于"求知者"的重要性,但是作者又不想把这一主题弄得太过严肃,而散文无疑是最为适宜的文体。果然,用散文文体写就时,读者便在轻松的阅读过程中对书籍于人类知识获取的重要性有了一种深切感悟。此外,郁达夫的《给一位文学青年的公开状》、郭沫若的《小品六章》、倪贻德的《春夜》等先后刊登于《晨报副刊》的散文都是很不错的作品。

新诗和散文是创造社为新文学发展做出的显赫成绩,首要的贡献者为郭沫若,初步统计郭沫若刊登在《晨报副刊》的散文和诗歌11首,从数量看只占全部作品很小比例,但是思想内容与艺术特色均不乏上乘之作,像《Lobenicht的塔》(《晨报副刊》1925年1月31日第三版)、

第四章 《晨报副刊》与新文学传播

《芭蕉花》(《晨报副刊》1925年4月1日第三版)、《菩提树下》(《晨报副刊》1925年4月12日第二版)等。上述作品将诗人的浪漫气质和奔放情感通过清新流畅的笔触书于纸背,破坏加创造的时代精神巧妙融入文中,其作品如大江洪水般冲决着传统作法与规范的堤坎,带给读者别致的审美愉悦,确立了诗人在现代文学史的地位。

创造社作家刊发在《晨报副刊》的文学评论文章也可圈可点,如郁达夫的《生活与艺术》《诗的意义》《诗的内容》,倪贻德的《艺术家的春梦》,张资平的《浪漫主义》《文艺上的冲动》等。学术探索方面产生较大影响力的是张资平的《古典主义》(《晨报副刊》1925年7月1日),作者通过对一个个作家创作实例的分析,详细论述了西方古典主义的由来与发展历史。作者经过大量考证后认为:"我们考查最近两世纪间的欧洲文艺思潮的变迁,18世纪是古典主义的时代,19世纪的前半期是浪漫主义(Romanticism)的时代,19世纪中叶其变为自然主义(Naturalism)的时代,由19世纪末叶至最近是新浪漫主义(Neo-Romanticism)的时代。"文章对古典主义的定义与发生、发展做出了较为准确的划分和评价。

尽管创造社诸位作家在《晨报副刊》发表的其他类别文章比在自己办的刊物刊发的数量明显少,但是需注意的是,创造社作家在《晨报副刊》刊发文章时已是该文学社团成立几年后的事情,此时创造社已过了成立之初的激情年代,社内作家少了最初的文学冲动,发表在《晨报副刊》的文章流露出更多的冷静后的思索与反思,其整体文学成就不应被忽视。"创造社是五四新文化运动中在文坛崛起最早和最大的新文学社团之一。它异军突起,艰苦创业,标新立异,追赶世界思想文化的新潮流。在1921年至1929年的将近十年间,它坚持在文学艺术和思想文化两条战线同时作战,在新文化运动中所起的作用是独特的和巨大的……"[1]

换个角度分析,创造社当年之所以热衷于办刊物除了大力传播创造社同仁的新文学主张,另一目的如前面已分析的,靠媒介平台聚拢人

---

[1] 黄淳浩.别求新声于异邦[M].北京:社会科学文献出版社,1995.

气,联络同仁,扩大创造社的社会影响力,依靠媒介刷社团的存在感,中期创造社和后期创造社之所以增加了许多新人一个重要原因就是媒介平台聚合人气作用力所致。20世纪30年代传媒人兼作家施蛰存曾深有感慨地说:"五四以后,所有新文化阵营刊物,差不多都是同仁刊物,一个人为中心,号召一些志同道合的合作者,组织一个学会或社团,办一个杂志。"[①]

但是,办刊物必须面对现实问题,筹办与运作媒体需要资金做基础,创造社成员并不腰缠万贯,因而,刊物办起时间不长就遇到了资金周转不灵的问题,刊物由于没有钱款支撑办不下去,只得停刊,如《创造季刊》只出了6期,《文化批判》和《思想》出了5期就停刊了。依据中国新闻史研究结论,不论是清朝末年民间刚开始办报纸,还是北洋军阀政府统治时期涌现的大量民间报刊以及国民党统治时期的报刊,民间办报刊首先遇到的问题就是成本昂贵。第一是聘请编辑、记者需要支付不菲的工资,薪金抵中等公务员收入;另一较大开支是稿费支出;再有就是排版、校对、印刷、发行费用。加一起成本确实很大,资金运转不灵是民间报纸的常态。除了资金周转不灵导致停刊,另一原因就是办刊物的创造社成员对于报刊的发行业务不是很内行,导致报刊发行渠道不畅,旧中国报纸发行渠道一般是本地读者靠订阅和零售,外地发行只能由邮局承担。旧社会交通落后,加之各地军阀混战频繁常常导致交通中断,因而外地送达时间周期较长,导致外地读者订阅难度增大,发行量难以有较大增长,经济效益无法提升。本节前面所举创造社办的刊物发行量均以千份为单位计量,远不及《晨报副刊》发行量。报刊收不回成本,当然不会有盈利,这亦是报刊办不长久的原因之一。从这一层面反思,媒体人必须精通报刊发行运作业务,一定得是媒介行家方可。另一方面,吸引读者、增加发行量需要更多名家名稿。有了名稿才能扩大读者群才能有订阅量,所以徐志摩就任《晨报副刊》主编时在就职演讲稿中罗列了一大堆约请的名家名稿名单。创造社几位名作家革命性很强,经常因闹革命而顾及不上新文学创作,像成仿吾、郭沫若、

---

① 施蛰存.现代回忆[M]//陈子善.施蛰存七十年文选.上海:上海文艺出版社,1981:12.

第四章 《晨报副刊》与新文学传播

蒋光慈等共产党员作家更是以党的事业为重，精力集中到无产阶级革命这边无法两边兼顾，这也是创造社尽管办了许多期刊但都办不长久的原因之一。

　　另一情况则是，报刊的主要功能是各类信息要及时快捷传播，就是文艺副刊也会把刊登时事要闻当成版面安排的重要环节。时事要闻则需要各家通讯社协调运作，需要专兼职记者齐心协力，这方面创造社诸位同仁显然是一个短板。对于新闻时事的及时报道、热点与重点新闻的独家关注等方方面面的编辑策划，创造社传媒人光有热情加冲劲但自身并不是媒介业内人士则是不行的。由于没能协调好记者和通讯社的联系，使得所办杂志不能及时刊登重大新闻事件和国内外要闻，无法满足读者对新闻事件信息的及时获知需求，其所办刊物无法长久生存也就不难解释。再一个原因也很重要，媒介生存与发展必须面对社会政治环境，旧中国的报纸绝大多数是民间私人创办经营，创造社办的刊物也是如此。民间报刊一般情况下都会遵守新闻传媒人职业道德操守，没有政治倾向性，常常刊登令统治者不满的文章，一旦批评、抨击得过于尖锐，统治者就会无情打压，以至封闭报馆、抓捕报人。1918年《晨报》和北京数家报纸先后披露了北洋政府向日本大借款的消息，北洋政府立刻查封了所有报道此事的报馆。《京报》刊登了抨击军阀政府的文章，总编辑邵飘萍被逮捕杀害，连带北京一批文化名人遭通缉。具体到创造社办的刊物也经常遭此厄运，像创造社办的《创造月刊》总共只出了两卷18期就被国民党政府查封。上述原因之外，最后一个原因也是传媒人必须面对的，就是广告。刊登广告赚取广告费以维持刊物的日常经营运作是报馆负责人面对的头等大事。说服广告主刊登广告的理由就是报刊发行量、读者群体和社会影响力。发行量小、读者群体不稳定，社会影响力上不去，广告主不可能选择该媒体刊登广告。上述要素又和前面阐述的原因有着直接关联，创造社同仁这方面确实不是行家。其实不只创造社，其他新文学社团创办刊物均存在上述问题，很少能遇到像孙伏园这样的办报行家。各种原因综合在一起，创造社办的刊物生命周期不长也就能够理解。

三、新月社同仁的挚爱

新月社成立没多久,徐志摩就接任《晨报副刊》主编,作为新月社发起人,徐志摩起初确实有心把《晨报副刊》当成新月社团的媒体全力为新月社发声助阵。但是实际运作情况和最初设想并没能完全一致,实践运作中徐志摩发现,《晨报副刊》如果真要改换门庭将会涉及方方面面的利益,不能轻易将《晨报副刊》完全变成新月社的自家媒体,那样将会失去更多读者,是极不利于《晨报副刊》自身甚至会连累母报《晨报》,最终只得打消这一念头。

具体对《晨报副刊》与新月作家作品进行分析,共有以下新月社诗人在《晨报副刊》发表过新诗:徐志摩 53 篇,另加其他作品总计 254 篇;闻一多 14 篇;饶梦侃 12 篇;朱湘 4 篇;梁实秋 3 篇,译文 2 篇;另有胡适、周灵均、陈源、于赓虞、陈衡哲等人新诗 21 篇。这些诗歌的内容可分为反抗军阀政府的残暴统治,思念祖国、想念家人和诗人独有情感的抒发两类。

1. 反抗军阀政府残暴统治

这方面的代表作应是被学界所推举的闻一多的《死水》(《晨报副刊·诗镌》三号)。诗人满怀希望和激情回到了日夜思念的祖国,但是眼前的祖国却如绝望的死水,诗人心欲碎、愁更愁。但是诗中表现出的并不全是诗人对黑暗、腐败旧中国的彻底绝望,而是在诗中呼喊着奋起改造社会的心声。除了这首被教科书普遍评说的《死水》,闻一多的《回来了》(《晨报副刊》1925 年 8 月 13 日)一诗把诗人回到祖国后的另一番激动与兴奋之情由衷地予以倾诉。

新月诗人于赓虞的长诗《遥望天海——迷途之羊之一》(《晨报副刊》1924 年 7 月 1 日第 2 版)亦表现出诗人对祖国无比眷恋的情感和对黑暗现实的不满。

尽管故乡在军阀政府统治下凋零到如此模样,尽管满目苍凉的荒墟随处可见,但是,愤怒的人民已不再恐惧!于是,黑暗天空火焰突起,漫红红燃烧了天之一角,死亡蕴藉着新生。绝望之后就是希望,推翻军阀政府就会有百姓的新生。从诗的内容可看出,正是人民已不再恐惧,方激励起许多如同诗人一样走入绝望之境的知识分子重新燃起了生的勇气和信念。诗歌尽管以低沉、恐惧开头,一种悲凉气氛开场,但是随之诗情开始转势,进而以激情奔放笔法释放出积极向上的能量。

周灵均的《寄语母亲》(《晨报副刊》1923年12月15日),也是新月社作品中一首不错的抒情诗,诗人运用诗歌独具之美学意蕴,把对母亲和家人的思念与挚爱但又苦于手中之笔无力造词抒写的感觉,借助典范格律诗体式真切地表达了出来。

2. 诗人独有情感的抒发

这方面还是徐志摩成就最大,本书已做分析。徐志摩之外,梁实秋表现较突出,诗歌《冷淡》(《晨报副刊》1921年10月19日第二版)通过"游鱼""山雀""虫儿"等自然界常见生物寄寓自己的情感,用自然界寻常万物寓意知识分子在黑暗社会现实面前的苦闷、伤感、消沉心理。诗歌流露出的沉闷情绪或许能代表当时一部分知识分子的精神状态。全诗17行,总共只有171个字,其中形容词和程度副词占了近四成,像"灿烂、薄弱、忍、轻轻、凄凄惶惶、密丛、弯曲、噗哧哧、无聊、寂静"等。形容词和程度副词大量使用,试图将难以描绘的心里隐秘意像幻化成对自然界的直白倾诉,生成一种差异化的审美效果。

女诗人陈衡哲的《鸡鸣寺看月出》(《晨报副刊》1924年6月21日第二版)选取的意象较为凄凉虚幻,虽然是看月出,但是诗的意境却显现着一种凄美、哀怨情绪。诗作将诗人对大自然的眷恋融入诗的每一个字,女性特有的细腻情感如涓涓细流流露于诗中。抒情中夹带些许说理,诗中蕴含的感伤、愁苦给读者留有一种缥缈无迹的唯美意象。这首诗共53行,总共318字,形容词、程度副词占了近一半,像"笼罩、如梦、满月如盘、悄然、光摇轻袄、月光如雪、软化、丑的、美的、梦境"等。其中"如梦如梦"出现了11次,外加"梦境"单独出现两次,"梦里"和"梦"各单独用了一次。整首诗带给读者的感觉并不是在赏月,而是于恍惚间跟随着诗的流动走入一个万般皆是梦的梦境中。

此外,像周灵均的《相思曲》(《晨报副刊》1924年12月26日)、饶孟侃的《起来》(《晨报副刊》1926年1月13日)、《天安门》(《晨报副刊·诗镌》一号)、朱湘的《昭君出塞》(《晨报副刊·诗镌》二号)等诗用主观抒情笔调将诗人的诗绪、诗情与对社会现实的感悟作了真切大胆的抒发,隐约中显现着灵魂得以解脱后对另一境界的向往,明显感觉到新月诗人未被传统诗学遣词、用韵束缚,诗情得以充分自由的展现。

从新文学视角研读,1926年新格律诗正式成型,在"诗体大解放"成为一种诗歌风气的背景下,新格律诗倡导者明确提出要为新诗找到新的格律。这一新诗创作理念在当时即引起了不小轰动:尽管有人讥讽新月诗人所写的诗是"豆腐块"诗,更有不少人对此不屑一顾,但新月诗人不为所动,站在新格律诗大旗下继续前行。徐志摩曾在《晨报副刊·诗镌》一号发表的《诗刊弁言》中特别强调"我们的大话是:要把创格的新诗当一件认真事情做。""世界上怕就怕认真二字,新月诗人偏要讲认真。"新格律诗倡导者以《晨报副刊》为阵地,积极探索新诗艺术,为现代文学发展做出了贡献。

诗歌之外,新月诗人刊发在《晨报副刊》的文学评论文章颇具亮点,胡适的《国语运动与文学》(《晨报副刊》1922年1月9日)、梁实秋的《与自然同化》(《晨报副刊》1922年12月29日)、陈源的《萨腊斐拉脱》(《晨报副刊》1923年12月1日)等,都是上乘之作。梁实秋的文章层层递进、说理透彻,犹如联合收割机在田间作业般收割着作者的新文学见解。胡适发表的《新自由主义》(《晨报副刊》1926年12月8日)一文对苏联推行的社会主义和西方资本主义各自不同模式与自身特点进行了鞭辟入里的论述,文章立论精深、论据翔实、论证有力,可看出作者写作态度的严谨、治学的严肃与榜样般的学风。再有像徐志摩、陈西滢、周灵均、闻一多、饶孟侃、梁实秋等新月成员都有相关文学评论刊登在《晨报副刊》。新月社成员大量文章在《晨报副刊》刊发,证明《晨报副刊》既有对新月社同仁的一定偏爱,但更加注重对新文学现象的讨论与作品的推广。

新月作家努力借助《晨报副刊》推进中国的戏剧改良,引入西方文明戏剧作品与戏剧理论为我所用,使中国传统戏曲模式有了一个现代

第四章 《晨报副刊》与新文学传播

化改变。这一新文学史功绩不应被忽视。新月社同仁在徐志摩的带领下利用徐志摩主编《晨报副刊》的机会，由徐志摩挑头在《晨报副刊》开辟了《剧刊》专刊，借助《剧刊》媒介平台倡导"国剧运动"，在改造旧戏的基础上借鉴西方戏剧理论丰富中国本土的戏剧艺术，寻找新式戏剧民族化的途径。《剧刊》前后共出了15期，总共发表了54篇倡导、研究新剧的文章，如赵太侔的《国剧》《布景》《光影》，余上沅的《演戏的困难》，该岱士的《剧场的将来》，陈源的《新剧与观班》，顾颉刚的《九十年前的北京戏剧》等，都是对新剧发展有着指导意义的文章。《晨报副刊》同时刊登了不少西方经典话剧作品，如徐志摩翻译丹农雪鸟的《死城》，焦菊隐翻译契诃夫的《某父亲》《一个男朋友》，尹卿翻译莫泊桑的《五千佛朗》，汤鹤逸翻译加滕武雄的《小娼妇》等。新月社同仁利用《晨报副刊》作阵地，对新式话剧艺术在中国的引进、生根做出了很大努力，他们在《晨报副刊》发表的有关戏剧发展、改革与演出技艺等内容的文章，不仅对文明戏的推广与普及起到了导向作用，而且对话剧艺术在中国的发展乃至20世纪30年代中国电影艺术走向成熟等，都有不可忽视的导引作用。如果说《诗镌》的设置推动了新诗的发展，那么《剧刊》的创办则对于戏剧艺术理论研究和戏剧中国化发挥出不可小视的作用。

有一个情况需注意，《晨报副刊·剧刊》从创办到终刊，刊登的文章全是关于戏剧改革的讨论、戏剧历史回忆等戏剧理论阐述内容，没有一部戏剧文学剧本，不能不说是一个遗憾。既然徐志摩和新月社同仁一直大力倡导国剧运动，为什么不借助《晨报副刊·剧刊》刊登新式戏剧文学剧本，徐志摩始终未做解释。

借《晨报副刊》传媒平台对外国文学的引进是新月作家的又一文学史贡献，成绩突出者还是徐志摩。徐志摩的另一文学成就是刊发在《晨报副刊》的外国文学译作和对外国文学作品的评论文章。另有胡适、陈源、梁实秋等人也在《晨报副刊》刊发了数量不等的国外经典文学作品与文学理论翻译文章，以实际行动为新文学做着不懈努力。

作为新文学史颇有影响力的学术社团之一，新月社同仁为新文学的发展做出了相当成绩。但是，任何事情都不会完美无缺，1931年

165

3月,梁宗岱给徐志摩写信,谈了他对新月诗人发表在《诗刊》的诗歌的不同看法:"诗刊的作者心灵生活不太丰富,年轻诗人缺少生活经验的积累,多数诗歌情感单纯,对生活的开掘只限于浮光掠影的表面现象。"[1]读完《晨报副刊·诗镌》和《晨报副刊》刊登的新月诗人的诗歌确有一定程度相似感觉和审美认同。诗歌情感单纯,对生活的开掘只限于浮光掠影的表面现象之所以在新月诗人诗歌中成为一种共象,原因可能多种。新月社多数成员家境优越、生活富足,不可能真正体会下层百姓生活的艰辛,新月诗人知识分子固有的清高姿态,其成员间个性不同等均是重要原因。"新月诗派在新诗理论建设方面的薄弱和缺失,不能不说是新诗建设时期的遗憾和损失。新月诗人个性、主张、风格都有很大差异;诗人自身也存在着理论不足的盲点,他们的主张前后不一,自相矛盾,有时又表现出过度严谨或自恋,用自己的绳子捆住自己的手脚。"[2]上述观点确实有一定依据,新月诗派相较其他文学流派的确有着一定程度不同,新月社每一个人都很有个性,正如梁实秋所说:"新月每一批人中每个都是坚强的个人主义者,谁也不愿追随别人之后。"[3]但也正是由于每一个人都有一种独具特点和各不相同的个性,才使得他们在轰轰烈烈的新文学史留下了极具个性的文学色彩和难以混淆的文学史页。评析新月作家通过《晨报副刊》彰显现出的文学功绩,则更可看到《晨报副刊》在当时及此后的文学传播效应以及《晨报副刊》自身独特的传播特点。

---

[1] 梁宗岱.论诗[J].诗刊,1931(2).
[2] 叶红.新月诗生成论[M].北京:中国社会科学出版社,2016:209.
[3] 梁实秋.忆新月[M]//关于鲁迅.台北:爱国文艺出版社,1970:89.

「第五章」

《晨报副刊》与现代文学文体

1887年,黄遵宪率先提出"崇白话而废文言",改变旧文体使之"适用于今,通行于俗"革新文体的主张①。梁启超紧随其后,在《夏威夷游记》中提出了"文界革命"口号,倡导引入西方新文体并加以改造,把传统文体从"辞章、考据、义理"中解放出来,以俗语、韵语以及外国语法入文,以此进一步丰富文章的表达方法和语词的组合方式,在文体革新的同时更加重视西方思想的影响。1902年12月14日梁启超在《释革》(《新民丛报》22号)中进一步解释:"即今日中国新学小生之恒言,固有所谓经学革命、史学革命、文界革命、诗界革命、曲界革命、小说界革命、音乐界革命、文字革命等种种名词矣"②这次他干脆把变革置换成革命。不过,随后于新文化运动中兴起的文学革命完全不同于梁启超的文学改革观,新文化运动认定的文学革命既是文学思想内容的变革,也是文学语言形式的改变,主要是思想内容引导下的文体变革。1917年《新青年》第二卷第六号发表了陈独秀的《文学革命论》,提出文学革命口号,从内容到形式对封建旧文学展开批判,以革新文学文体与思想内容并重的行动作为革新政治、改造社会之基础,奋力吹响了现代文学号角,揭开了中国现代文学史序幕。紧随其后,《新青年》第四卷第五号完全改用白话文体,现代文学先从文体突进,随着《狂人日记》的发表,文

---

① 唐弢.中国现代文学史(第一册)[M].北京:人民文学出版社,1979:4.
② 梁启超.梁启超全集[M].北京:北京出版社,1999:759.

体革新与思想内容革命齐头并进,文学革命一举成功。

20世纪初的文体革新主要依靠大众传媒的传播力量,重建一个适应现代社会的新文学文体,但是新文学文体不能凭空兴建,更不是空中楼阁,而是通过媒介传播,借鉴传入国内的西方文化、西方新闻学理论与新型文学样式对中国古典文学进行除旧布新的努力后创建的中国文学新文体。这一理论指引下,新小说、小诗、杂感,一种又一种新文体纷纷出现,以新文学文体为载体,具有新思想与新文化特色的新文学作品渐进传遍中华大地,传入亿万国人心中,实现了用文学启蒙方法达到思想启蒙之目的。

《晨报副刊》作为现代文学发生期重要的新文化传播媒介,积极刊登各类新文体文学作品,为现代文学的发生发挥着重要的渡航引进、摇旗呐喊的传媒作用,在现代文学史留下了不朽一页。一百年后的今天,更有必要以《晨报副刊》与现代文学文体革新为切入点,进行深入探讨。

第一节 《晨报副刊》与新闻文学文体

一、新闻文体小说历史回眸

研究新闻文体小说,应先搞清新闻文学的定义。新闻文学主要是指适应在报纸杂志刊登或借助电子媒介通过声画传播具有新闻属性的文学作品。关键词是"新闻属性"四字。"新闻属性"的核心意旨是首先必须适应新闻媒体的编辑排版与新闻体例要求。对于新闻文学的概念,《新闻文艺作法》(中美日报读讯会实用新闻学讲义之七)认为:"新闻文学应包括特定报告文学、文艺通讯、报刊连载小说等。"[①]

其次,新闻文学不同于新闻报道、时事评论、广告刊播等新闻编写体裁,应当是具有明显文学形式和文学内容的作品,如新闻文体小说、

---

① 冯并.中国文艺副刊史[M].北京:华文出版社,2001:32.

第五章 《晨报副刊》与现代文学文体

报告文学、新体散文等新闻文学体式。内容以故事情节、抒情叙事为主。国内最早从事新闻文学研究的前辈黄天鹏认为"自从'新闻纸'(报纸)产生后,在文字方面就有一种新的体裁出现,这种新闻的体裁随着报纸的势力日益扩张,在文稿的组织结构以及性质上渐渐独立起来,成为一种新闻的文学。"①黄天鹏在书中将新闻文学体裁归纳为"提纲法、倒叙法、撮要法"。他的新闻文体观点很接近今天对于倒金字塔新闻写作结构理论,所不同的是黄天鹏仍将其局限于"文学手段",对新闻文学的阐释主要立足于新闻学学科背景。虽然在具体分析过程中使用的大部分是文学、史学相关理论,但是,作为早期新闻学研究重要内容,"新闻文学"观念毕竟能助推新闻学学科的建立和发展。而且"新闻文学"概念的提出亦体现了新闻学理论和文学实践紧密联系的特点。

再者,黄天鹏书中所列史料搜集、举例和现实结合,史论结合,理论和业务结合等,为后继研究提供了样本。总体而论,黄天鹏的观点敏锐地注意到新闻学和文学之间的紧密关系,发现了中国近代新闻文体从一诞生就遇上和文学对应问题,对如何协调两者间的关系进而能够共融共进、协调发展提出了建议。

历经几十年发展演变,学术界对现代新闻文学是这样认定的:"凡是内容或形式适应于报纸及其副刊的文学形式、文学作品都可以归为新闻文学……比如文艺杂文、长篇小说连载、笔记小品等等……都和报纸以及新闻有特定的关系。"②不过,现代新闻文学划分法只是一种广义划分与认定,实际上报纸副刊登载的各类新文学作品常常或者几种特征俱有,或者跳出上述模式束缚创新成另一类别,并不会严格局限于模式束缚。

以《晨报副刊》为例,如果从新闻文体小说体例进行分析研究,《阿Q正传》可作为一个样本。《阿Q正传》既有新闻事件所需要素,同时将新闻文学特征予以有机结合而成的一个新闻文体小说。尽管数十年间学者对《阿Q正传》的评论多得几乎不能再多,但是本节另换一个一

---

① 黄天鹏.新闻文学概论[M].上海:光华书局,1930:1.
② 冯并.中国文艺副刊史[M].北京:华文出版社,2001:34.

直未能被学术界注意的视角,从新闻文体视角予以深入分析。首先,这是一篇为了适应报刊文体创作的报章连载文体小说。《阿Q正传》第一章"序"交代了阿Q的身世,虽然没能找到证据确定阿Q姓"赵",但是有名字。地址是阿Q多住未庄。故事发生时间,即:革命前、革命中、革命后(辛亥革命)。新闻事件三大要素:"谁""何地""何时"一一具备。交代清楚新闻事件三大要素,为后面章节故事情节的展开做了必要铺垫,读者刚看开头就会不由自主被吸住眼球,阿Q是一个很独特并能吸引读者看下去的人物。

此时的阿Q已成为新闻报道中的"新闻眼"。有了"新闻眼"这则"新闻"就具备了可读耐看的基本要素。如果再从新闻写作基点切入评论,小说第一章"序"、第二章"优胜略记"、第三章"续优胜略记",头三章看似用文学方式加故事情节起一个"新闻导语"作用,但是假如单纯以"新闻导语"方式写前三章内容,就会给读者一种阅读思维被凝固的感觉,这种写作模式很难调动起读者主动继续介入小说情节的兴趣。鲁迅深谙此道,因此,从第二章"优胜记略"开始,作者同时使用全知全能视角讲述故事,于是"我们先前,比你阔多了""和尚动得,我动不得?""我和你困觉,我和你困觉!"以及阿Q式的经典国骂"妈妈的"等,阿Q语体的不断出现使读者瞬间感觉作者此时已穿透了阿Q身体,直接进入阿Q灵魂,一层接一层开始剥着、解剖着阿Q的灵与肉,将其一一展现给读者。读者的心不由自主地跟随着战栗,啊,这并不是阿Q,这是我们一代代人的祖传德性呀……因而,当小说一章接一章在《晨报副刊》连载的同时,有人认定小说中的某某人是他也就不足为怪了。

对新闻学理论全知全能视角的娴熟运用,使得作者借助于阿Q这一人物画虎画皮又画骨地刻画出了中国人的祖传德性,解剖着中国人奴隶性的根源。"《阿Q正传》在叙述视角上与当时以及当下今天的新闻视角有着相同之处,那种叙述者人物的'全知全能'的视角与当时的新闻撰写有着共同的角度。在阿Q正传中,作家大部分采用的是'全知全能'视角,'心里想',他觉得'自己的大拇指……'而'这回他又看见……','耳朵里嗡的一声……','觉得全身仿佛微尘似的迸散了……',从心理

第五章 《晨报副刊》与现代文学文体

感觉到视觉、触觉、听觉甚至'死的感觉',几乎阿Q所有的知觉,作者都能叙述出来,这是一种标准的'全知全能'视角。"① 全知全能视角是新闻记者撰写新闻稿件时常用的写作模式,但是新文学发轫之初小说创作中运用这种模式则较为少见,尤其是在中国新闻业和现代文学均处于刚起步时,就有人能运用全知全能视角将新闻写作方法运用到小说创作中,实属罕见,由此可见鲁迅先生的新闻学技巧无师自通,运用自如。

此外需注意,几十年来,学者的研究成果忽视了一个重要情节:鲁迅通过小说揭示的国民性特征——"奴隶性"浓缩于阿Q首次受审这一看似非常简短的故事情节,这是被学者忽视但很有必要深入分析研究的切入点。小说描写阿Q被抓进去后总共被提审了三次,三次所占篇幅非常之短,《阿Q正传》共21 137字,阿Q第一次受审只写了500字,第二次受审376字,第三次受审184字,一次比一次字数少,三次合计为1 060字,约占小说总字数的5%。三次受审关键情节是第一次,第一次受审为故事高潮,第一次受审所用字数仅占小说总字数的约2.4%。但就是这些文字把"奴隶性"主题极其深刻、极其震撼、极为形象化地予以揭示。

我们把阿Q第一次受审分作几个看点一一分析。先看人物。阿Q被抓进去后第一次受审时出场人物有四类,主审法官秃顶老头、十几个兵、十几个长衫人物和阿Q自己。四类人物除了阿Q最为重要但又容易被忽略的是十几个长衫人物,此等人物既像陪审团又像助理审判员又像书记员又都不像。因为这几类法庭常见人物都是坐着的,没有站着的,十几个长衫人物则全是站着。但他们又不是法警,堂下分两排站着的十几个兵是法警。十几个长衫人物形象定位似乎有些模糊。但是细读则不但不模糊而且是鲁迅故意用这种写作技法努力将长衫人物身份区别于另三类人物,力图使长衫人物身份定位更加清晰。细读之后发现长衫人物也是小说主角之一,是除了阿Q之外形象既清晰又复杂的人物。比如衣着,十几个长衫人物全部身着长衫,无一例外。清朝

---

① 张红军.鲁迅文学经典与现代传媒的关系[D].沈阳:辽宁大学,2011:79.

年间和民国初年穿长衫则象征文化人,文化人通常穿长衫,绝对不穿短褂。就像孔乙己为了能向世人证明自己曾经是一个文化人宁愿穷死也不肯脱下那件又脏又破的长衫,十几个长衫人物无疑是文化人。孔乙己只能站着喝酒不能踱进里屋坐下喝是因为穷,没有钱,经济条件不行。十几个长衫人物尽管此时也是站着没有坐着却不是因为穷,不是没有钱,拿今天的话讲他们是公务员,工资有保障,之所以站着而没坐着是想将他们定位于帮衬、帮凶,是主子的奴才,奴才是不能和主子平起平坐的。但是奴才的身份要高于奴隶,奴才是通过本人不懈努力争取才能得来的封号,得之相当不易,不像奴隶那般具有普适性。

长衫人物的言行则把最为核心的内容极具震撼力地告诉了读者,就是看似极其简短的对话。第一次提审阿Q的长衫人物总共说了3句话,加一起只有11个字。第一句是阿Q刚进大堂不由自主地膝关节立刻自然而然地放松,便跪了下去了时,长衫人物都吆喝说:"站着说!不要跪!"第二句话是阿Q虽然似乎懂得,但总觉得站不住,身不由己的蹲了下去,而且终于趁势改为跪下了时,长衫人物鄙夷似的说:"奴隶性!"最后一句则是主审法官让阿Q从实招来时,长衫人物跟随着大声说:"招罢!"第二句"奴隶性"三字最为重要,看似脱口而出的"奴隶性"实则是借长衫人物之口把千年百世不改的国民性即奴隶属性真真切切地告诉世人。长衫人物一副鄙夷口气说出的短短三字如重锤击鼓,极为形象化地揭示出中国人的祖传德性——奴隶性。作者"哀其不幸、怒其不争"的近乎绝望的心态瞬间跃然纸上。读者于是明白了,鲁迅塑造长衫人物的目的就是于极度愤慨中剖析老祖宗遗传下的基因——奴隶基因。这是一种万劫不复,早已经凝固到骨髓的国民共性基因。石破天惊的"奴隶性"三字把国民劣根性的外在表现与劣根根性的由来予以入木三分的解剖,挖出了国民性的根,剖出了国民祖传德性——奴隶属性。小说主题昭然若揭,思想之深刻前无古人。

长衫人物知晓阿Q的奴隶属性表现,并对此所不耻。因为他们就是从奴隶状态中走过来的,非常清楚奴隶性的种种特征和外在表现,今天的阿Q就是昔日的自己,因而他们才会脱口而出"奴隶性"三个字。

第五章 《晨报副刊》与现代文学文体

但此时他们已不归属于奴隶一类,但也不是主子,他们的举止言行已给出了身份定位,即:奴才。鲁迅笔下的奴才其地位要比奴隶高,塑造奴才时鲁迅颇费了一番智慧后取其一端,加以改造,再生发开去,直到足以完全显出其不同为止。因而,十几个长衫为代表的奴才型人物尽管对国民性看得很透彻,但是并不愿意砸碎奴才型体进行争做人的努力,只满足于高于奴隶的奴才状态。这实则是刚从奴隶中挣脱但不料又跌入另一深坑的悲剧,成为"哀其不幸,怒其不争"的另类悲剧性人物。

需注意的是,作者描写长衫人物对话时的不同表情使用的词语极为传神精彩,第一次"都吆喝说",是在提醒阿Q。第二句"鄙夷似的说",明显是对阿Q奴隶属性的不屑。最后一句"大声说"则完全是一副帮衬或帮凶相。

再者,长衫人物出场时既不是一个也不是两个或三五个,而是十几个,十几个就是一个群体,是一个看似简单实则复杂的群体。之所以复杂是这个群体接受过新文化洗礼、受过新式教育,知道什么是奴隶,什么是奴才。第一次描写长衫人物开口说话时鲁迅加了个"都"字,是想告诉读者,十几个长衫人物是一齐张嘴,不是只有一个或几个开口,而是整齐划一,既这样,十几个长衫人物口中齐声所说和脑中所想就是一样的。第二次和第三次描写长衫人物张口说话时没再加"都"字,主要是作者觉得没必要再次重复"都"字,不用重复读者也能读懂十几个长衫人物后两次仍然会众口齐说,因为十几个长衫人物群体对于奴隶和非奴隶的认知观念是高度一致的。

最后一个亮点是鲁迅借十几个长衫人物的发型把这场推翻封建帝制的辛亥革命后各类文化人所具有的符号意义传神入化般展现在读者面前。"两旁又站着十几个长衫人物,也有满头剃得精光像这老头子的,也有将一尺来长的头发披在背后像那假洋鬼子的……"十几个长衫人物发型不同,不得不将其分成不同类别,不能够再整齐划一,像是有些遗憾,长衫人物自己也颇显无奈。如同主审官老头子满头剃得精光的长衫人物是想借助发型告诉世人,我才是辛亥革命大潮中的彻底革命者,论革命彻底性非我莫属。另一些像未庄假洋鬼子将一尺来长的

173

头发披在背后的发型的长衫人物则是想在世人面前显摆自己曾经出过国、留过洋、参加过洋务运动,思想先进,最具革命资本。只用极短二十几字发型描写就将长衫人物另一副奴才相暴露无遗,从中可窥见辛亥革命后的现实与人的变化。

《晨报副刊》1921年7月11日第三版起连载的《故乡》同应被看成另一篇具有新闻文体特征的小说。新闻文体小说所应具备的要素无一缺失。时间:严寒季节(正月初一以前)。地点:故乡——萧索的荒村——多年聚族而居的老屋(已经卖给别姓了)。人物:闰土、我、豆腐西施杨二嫂等。这篇新闻文体小说用新闻叙事写作方式按时间顺序讲述着"我"回故乡迁居时的一段见闻,揭示出封建等级思想对百姓心灵愚昧的主题。小说中的人物、地点、时间交代得非常清楚,如同阅读一篇新闻报道的感觉。由于人物、时间、地点等新闻写作要素交代得清楚别致,三个新闻要素构成《故乡》这篇新闻体小说的"新闻眼",显现出新闻小说章回叙事特点。最后那句意蕴深长的"其实地上本没有路,走的人多了,也便成了路"更是一条哲理,成为现代人的警世名言。

《晨报副刊》1919年12月1日刊登的《一件小事》从新闻文体视角分析,亦是一篇典型的新闻文体小说。新闻三要素一应俱全。时间:民国六年冬天。地点:京城(快近S门)。人物:车夫、我、老妇人等。从新闻视角看,《一件小事》记叙的就是一个新闻事件,一次事故(车祸)新闻。人力车车把挂倒一位横穿马路的老妇人,"我"认为是老妇人碰瓷。车夫却没半点儿这种念头,赶紧扶起老妇人,搀扶着老妇人走进了不远处的警察所,新闻报道也就结束了。但又不仅仅是单一新闻报道,而是用讲故事笔法将社会底层小人物车夫和穿皮袍外套知识分子"我"的不同心理叙述的真实生动,感人至深。"伟大与渺小"通过一件小事(新闻事件)昭然若揭。

这篇新闻文体小说的另一特点就是"新闻导语"的娴熟运用。"新闻导语"是新闻文体的重要特征,通常使用直叙式导语,要求开门见山,直截了当推出新闻事实,无须刻意修饰。像小说开头:"这是民国六年的冬天,大北风刮得正猛,我因为生计关系,不得不一早在路上走。一

第五章 《晨报副刊》与现代文学文体

路几乎遇不见人,好容易才雇定了一辆人力车,叫他拉到 S 门去。不一会,北风小了,路上浮尘早已刮净,剩下一条洁白的大道来,车夫也跑得更快。刚近 S 门,忽而车把上带着一个人,慢慢地倒了。"只用了短短十几句就把新闻事件明白无误地叙述得一清二楚,从中可见鲁迅对"新闻导语"的娴熟把握。

《肥皂》(《晨报副刊》1924 年 3 月 27 日—28 日连载)是鲁迅在《晨报副刊》刊发的另一篇重要小说。美籍华人夏志清教授曾经评论:"《肥皂》是一篇很精彩的讽刺小说,完全扬弃了伤感和疑虑。这也是鲁迅唯一成功的以北京——而不是绍兴为背景的小说。"[①]夏志清教授对这篇小说给出的评价很高,远比他对《阿 Q 正传》的评价要高。但是"唯一成功的以北京——而不是以绍兴为背景"的"唯一"定义下得有些绝对,鲁迅的小说《示众》也是以北京而不是绍兴为背景的成功的小说。《示众》把国民灵魂抓到大街上公开示众,示众过程就是对百姓灵魂的拷问。《示众》这篇小说亦引发了很大反响。尽管"唯一"二字定论下得有些绝对,夏志清对《肥皂》还是给予了很高评价。夏志清之外,学术界对这篇小说的研究成果很多,本文不再重复叙述。本节另摘选一个较少被人涉及的新闻学视角予以评说。先看小说关键词,小说有几个非常有意思的关键词,即"假道学""恶毒妇""咯支咯支的遍身洗一洗",这些词语都是新闻报道用语。可见鲁迅有意采用了新闻文体写作法,借新闻事件回溯一种无意识的似乎是极其自然状态下通过两个正人君子"四铭老爷"和"道统"的阴暗心理,揭示出旧时代、旧礼教卫道者的真实嘴脸。"四铭老爷"本是一个道貌岸然的封建礼教卫道士,儒家学说"非礼勿视、非礼勿听"是他的人生座右铭。但是,在街上偶遇一个少女乞丐,顿时把持不住自己,当围观者议论给少女买块肥皂浑身上下"咯支咯支的遍身洗一洗"也是一个可餐的秀色,"四铭老爷"一阵又一阵冲动感涌上,迫不及待到商店买了块肥皂,买肥皂的举动就是此时意念中的少女用这块肥皂"咯支咯支的遍身洗一洗",然后成了"四铭老爷"的可餐秀色。这种骨子里的淫秽和表面的道貌岸然是一种非常明显的反

[①] 夏志清.中国现代小说史[M].香港:中文大学出版社,2001:37.

差。就在"四铭老爷"买肥皂时,商店里几个买东西的学生说了一句与他无半毛钱关系的"恶毒妇",心虚的"四铭老爷"误认为几个学生看穿了他买肥皂的真实意图。"四铭老爷"尽管是个很有学问的道学,肚子里装的全是些"非礼勿视、非礼勿听"之类的孔孟之道,但是这句现代白话"恶毒妇"一传入耳朵,"四铭老爷"就认为是在骂他好色,但是又不解其详细意思,只得回家问学堂念书的儿子。鲁迅运用新闻报道常用的"事件直述式"不动声色地刻画着封建卫道士虚伪外表掩饰下的卑琐心理。另一个封建卫道士"道统"则更加虚伪,他来找"四铭老爷"原本是一项单纯的新闻稿件业务,征求送给报社稿件的题目。从稿件题目可看出这位道学家撰写这篇文稿的中心意图是请军阀总统下令继续尊崇孔教、以正世风,挽救新文化运动冲击下奄奄一息的封建思想,使其回光返照。这一点题神笔直接点出"道统"来的目的只是一篇新闻稿件之事。但是,当"四铭老爷"给他回溯另一新闻事件即下午在街上遇到少女乞丐时听到"咯支咯支的遍身洗一洗"情节时,当即淫性大发,连声重复这句话。只需画龙点睛一笔,就活脱脱刻画出封建卫道士的丑陋内心。

　　黄云孙的《旧痕》(《晨报副刊》1925年3月23日、24日、26日连载)运用类似新闻记者实地采访的写作方式讲述了一个罪人心灵忏悔的故事。小说主角焦老年轻时是一个穷凶极恶的罪犯,打家劫舍、杀人放火、凶残至极。作者运用叙事新闻笔法讲述焦老一次在海上抢劫一只货船,为了怕事后被认出,竟然连船上几个孩子都残忍杀害。后来收手不干,隐居到一个小村落,一待就是十年。第一期故事连载介绍了"人物""时间""地点"三个新闻要素,特别是海边小村庄、外村小旅店、大海三个地点串联着整个故事,新闻文体小说所要求的叙事要素交代得一清二楚。

　　随着岁月流逝,他罪恶的心灵在和村人的长期接触中有了忏悔意识,尤其是认识了村里珍宝、惠男两个孩子、人性善良本能慢慢复苏。"焦老以前觉得人类中间是没有感情的,人的本性只有凶恶与勇猛,后来由经验中得着了许多光明的指示,八九年功夫把这颗不屈的心渐渐

第五章 《晨报副刊》与现代文学文体

静下来,当时他内部就起了一种悲伤,他依旧觉得对于别人是非常冷淡,寡欢,但是他自从认识了那两个小孩子以后,他的生活渐渐变了丰富;好似枯黄的草得了暖气,慢慢地发出鲜嫩的绿草,他才相信人类中间的快活,必须有深切的爱,而且他把以前作的事统统都忏悔过来。他不知道如何可使一切的罪恶都消灭,幸亏有两个孩子来安慰他,不然他宁可和死神同去,不愿活在这世上消受精神上的痛苦。"到了这时,由衷从心底生出对自己一生罪恶的忏悔。一次和珍宝、惠男两个孩子在一起时,小说以孩子作为叙事主角用新闻事件回溯的方式告诉焦老他们没有父亲。父亲在姐弟俩很小时外出要账,返回时在一个叫长安村的村里一家旅店住了一宿,当天晚上在旅店被人杀害,所带钱物被洗劫一空,从此,两个孩子成了孤儿。孩子刚一讲完,焦老心底一阵颤抖,差一点儿喊出,多年前的这桩杀人案竟然是他干的。"焦老听到悲惨的地方,望着旁边无父的女孩,怀里抱着的孤儿,想到他自己的罪恶引起他良心上的疮伤,禁不住哭了出来……长一年纪,深一层过去的罪恶,他只得深深的痛哭,把枕衣都湿透了。"此后,焦老的心灵开始忏悔,只想用什么方式赎回自己所犯罪恶。一次珍宝、惠男去海边拾海贝遇上了涨潮,惠男被困在海里,村里人急得不知如何是好时,焦老不听众人劝阻,冲进海里把惠男救出,自己则甘愿沉入海底结束生命,最后只留下一句话:"'你安心住在那里罢,我要去了,祝你平安!'说着扑入海中,离几尺远的地方翻了几个浪花就不见了!我喊住他再没有声音回答了。"这篇新闻文体小说采用报刊通用的连载模式,每期故事结构既留有悬念,同时亦具有单独完整性,借助一个悲剧故事叙述了罪恶心灵忏悔历程,揭示出主人公源自心灵深处的终极关怀和殉难情操。小说非常耐读,引发读者更深层次的思考。此外像辉辉的《生活的阶级》(《晨报副刊》1924年4月5日第三版)、魏建功的《傻子们》(《晨报副刊》1922年8月29日—31日连载)、壬秋的《未婚妻》(《晨报副刊》1928年3月6日—3月9日连载)等都是作者有意采用创作的新闻文体小说佳作。

新文化运动中出现的新闻文体小说在叙事模式、故事结构、情节安排等方面努力适应着报刊排版与版式设计要求,无疑是现代文学发生期一个不菲成绩。但是,同时也应注意,这种新闻文体小说在20世纪初出现有一个民族化问题,就是如何适应中国读者的阅读习惯,或者说有意改变读者固有的阅读习惯,同时必须适应新闻要素和报刊版面安排,则是需要经历多重磨炼方可解决的问题。

二、助推报告文学的创生

"报告文学的出现和报纸关系更为密切。由于报告文学能迅速反映社会生活的日常事件,反映典型人物性格,具有新闻的真实性和文学的形象两重性质……"[1]"报告文学的主要特征在于它能够采用文学手法,迅速报道人们所关心的社会和政治生活,将许许多多的真情实况告诉广大读者。也就是说,报告文学创作既要具备文学性,又要具备新闻性,这二者是缺一不可的。"[2]学者依据报告文学作品所做的认定标准是客观准确的。从新闻学范畴分析,报告文学的真实性、及时性、现场采访、实地报道等,都是新闻学的属性。对于报告文学在现代文学史出现的情况,钱理群、温儒敏、吴福辉在《中国现代文学三十年》中做了详细阐述,"报告文学始见于五四时代。1919年在《每周讨论》上刊载过的《旅中杂感》(署名明生,为欧游通讯)、《一周中北京的公民大活动》(署名亿万,报道五四运动的始末)、1920年在《劳动者》周刊上发表的《唐山煤矿葬送工人大惨剧》,都已初步具备报告文学的特征。20年代初期,周恩来写有长达20万字的《旅欧通信》(大部分连载于1921—1922年的天津《益世报》)。瞿秋白的《饿乡纪程》和《赤都心史》则是以晨报记者的身份访苏后完成的。后来,在五卅运动、三一八惨案和四一二政变中,茅盾、叶圣陶、郑振铎、朱自清、陆定一、郭沫若等都曾写过类似报告文学的散文。但是,正式由外国传入'报告文学'这个名称(从英语Reportage译出),并有意识地提倡这种文体,是和30年代的'左联'分不开的。"[3]首先,报告文学与早期新体散文的不同特点是字数多,篇

---

[1] 冯并.中国文艺副刊史[M].北京:华文出版社,2001:30.
[2] 林非.中国现代散文史稿[M].北京:中国社会科学出版社,1981:155.
[3] 钱理群,温儒敏,吴福辉.中国现代文学三十年[M].北京:北京大学出版社,1998:405.

第五章 《晨报副刊》与现代文学文体

幅长,报告文学必须采取连载方式传播,要将作者所见所闻一一道来,就不可能只在报刊登一次就全部登完。其次,报刊主要功能是传播各种信息,不会把某一期所有版面全给了某一篇报告文学,只能留出一定比例版面连载某篇报告文学。时间和版面原因使得报告文学只能一期一期连续刊登,要想连续报道所见所闻之事,字数当然不会少。相比散文有长有短,可长可短,绝大多数散文字数不太多、一次就能登载完的特点,报告文学绝对做不到。

报告文学能够揭示社会现实存在的问题,时效性强,传媒影响力大,容易引起读者的关注,在现代文学史有着重要地位。据钱理群等学者的观点,现代文学第一个十年只是报告文学的初创期,作品数量不多,大多以国外游记为主要内容,边游边记边往回寄,国内报刊断断续续连载。本节以《晨报副刊》登载的早期报告文学为文体样本展开分析,影响较大的有梁启超的《欧游心影录》、抱朴的《赤俄游记》、徐志摩的《欧游漫录》等。

梁启超的《欧游心影录》(《晨报副刊》1920年3月6日起连载),内容为作者在欧洲游历时一路所见所闻。1919年1月,梁启超等人抵达伦敦,开始了为期一年的欧洲之旅。以巴黎为大本营,足迹遍及大部欧洲国家。考察期间,他们访问了亚当·斯密、莎士比亚等名人故居,参观了剑桥大学、牛津大学等著名学府,对战后欧洲政治、经济、文化等做了全面细致考察。在英国考察时梁启超等人专门到下议院旁听了下院议会开会,在法国时采访了巴黎和会重要当事人,来自一线新闻素材的报道使读者通过这篇报告文学对英国的政治运作构架、巴黎和会具体内幕等有了一个颇具真实感的了解。他们在英国下议院旁听的是最近一次议会辩论,新闻感很强,读者通过报告文学及时知道了英国政界对于国家政治议题是如何处理的。由于可读性强,他们在欧洲考察时间也长,所见所闻很多,《晨报副刊》从1920年3月6日起连载至8月17日才载完,共刊登了106期,是《晨报副刊》创办十年连载最长的报告文学。

《欧游心影录》连载于"晨报副刊·游欧通信"栏目。之所以选择

"游欧通信"栏目是因为《晨报副刊》编辑当时并没有一个清晰的报告文学概念,认为这种考察、游历过程对所见所闻事情的报道应是游记类文体。作者把每天或连续几天见到的或者采访到的新闻稿件用信件邮寄方式寄给《晨报副刊》,编辑认为排在"游欧通信"栏目更合适。不管如何安排版面,《欧游心影录》从文体上看确实是一篇早期报告文学。一方面,所报道的事情是真实的,内容是作者在欧洲旅行时亲眼所见、亲耳所闻之事。另一方面,许多事情均具新闻属性,具备新闻要素,理应归于现代文学早期报告文学行列。

抱朴的《赤俄游记》(《晨报副刊》1924年8月23日起连载)也是现代文学史上较早的一篇报告文学,先后在《晨报副刊》连载了12期。该报告文学以第一人称"我"的角度记叙,"我"在上海得到消息说俄罗斯已变成了苏联,那里实行共产主义,人人都有工作,学生只工作5小时。获知这条新闻,"我"和一些怀着同样激动心情的青年从上海坐船到了大连,随后坐火车到了哈尔滨,准备继续坐火车到满洲里,从那里过境去苏联。但是不想哈尔滨警察盘查得紧,去不成满洲里,有十几位先期去了满洲里的青年已被警察抓获。得知这一情况,"我"改道去了黑河,再坐船过江到了苏联。"我"接着报告到了苏联的情况:几经辗转进了莫斯科东方劳动大学读书,随后陆续报告了两年间读书情况,一直写到两年后回国为止。

《赤俄游记》从文体属性分析,报告文学的特点基本都具备。第一,真实性较强,从在上海乘船前往苏联开始写起,将一路上所遭遇的各种惊险、艰难事情一一告诉了读者,包括在苏联境内遇到的恐怖事情均如实述说。第二,具备新闻属性。作者重点讲述的几件事都颇具新闻要素,如满洲里警察专门抓捕前往苏联的进步青年、远东共产国际大会、苏联国内世界语协会的活动等。篇章结构则是典型的新闻报道式,像这段:"二三月后,物质渐渐改善,每天的面包已增至一磅半,中晚的两餐所发的生咸鱼,也从半条加到一条了。但当时新来的印度学生,却受学校方面的特别待遇,他们每天领到两磅黑面包,吃饭领东西等都不排队。中国、高丽等学生非常不满,责问学校的办事员道:'为甚在同一学

第五章 《晨报副刊》与现代文学文体

校之中,也发生这样不平的事样……真使我们太难堪了!'但他们的答语却非常奇怪,简直把我们当孩子看待。他们说:'这是他们自己带来的啊!'大家虽非常愤激,但是没法抗争。"作者将所见所闻真实新闻素材如实报告给国内读者。

瞿秋白撰写的《饿乡纪程》和《赤都心史》亦是现代文学史第一个十年产生过较大影响的报告文学作品,更是国内几乎所有教科书都要重点介绍讨论的作品,尽管这两部报告文学集是由国内朋友帮作者出版的。但是,一来作品记述的是作者在苏联两年间所见所闻,作者之所以在苏联待了两年是作为《晨报》记者被派到莫斯科的,《晨报副刊》是《晨报》属下一份副刊,《晨报》记者实则也是《晨报副刊》记者。再者,《饿乡纪程》《赤都心史》部分内容以及瞿秋白在苏联期间写的新闻报道有相当部分是先寄回国内在《晨报》和《晨报副刊》刊登,其中有不少章节就是《饿乡纪程》《赤都心史》报告文学集的内容①,像《莫斯科之耶稣复活节及五一节》(《晨报副刊》1921 年 8 月 24 日—25 日)。当然,为《晨报》和《晨报副刊》写报告文学是作为《晨报》记者的瞿秋白应做分内工作。他被派到苏联就是做这项工作的,理应及时报道在苏联期间所见所闻。因此,从 1919 年 12 月 3 日至 1923 年 1 月 31 日三年时间,瞿秋白除了在《晨报》刊发在苏联的所见所闻,还在《晨报副刊》发表了《林德扬君为什么要自杀》(《晨报副刊》1919 年 12 月 3 日)、《去国》(《晨报副刊》1920 年 10 月 25 日)、《莫斯科之耶稣复活节及五一节》(《晨报副刊》1921 年 8 月 24 日—25 日)、《最低问题》(《晨报副刊》1923 年 1 月 27 日)、《赤俄之归途》(《晨报副刊》1923 年 1 月 30 日—31 日)等共 7 篇文章,多数为报告文学。郑振铎曾回忆:"《晨报》和《晨报副刊》发表了一些西方资产阶级记者、学者访俄通讯。1921 年夏天,开始大量刊登中国记者的通讯报告。其中,瞿秋白同志的通讯占一半,共有 16 万字之

---

① "从一九二一年夏天起,晨报和晨报副刊开始大量发表中国人访俄的通讯和报道,其中瞿秋白同志的通讯最多,约占这类材料的一半以上,达十六万字之多(见一九二〇年十月——一九二一年一月晨报)。""据一九二二年七月二十一日晨报编者按语,瞿秋白同志的通讯还有十五篇以上在路上遗失了。"中共中央马克思,恩格斯,列宁,斯大林著作编译局研究室编.五四时期期刊介绍(第一集)[M].北京:生活·读书·新知三联书店,1978:134.

多。他的《饿乡纪程》和《赤都心史》……令无限的读者们对于这个人类历史上第一次出现的崭新的社会主义国家,发生了无限的向往之情"。① 郑振铎是从文学角度评价的,换成新闻学视域分析,瞿秋白的《饿乡纪程》和《赤都心史》均是早期报告文学的代表作。"瞿秋白的《饿乡纪程》(以下简称《纪程》)与《赤都心史》(以下简称《心史》)作为我国早期报告文学的扛鼎之作,其珍贵价值的聚合点,首先就在于毋庸置疑的真实性与非常及时的新闻性;科学分析、精当提炼,犀利的笔锋抓住了社会生活中最活跃、最本质的因素——生产关系。他以大量篇幅进行报道。"②

需注意的是,国内教科书对瞿秋白的《饿乡纪程》和《赤都心史》的文体归类持不同意见,唐弢先生认为这两部作品应是散文集。《中国现代文学史》解释道:"一九二〇年十月,(瞿秋白)以《晨报》记者身份赴苏,《饿乡纪程》和《赤都心史》即为旅苏期间写的两部散文集。"③黄修已先生也持相同观点,进一步定义为"通讯散文集","《饿乡纪程》和《赤都心史》即为瞿秋白旅苏期间写的两部通讯散文集。"④凌宇等学者主编的《中国现代文学史》则认为《饿乡纪程》和《赤都心史》不但是现代文学史早期报告文学作品,而且开了中国报告文学先河。"以瞿秋白的《饿乡纪程》和《赤都心史》开了中国报告文学的先河之后,报告文学经过曲折的发展,在第二个十年里获得了复兴。"⑤尽管学者观点颇有争议,从新闻文体角度分析探讨,则可看到报告文学所应具有的新闻文体特征《饿乡纪程》和《赤都心史》都具备,尤其是作者本人就是一名新闻记者,而且是《晨报》派驻莫斯科记者。职业职责所使,作者必然会把新闻性、真实性、报道性作为报告文学撰写的首要考量。从内容方面看,作品有大量时事新闻素材,叙事成分明显多于抒情。《饿乡纪程》记录

---

① 郑振铎.纪念瞿秋白同志早年二三事[M]//王景科.新中国散文典藏(第一卷).济南:山东友谊出版社,2015:289.
② 徐冲.《饿乡纪程》《赤都心史》:我国早期报告文学杰出范本[M]//中国现代文学研究丛刊30年精编作家作品卷.上海:复旦大学出版社,2009:423-427.
③ 唐弢.中国现代文学史(第一册)[M].北京:人民文学出版社,1979:203-204.
④ 黄修已.中国现代文学简史[M].北京:中国青年出版社,1984:120.
⑤ 凌宇,颜雄,罗成琰.中国现代文学史[M].长沙:湖南师范大学出版社,1993:290.

第五章 《晨报副刊》与现代文学文体

了作者由北京至东北再至苏联东部最后抵达莫斯科之"饿乡"旅程,详细记述了一路所见所闻,如哈尔滨、赤塔、伊尔库茨克、莫斯科等地火车站、市内街道、所见到的普通百姓等,真实反映了苏联百姓的生活现状。报告文学第一要素"真实性"在瞿秋白笔下体现的近乎完美,令人称赞。除了真实描述,其中夹杂着作者对所见所闻的新闻式报道,某些报道甚至作为上一个章节和下一个章节叙述的间隔或连接,基于这些特点,认定为报告文学要比散文集或通讯散文集更为恰切。瞿秋白本人也曾说过他在苏联所写的文章应是报告文学,1923年1月25日,瞿秋白在《赤俄之归途后记》中写道:"这一篇拉拉杂杂记来,似乎没甚系统。读者想必懂得这些妇人孺子之谈'——可算是我三年旅俄最后一次的'新闻记者式'的报告。"[①]既然作者本人也说《赤俄之归途后记》是在苏联时写的最后一篇报告文学,那么此前肯定写过同类报告文学,不然也不会有"最后"一说,此前所写理应包括《饿乡纪程》和《赤都心史》。

徐志摩的《欧游漫录》(《晨报副刊》1925年6月12日起连载)应归属现代文学史早期报告文学作品之一。该报告文学如实记述了作者进入苏联境内以及接下来在欧洲游历的沿途经历,通过一篇篇连载形式向国内朋友详细报告一路所见所闻和各种有趣事情。使读者感受到作者一路走来一直在用心感受异国他乡的真实生活。该报告文学的另一不同特点是作者在表现主观感受的过程中时不时会有几句哲理议论,像这段:"一个人到一个不曾去过的地方不免有种种猜测,有时甚至害怕,我们不很敢到别的境界去旅行也就如此。西伯利亚:这个地名本来就容易使人发生荒凉的联想,何况现在又变了有色彩的去处,再加谣传,附会,外国存心污蔑苏俄的报告,结果在一般人的心目中这条平坦的通道竟变成了不可测的畏途。其实这都是没根据的。西伯利亚的交通照我这次的经验看,并不怎样比旁的地方麻烦。"这种既是设问又是议论又做结论的写法将客观化报告与主观抒情结合在一起,有一种别样阅读感觉。

《欧游漫录》采用长篇连载形式,每期连载所用文体并不完全相同,

---

① 瞿秋白.瞿秋白文集(政治编第一卷)[M].北京:人民文学出版社,1988:423.

有散文、有游记、有新闻报道等,文体形式不拘泥于某种限制,整部报告文学呈现出新颖别致的文体特点,为 20 世纪 30 年代报告文学的兴起提供了样本,拓展了文学样式。只是从总体上看该作品游记成分较多,新闻和时事要闻较少。

第二节 《晨报副刊》与新文学文体的建构

一、杂文、小品文的缘起

学者较一致的观点认为小品文源于传统笔记文学。《文心雕龙》解释道:"今之常言,有文有笔,以为无韵者笔也,有韵者文也。"刘勰将笔记认作非正统散文的泛称。新文化运动兴起后,"由于笔记文记叙灵活,不拘章法,有文学色彩而又能给人以多方面的知识,成为早期报纸副刊必载的内容。《自由谈》出现以后,副刊上的笔记文又发生了变化,即志怪、传奇、箴规之类的内容大为减少,杂录、辩订、丛谈相对发展,并随着白话文运动的发生,形式也有若干变化,形成了小品文……小品文具有文学色彩,但区别于一般文艺创作。因为,它并不要虚构,是把真实存在的事物作为记叙描述对象的,讲求结构精巧,行动形象、娓娓道来,与短小的以夹叙夹议为特点的散文一道,属于散文的家族。"[1] 1928 年,朱自清论述五四新文化运动以后的文学创作时认为"最发达的,要算是散文和小品。"[2] 新文化运动时期的学者和作家基本一致的观点认为散文是一个大概念,较为宽泛,杂文、游记应被划归为散文家族成员之一。从时间范畴推算,杂文起源于《新青年》"随感录",属于新文学文体。1918 年 4 月,《新青年》第四卷第四号设立"随感录"栏目。第一期"随感录"刊登了陈独秀 3 篇杂文式"文言文"评论,刊登了陶孟和 1 篇白话、1 篇文言,刊登了刘半农 1 篇白话,由此开启了杂文雏形。

---

[1] 冯并.中国文艺副刊史[M].北京:华文出版社,2001:29-30.
[2] 朱自清.论现代中国的小品散文[N].文学周报,1928 年第 345(期).

于是,杂文经由当时报刊经常刊登的随感录异军突起,承担起对于社会上有害事物立刻反响和奋力抗争的职责,成为"感应的神经"和"攻守的手足"。题材方面,杂文往往取材于报纸刊登的新闻事件并对其旁敲侧击,发而为言,力图造成一致的或相反的舆论旋涡。

1. "攻守手足"之杂文

杂文、小品文的大力传播是《晨报副刊》为新文学的发展做出的又一传媒贡献。本书初步统计,《晨报副刊》创办十年共刊发各类题材小品文、杂文 3 871 篇。新文化运动直接影响下,现代文学史主将、骨干及新生力量以创新文化为创作指导,不拘限于传统文风、古典学风束缚,大胆进行文学题材、体式建构创新,创作了大量杂文、小品文、游记等新文体散文。具体到《晨报副刊》刊登的杂文首推应是章琰的《奴隶的国民》(《晨报副刊》1922 年 12 月 13 日第四版),像文中这段:

"奴隶性的国民呵!是木头做成的脑筋吧?你说你是生不逢时,活该受罪吗?幸福是从天上降下来的吗?英雄,伟人是靠得住的东西吗?假使他们靠得住,你也还是他们的奴隶。

奴隶性的国民呵,自由,平等的幸福,是要等着人来送给你的吗?假使有人送给你,请你不必受,因为那是假的呀!

奴隶性的国民呵!知道国家是谁的吗?如果知道是我的,那就别再希望军阀来给你造成一个统一的国家啦!因为他们统一了,国家就是他们的啦!你还是照旧的听支配受宰割呀!你自己没有治国的能力吗?那么你永远是奴隶!

奴隶性的国民呵!别天天在鼓里做梦啦!你梦在里头的那个鼓,已经被人推到万丈悬崖的边上啦,只需再用一指之力,鼓就永沉深渊了!

你这万劫不复的奴隶呀。"

这篇杂文既不讲究文体排列规则,更不论句式长短,只认情感抒发,如同敲鼓般随着一个个急促乃至更加急促的鼓点节奏把昏睡国民强劲摇动,如同八级地震般的摇晃让其无法入睡,无法继续当"睡客"。读之无不为这种"鼓点式节奏散文体"在现代文学刚诞生就出现在报刊拍手称快，这种形式的杂文确实能给读者非常新颖的阅读美感。

汪震在《晨报副刊》1924年10月10日第四版采用漫谈的笔法谈了他对国民性的看法。汪震认为，中国百姓被几千年传下来的封建专制政体和大家族制压驯成一种不公德、太服从、只依赖、精神不独立……的不适宜共和政体的国民。尽管作者的主张有些太消极，但他对中国人的奴隶根性的分析是有道理的。《晨报副刊》同日刊登衣萍的《病中的觉悟》则是采用试问法文体讲述了对中国的改造以及国民性的改造的看法。作者在文中引用了鲁迅的一段话"中国太难改变了，即使搬动一张桌子，改装一个火炉，几乎也要流血。"进而提出自己的主张，由于国民性自身弱点，使得社会改造过程中只需流汗的事情变成了必须流血方可成功，但是绝不可因为这一国民性自身弱点就放弃对国民性改造的努力。

从上面所举例子可看出，当时的作者写杂文时没有模板或写作规范，不会被传统文法束缚，只是随情感奔放而发泄本人的观点，这种边叙述边议论的文体又被认定为政论文体。政论文在当时也属于一种新散文体，主要特点是用大白话讲道理，拒绝使用文绉绉的词语和呆板的古典散文模式，只用娓娓道来的语气讲述作者的观点，丝毫不见传统文体对句式与结构的束缚，文章结构更显流畅明晓。政论体文章是《晨报副刊》的主要刊登版面，像陈源的《萨腊斐拉脱》(《晨报副刊》1923年12月1日)、胡适的《新文学运动之意义》(《晨报副刊》1925年10月10日第二版)、汪静之的《东方文化与西方文化之比较》(《晨报副刊》1925年7月26日起连载)等都是很有分量的政论文体杂文。

夹叙夹议式随感录也是杂文文体创新的一个样板。蓝公武的《病》(感想录)(《晨报副刊》1922年1月6日起连载)就是一篇代表作。作者运用夹叙夹议的笔法，通过中西社会不同人生观的对比，总结出中国人的人生观与人生目的之根源。像文中这段："我现在第一要讲的，就是欧美人对于工作的观念。在他们的古代，因为社会组织不平等，只有少数自由人有选择工作的自由，所以当时少数有地位的人，虽是把他们自己的工作，看得十分神圣，而大部分和人生有最密切关系的工作，却

第五章 《晨报副刊》与现代文学文体

都在奴隶之手,尚不能算得是彻底了解工作的意义。到了近代经过了政治上经济上有形无形大小无数的革命,他们的社会整个儿变了样子,于是他们从古到今所酝酿的工作神圣的观念,一天一天发挥光大成了一种全社会所共有的观念了。但是所谓神圣两个字,也不过借来形容罢了,和我们现在的中国人偶然读了一二册西籍便来高唱劳动神圣的意义却大有不同。他们各人对于自己的工作,在当然,应做等级观念之外,还把他看作自己生命的一部分。因为从客观去看,各种工作在性质上分量上,或许多少有些高下大小之别,而在各人的主观,却是同一的重要,各把各的工作,看做人世间最有意义的东西,一个小工的工作和一个政治家的事业,在他各自的意识中,简直没有什么轻重轩轾可言……在这一点上,东西思想简直无法沟通。中国人把各人所做的事业,都当一种手段,问中国人为什么要读书求学?为的是将来可以在人之上,说得好听的,不过要做一番大事业,为什么要经营实业?为的是想发财,说得好听的,不过是想发了财来替社会做些有益的事业,诸如此类,乃至教员为了薪水,学生为了考试,著书为了扬名,大大小小,全国简直没有一个人能把他自己的工作,当作专心营求的一种目的的。所以中国人,看工作是件苦痛的事,他们唯一的目的,是在做了几年事业之后,可得一种安乐的境地,便不再做事了。"作者以其所见所闻实例阐述道,西方社会的人经过上千年的抗争与一次次革命,思想认识发生了翻天覆地的变化,到了现代社会,他们国家的人民认为,人世间最有意义的对于工作的认知观念是:一个普通工人的工作和一个政治家的职业,在各自的意识中是没有什么轻重轩轾的概念。不管是当官,还是做清洁工,工作性质是同等重要的,工作是人的生命中必然经历的一个快乐旅程。中国人则是几千年一直生活在封建愚昧思想桎梏下,因而读书人的人生理想是当大官出人头地,生意人的人生理想是发大财。所以中国人把工作看作是一件痛苦的事情,中国人的唯一目的就是只要物质生活能够安逸,就再也不愿意工作了。作者对人性、人生目的的解剖是非常深刻的。

从文体创新角度分析,这篇杂文边叙述事实边夹带议论,同时阐述自己观点的写作技法,读起来就像有人面对面和你摆事实、讲道理。但又不是压服你,不是硬性让你接受作者的观点,从头读到尾不见一点强迫的感觉。能明显感觉到作者语气非常平和,给读者轻松的阅读感。这种夹叙夹议式散文文体文章读后能给读者留下深刻印象,引发读者更多思考,提供了一种新文体创作模板。

胡适的《国语运动与文学》(《晨报副刊》1922年1月9日)、梁启超的《人权与女权》(《晨报副刊》1922年11月16日)、梁实秋的《与自然同化》(《晨报副刊》1922年12月29日)等都是此类文体的典范作品。

2. 大放异彩的小品文

郁达夫曾说,小品文以个人的"亲感至诚"为前提,而不"故意去写些完全"为自己所"不知道不经验的谎话。"①梁遇春也说:"小品文像是信手拈来,信笔写去,好像是漫不经心的,可是他们自己奇特的性格会把这些零碎的话熔成一气,使他们所写的小品文都仿佛是在那里对着我们拈花微笑。"②两位前辈的观点非常在理,小品文文体章法极具文学色彩,但又有别于通常文学创作。小品文不讲究故事情节、内容不需要虚构,只是由作者把所见所闻真实存在的现象、事物作为记叙描述对象叙写而成。文体结构尽管散巧,但是内容生动形象,作者喜用娓娓道来笔法成篇立章。

以《晨报副刊》刊登的小品文为例进行分析,借景抒情、借物咏怀小品文在《晨报副刊》占了相当版面,像赵景深《园丁的变像》(《晨报副刊》1923年10月1日第一版),作者某日在河边溜达,看见三个赤臂园丁正在作业,"被烈日炙成棕色的皮肤,扯着桔槔,提着河里的水,一桶一桶的灌向菜圃,欣喜愉悦的工作着。"作者被这一情景触动,引动心底联想与想象,由"耶稣在高山上变了形象,衣服闪闪的发光,洁白得无可比拟,有以利亚和摩西在他两旁,围绕在云之圜里,天国的花香里。"的意念联想进而由衷赞美园丁"园丁渐渐地变了。皮肤也渐渐地白了,绫罗一般单薄的衣衫盖着他们的身体,衣襟飘飘地举起。水桶也渐渐地改

---

① 郁达夫.中国新文学大系散文二集导言[M].上海:上海文艺出版社,1984.
② 梁遇春.小品文选(序)[M].上海:北新书局,1938.

第五章 《晨报副刊》与现代文学文体

变了,成了琉璃的玉盂,盛着琼浆玉液,一杯杯高高地举起,献给社会,洒遍人间的各地。"园丁和人世间普通劳动者在辛勤劳动中将大爱献给社会,献予人间。作者借助寓意、拟人等写作技法抒写着一曲劳动者赞美之歌。

从艺术特色视角分析,这篇小品文文体自然朴素,浑然天成。文中描述的事物在作者笔下变了形,变了声,文中展现的意境如实、如梦、似真、似幻,缥缥缈缈,空空灵灵,犹如童话故事,留给读者别致的情趣与美感。这一切不能不归功于作者艺术感觉的灵妙与小品文体写作技巧的娴熟把握。

沈从文用笔名(芸)发表的《遥夜》(《晨报副刊》1925年1月19日第二版)亦是一篇颇具抒情美感的小品文。文章开头以第一人称"我"对一座石桥触景生情地赞美了一番。赞美完石桥,"我"的诗兴仍不减半分,又开始赞美天空:"天是蓝的,蓝的怕人!真怪事!为什么这样蓝色天空会跳出许许多多同小电灯一样的五色小星星来?他们跑着跳着,我眼睛被它光芒闪花了。"写到此,笔锋随意一转,此刻,"我"忽然听见了优美歌声,顺着歌声看见一位美貌女子在唱歌,"歌声婉转动听,如同山间的百灵鸟……"令"我"心醉神怡。突然,一个粗鲁的声音让女子再唱一首,女子在金钱诱惑下竟然又唱起来,这次"'我'的心被击碎了,实在无勇气再听下去,如果再听下去,定要强取'我'一汪眼泪去答复她的歌声。"整篇作品在写作手法上"触景、抒情、赞人、斥利",样样都用,将清高淡洁与金钱污蚀用对比鲜明的笔法呈现给读者,令人叫绝。该作品另一特点是很难找出中心思想和结构痕迹,似乎作者在行文时并不注重什么"立意""中心""起、承、转、合"等写作规范,只是有感而发,信笔而书,而这正是小品文信手拈来的文体特点。

焦菊隐的《银夜》(《晨报副刊》1927年4月18日第三版)读来亦令人称绝。小品文通过对清幽银夜、孤单寂月的舒缓叙写,道出了作者在冰寒风酣之夜的寂寥情绪,景与情、情与景共融之独特审美愉悦通过诗化语言形象化地表达出来。小品文自身美学意蕴的传达、审美激情的观照、诗意化的写作体验等均是作者自己精神本体的文学外化,而且是先于形而上的本体或自我而存在,本体向宇宙敞开,宇宙也向人的心灵梦想敞开,此刻只有借助理想与幻想共筑的灵魂才会把宇宙变成诗。

对《银夜》的解读可获得一个小品文学写作基点,对于写作者来讲,世间一物、一事、一景、一象都能激发创作冲动,产生一种物我融通的"会心"之趣,其文思随即有了"不求还自得"之妙,进而依个性与情绪的自然流露顺势成文。

于成泽的《归来》(《晨报副刊》1925年7月29日第八版)"我真没想到就在这几日的辞别,景象便如此换添:靠近花园边的城墙侧的操场,很不容易地再望见那欢愉的青年们的苹红的笑脸;一线线地灰痕,几点点地足迹,惟剩有砂砾,石子,鸟矢和败物,辉耀在晚风前。

偶步到从前凝睇着残阳,沉思过的庭院……啊!那可怕的棘列小径两侧的蔓草,隐伏着比擂鼓叫得还响的蛙声。这止止续续的音籁,在夜来香纵放它的'幽艳'时,令我记起了紫罗兰;想到了碧纱窗扇;更迷醉地仿佛在另一个孤伶无依的世界幻现。"

作者离开谋生地京城只短短一段时日,返京后居然有如此强烈的触景生情之感。一瞬间所见生命之物均让"我"如痴如醉,如梦非醒。作者的思绪在文中自由流动,无拘无束。整篇文章并不见刻意锤炼与推敲痕迹,只有细细品味才能品出文中之韵。作者艺术感觉的灵妙与细腻在写作过程中得以任意发挥。

从艺术特色方面分析,小品文最大的特点就是没特点,没有任何文法规则限制,文章结构与体例安排随作者文思而定。但是这种看似散落无致的小品文体却被无形的意念统引着作者文思与创意地发挥,从而使文章有一种形散神不散的篇章美感。

"小品文不需要结构,也无所谓因果关系,只是不经意的抒写着个人所经验感受的一切。"① 小品文重神似,善写意,深得古人"君看潇潇只数笔,满堂风雨不胜寒"之神韵。小品文行文自然天成,无迹可寻。优美的小品文犹如乘一叶扁舟,在风烟俱净的大江从容漂流,任意东西

---

① 李素伯.小品文研究[M]//余树森.中国现当代散文研究.北京:北京大学出版社,1993:25.

第五章 《晨报副刊》与现代文学文体

南北,最后带着意犹未尽雅兴下帆收桨,舍舟登岸,心中愉悦不可言说。"具体到小品文的行文能否随意而为,则取决于心灵是否自由,个性桎梏,文不从心,言不由衷,其行文必匠心经营,循规蹈矩;心有所悟,笔随意走,其文亦自然而然,不拘格套。当然,随意行文,其意趣亦各有不同。一般而言,跟着理性走,其文路较清晰;跟着感觉走,其笔墨常似野马无羁,跟着感觉走,其思路更是梦一般飘忽,光一般闪烁。"[1]佘树森先生道出了小品文文体的写作要点。

3. 游记文学

同属散文家族的游记文学也是新文化运动一个引人注目的文学现象。尽管游记文学古已有之,像《水经注》《徐霞客游记》等均是游记文学鼻祖。但是经由现代文学发轫出现的游记文学则明显不同于古代,新文化运动中出现的游记文学是以适应报刊编辑版式为模板,在古代游记文学纯记述基础上,融入新闻写作特点、侧重于新闻报道的新文学体裁。《晨报副刊》1924年8月16日开始连载的主编孙伏园撰写的《长安道上》就是现代游记文典范。《长安道上》原本是孙伏园给老师周作人写的一封信,作者用舒缓朴实笔调讲述了随同鲁迅和北京几位教授、记者应邀去西安时的路途见闻,本节摘取几个片段进行分析。

"一到渭南,更好玩了,我们在车上,见街中走着大队衣衫整洁的人,头上戴着鲜柳叶扎成的帽圈,前面导以各种刺耳的音乐。"孙伏园以一位游客目光观赏着场面奇异的百姓祈求下雨活动,笔触所及全是惊奇、新奇和好奇,尽管似乎有点儿不赞同这种行为不科学和愚昧,但文笔不时表露出欣赏当地人如同桂冠诗人那般纯朴可爱模样,对民风民俗的新奇感油然纸上。像这段偶遇私塾先生的描述:"我到卧龙寺的时候,定慧和尚没在寺内,我便在寺内闲转,忽闻西屋有孩童读书声,知有学塾,乃进去拜访老夫子。分宾主坐下后,问知老夫子是安徽人……谈吐非常文雅,而衣服则褴褛已极,大褂是赤膊穿的,颜色如用酱油煮过一般,好几颗纽扣都没有搭上;虽然拖着破鞋,但是没有袜子的;嘴上两

---

[1] 佘树森.中国现当代散文研究[M].北京:北京大学出版社,1993:83.

撇清秀胡子,圆圆的脸,但不是健康色——这时候内室的鸦片气味一阵阵的从门帐缝里喷将出来,越来越加使我了解他的脸色何以黄瘦的原因。"这段朴实无比如同大白话的叙说极为传神地刻画出旧社会教书先生的真实状况,作者观察细致入微、细节描绘传神,无不引人入胜。尤其是描述教书先生衣服颜色如同酱油煮过、纽扣没系、穿着破鞋但不穿袜子,短短几十个字就把这位穷书生不善内务、穷困潦倒的现实状况传神入化般展现给读者。只需一句"鸦片气味一阵阵的从门帐缝里传出"点睛之笔,立时让读者明白此公穷困潦倒的原因所在。文章有着朴实清新的民风乡俗气息,得到了广大读者的喜爱。此外,作者采用新闻叙事模式记叙着所见不同地域习俗、风土人情,为新闻报道写作提供了一种模板,《长安道上》也因其颇具审美意蕴的新闻美学特征被选为20世纪30年代中学课本。当然,由于作者在文中未经考证就讲述了一些道听途说传闻,遭到读者反诘,被反诘的主要原因是孙伏园在文中说甘肃那边的男女十七八岁仍不穿衣服,赤裸着身子在外面行走。甘肃当地读者来信反驳,其中一封信内容很长,占了当天《晨报副刊》整整一版,孙伏园将读者质疑信件一一刊登在《晨报副刊》,以示道歉。这件事亦警示作者,就是写游记也不能随心所欲,不加考据就任意撰写道听途说的传言和段子。但同时也得知,《晨报副刊》不只是在京城售卖,已经发行到偏远的甘肃等省区,可见媒介影响力之广,读者喜爱度之深。再有像冯淑兰的《明陵八达岭游记》(《晨报副刊》1921年10月24日起连载)、寿椿的《横渡太平洋的经过及杂感》(《晨报副刊》1921年11月23日起连载)、春台的《游里昂墓地记》(《晨报副刊》1921年12月20日)等均是颇具可读价值的游记文学。

二、话剧文体的建构

20世纪初,戏剧改良运动悄然兴起,成为晚清文学革新运动的一个组成部分。1902年,梁启超在《新民丛报》创刊号发表戏曲《劫灰梦》直抒国家兴衰之感慨,为戏剧改良之先声。1918年,《新青年》出版《戏剧改良专号》,正式提出要对传统戏曲进行改良。同年,欧阳予倩在《讼

第五章 《晨报副刊》与现代文学文体

报》发表《予之戏剧改良观》,更加干脆地说道:"中国旧剧,非不可存。惟恶习惯太多,非汰洗净不可。"认为戏剧改革应从剧本创作开始,该文随后被《新青年》同年第五卷第四号全文转载,这篇文章广为有志于戏剧改革人士所赞同。就在同一年,《新青年》1918年第四卷第六号推出《易卜生专号》,刊登了胡适的论文《易卜生主义》,罗家伦、胡适合译的《傀儡家庭》《国民公敌》《小爱友夫》部分章节,以此为开端,迅速形成介绍国外戏剧理论、翻译和改编外国戏剧高潮。据不完全统计,从1917年到1924年各地有26种报刊、4家出版社共发表、出版了翻译剧本170余部,涉及17个国家70多位剧作家[①]。莎士比亚、易卜生、萧伯纳等名家名作成为重点推荐剧目。1919年,为了给有志于话剧改革的人士起示范作用,胡适在《新青年》发表了新式戏剧文体创作的独幕剧《终身大事》,以实践创作响应戏剧改革。

"话剧是一种外来形式,是19世纪末由西方国家侨民传入国内的。1866年,上海西人业余剧团建立了国内第一个正规剧院——上海兰心剧院,每年公演话剧数次。"[②]如学者所言,话剧是一种外来形式,是从国外引进的,在新文化运动倡导者带动下,话剧运动在国内兴起。随着五四运动的爆发,许多力推新文化运动的人认为当前形势下应当加大话剧在国内发展力度,借话剧运动扩大五四新文化运动的成绩和影响力。1921年《戏剧》发表了《民众戏剧社宣言》,提倡爱美剧(即业余剧)。宣言说:"我们倡导的爱美剧是以非盈利的性质,提倡艺术的新剧为宗旨。"爱美剧不以盈利为目的,应从"研究戏剧的文学(剧本)",和"研究剧场的舞台的种种设备和种种艺术"两方面着手建构。宣言发表后,北京大学、清华大学、燕京大学等北京高校纷纷成立业余剧社,有着业余演剧传统的大学生迅速将爱美剧推向高潮。1921年4月20日陈大悲在《晨报副刊》连载《爱美的戏剧》论文,提出"剧场的生命之源就是剧本,没有剧本就没有舞台,没有戏剧"的观点。该文进一步引发了爱

[①] 钱理群,温儒敏,吴福辉. 中国现代文学三十年[M]. 北京:北京大学出版社,1998:167.

[②] 钱理群,温儒敏,吴福辉. 中国现代文学三十年[M]. 北京:北京大学出版社,1998:163.

美剧运动高潮。《晨报副刊》作为五四新文化运动一面传媒旗帜,自然不甘落后,开设了"剧本""戏剧研究""剧谈""爱美的消息""剧评""戏剧谈"等多个有关戏剧改革的栏目,积极呼应话剧运动,建构新式话剧剧本文体。为此目的《晨报副刊》陆续发表了不少颇有分量的倡导戏剧改革的文章,像汪仲贤的《剧谈》(《晨报副刊》1920年11月5日)、蒲伯英的《中国戏剧天然革命的趋势》(《晨报副刊》1922年3月9日起连载)、陈源的《高斯倭绥之幸运与厄运——读陈大悲先生所译的〈忠友〉》(《晨报副刊》1923年9月27日起连载)、张嘉铸的《评"艺专演习"》(《晨报副刊》1926年6月17日)等。1922年冬,北大戏剧实验社公演了托尔斯泰的话剧《黑暗之势力》,俄国盲诗人爱罗先珂受邀观看表演,演出结束后,爱罗先珂专门写了剧评《观北京大学学生演剧和燕京女校学生演剧记》,由鲁迅翻译发表在1923年1月6日《晨报副刊》第三版。

　　积极推动"国剧运动"的徐志摩和新月社同仁更是积极响应,借助《晨报副刊》传媒阵地,大力提倡"国剧运动"。新月社同仁号召的"国剧运动"核心意思是在肯定旧戏"写意"的特点应予以保留的基础上,"建构国剧要在'写意的'和'写实的'两峰间架起一座桥梁。"从整理和利用旧戏入手,建构中国式新话剧。徐志摩主编《晨报副刊》后,专门开设《剧刊》以更迅捷地传播"国剧运动"。"我们现在借《晨报副刊》地位发行每周的《剧刊》,再下去就盼望小剧院的实现。"[①]不仅是理论倡导,徐志摩等新月社成员同时以实践呼应,早在新月社聚餐会不定期活动时,徐志摩就和新月社同仁利用每次聚餐活动排演新式话剧。印度著名诗人泰戈尔访华期间赶上他的64岁生日,1924年5月8日晚,新月社同仁在北京协和大礼堂演出了一场由泰戈尔本人于1891年创作的英文短剧《齐德拉》,为他庆贺生日。林徽因在剧中扮演女主角——公主齐德拉,徐志摩扮演爱神,林徽因父亲林长民扮演春神,丁西林、蒋百里扮演村民,张彭春为导演,梁思成任布景。林语堂、鲁迅和孙伏园应邀观看了演出,鲁迅在日记中记载了这件事。《晨报副刊》和《晨报》都对这次演出做了专题报道。

---

① 　徐志摩.剧刊始业[N].晨报副刊,1926-06-17.

第五章 《晨报副刊》与现代文学文体

具体到如何改革旧戏剧内容、建构新式话剧文体,以《晨报》总编蒲伯英和《晨报》编辑陈大悲为代表的话剧改革者开出的方案是:"1.它的精神是现代的,即符合现代人的意识,包括民主的意识、科学的意识、启蒙的意识等。2.它的话语系统必须与现代人的思维模式相一致,它是现代人在精神领域里的'对话'。3.它的艺术表现的物质外壳和符号系统及其升华出来的'神韵'必须符合现代人的审美追求。"[1]此改革方案的提出和此后的运作实践证明,五四新文化运动中的话剧改革无疑是顺应历史潮流之举。

《晨报副刊》全力刊登戏剧改革理论文章的同时,实践支持力度更大,从1919年1月至1928年6月停刊止,《晨报副刊》先后刊登了各类新式话剧剧本972部(包括国外话剧作品翻译)。《晨报副刊》刊登的话剧剧本尽管总数近千部,相较小说、诗歌、散文仍为数量较少一类,但是刊发的话剧剧本质量颇佳,大多是作者有意借鉴西方话剧剧本写作模式、加以中国民族化语体特点创作的新式剧本文体,极为适合国内读者和观众的审美需求。像徐葆炎的《结婚之前日》(《晨报副刊》1925年8月22日第三版),该剧布景非常简单,主人的书房只有一个写字台,写字台上放置笔、纸、书等,右边桌上有一台电话,再无其他。剧本只有三个剧中人物,韩采贞、黄树达、章我宜,全剧从头至尾全是韩采贞和章我宜的对话,每次转换剧中人说话角色说话时只写一个字一章或韩,文体结构非常简单。徐葆炎的另一剧本《惜春赋》(《晨报副刊》1925年6月11日第四版)借助一对陌生男女对话的方式,倡导享乐主义人生观。顾以亨是一个极端个人主义享乐者,在公园里碰到了正在看书的柳春先小姐。在他一番青春易逝、人生如梦,应抓紧时间趁青春年华及时享乐的言辞鼓蛊下,竟然让端庄贤惠的柳小姐接受了他的观点,俩人最后在大众面前频频拥抱接吻。该剧在挪用个人享乐主义思想的同时对封建伦理道德予以尖锐讽刺。一方面,从剧本文体方面分析,徐葆炎创作的这两部话剧剧本是新式话剧文体创新建构的典范,整部话剧全部由对话组成,既没有解说词,也没有剧外音,从始至终全是对话,男女二人对话

---

[1] 董健,马俊山.戏剧艺术十五讲[M].北京:北京大学出版社,2004:327.

层层叠进,一气呵成,带给读者一种非常新颖的阅读感。另一方面,全剧所用道具简单、几乎没有布景,完全是一种创新话剧建构模式。

涤君的《贫与富》(《晨报副刊》1927年5月18日—23日连载)。富人胡明甫的儿子在街上走丢后被穷人黄民光的义子看到并领回了家。胡明甫一直认为穷人因为穷所以心一定很坏,很为儿子安危着急。他在黄家不但看到儿子很好,而且在黄民光的一番义理劝说下,最终改变了对穷人的固有看法,良心有了发现,表示要改变自己的思想和人生观。剧中人物对话全部用日常生活语言,给人一种身边真实事情的阅读感受。像这段对话,黄民光:"穷人有良心和资本家有金钱是一样的,"胡明甫:"资本家个个有金钱,穷人个个有良心吗?你这话可大错了。"黄民光:"是的,金钱能叫人成资本家,良心能叫人成为穷人。"胡明甫:"你的意思是说,穷人没良心是穷了以后的事;是不是?你倒是个精明的人呢。但是你不要在我面前弄聪明,我是很知道穷人的。"黄民光:"我没有那个意思,并且永远不会有那个意思。我的意思是说'资本家依赖金钱,是和穷人依赖良心,是一样的。穷人不愿意放弃良心,正是和资本家不愿意放弃金钱,是一样的。'金钱能给资本家许多快乐;良心能给穷人许多安慰,许多快乐。"胡明甫:"穷人……也有……快乐!"尽管人物对话全是口语式,传递出的民本意识的启蒙力度却很为震撼。

陈大悲的《平民的恩人》(《晨报副刊》1922年12月1日第十八至第二十版)则另辟蹊径,用曲径通幽手法,讥讽了某些社会混混利用金钱贿赂军阀政府官员从而在官员庇护下有恃无恐从事违法犯罪活动的丑恶现实。这部话剧通过几个小丑人物表演,把社会黑暗面揭示得异常深刻。像借雷子刚之口把自称所谓平民百姓的有钱人的真实嘴脸彻底戳穿时的经典对话,

雷子刚:"你当真可以算得是个平民吗?平民也挂得起金表吗?平民也穿得这样材料的衣服吗?平民还能在北京城里贩运烟土吗?"

汪锐庵:"(胆气已壮)你们敢情是因为我这招牌上写了"平民"两个字,就欺负我们啦?你们也不瞧瞧仔细!你瞧我是平民吗?在中华民国里有坐汽车的平民吗?有挂金表的平民呢?有穿这样材料的平民

第五章 《晨报副刊》与现代文学文体

吗？平民有本钱办这么大一个药房吗？

甲警察：那么你为什么要假冒平民呢？

汪锐庵：我为什么假冒平民呀？我们开这个药房是专为救济平民的！我们是平民的恩人！"

这段对话活脱脱把一个无耻之徒卑劣嘴脸揭示得活灵活现，已经被人揭穿药房是以贩毒为主业且证据确凿情形下，而且此时已有人被安排在里屋注射毒品，药房老板汪锐庵仍然恬不知耻地说他开药房是专为救济平民的，他是平民的恩人。该剧不仅对所谓济世百姓的善人予以讽刺，更是对当时社会的嘲讽与批判。该话剧剧本同样是以人物对话为主，布景较简单，明显是对"爱美剧"创作技巧的引入。再有像上沅的《六万元》(《晨报副刊》1922年4月18日第二版)、欧阳兰的《礼拜二》(《晨报副刊》1924年3月14日第二版)、评梅女士的《这是谁的罪？》(《晨报副刊》1922年4月1日—4日连载)等都是很耐读的新式话剧文学剧本。

《晨报副刊》在助推新式话剧建构的同时，努力介绍国外话剧，刊登了一批艺术水准很高的域外剧本，如日本作家菊池宽创作的《唐玄宗的心理》(康友译，《晨报副刊》1923年2月1日—6日连载)把杨贵妃被处死前唐玄宗痛苦矛盾心理表现的情真意切、催人泪下。该剧戏剧结构循规蹈矩、逻辑清晰，由此剧可看出日本剧作家对汉学研究功夫之深。英国作家高尔斯华绥的《忠友》(陈大悲译，《晨报副刊》1923年8月13日)，通过剧本内容告诉广大观众，当一个为强大传统社会习俗所包围的人接受了新思想之后，就应大胆冲破旧思想和传统世俗观念束缚，追求自己想要的新生活，不应屈从于旧势力。剧作传递的主题思想实际上也是这位诺贝尔文学奖得主自己的人生理想，应和了作者本人对待爱情生活的态度。此外，像日本作家秋田雨雀的《国王与乞丐》(杨敬慈译，《晨报副刊》1923年5月11日)、匈牙利作家莫尔纳尔的《第一步》(星衫译，《晨报副刊》1923年6月2日)、美国作家史密斯的《汤波生的幸运》(焦菊隐译，《晨报副刊》1925年12月14日)、英国作家高尔斯华绥的《有家室的人》(陈大悲译，《晨报副刊》1923年9月14日)等，都是很不错的域外话剧作品。

《晨报副刊》刊登的话剧作品通俗耐读,其文体渐趋成熟,不但剧中人对话彰显出各自不同个性,人物动作也趋于合理,有的剧作有意识讲究舞台布置和灯光效果。可见由西方传入我国的话剧艺术通过创新建构已开始走入青年期,并且为现代文学第二个十年能有更大发展打下了坚实基础。对于中国电影在三十年代的发展提供了电影文学剧本建构模式;是新文化运动的值得书写的一个功绩。

《晨报副刊》对五四新文化运动中的话剧文体建构给予的媒体支持,获得了各方高度评价,1935年由新文学作家编选的《中国新文学大系·戏剧集》以著名戏剧家身份被收录进册的只有《晨报》总编蒲伯英一人;《晨报》编辑陈大悲则被孙伏园以《晨报副刊》主编名义郑重推荐为影响中国十二个大人物之一。余上沅曾就《晨报副刊》对新式话剧传播做出的贡献给予很高评价:"《晨报》(《晨副》)对戏剧努力的成绩,用不着我来恭维,不过我总相信在促进新中华戏剧的实现上,他确是一员健将。我并敢代表一般读者说,《晨报》是孕育新中华戏剧的,将来新中华戏剧的大成功,我们对他有特厚的希望。"[①]

梁启超说过:"凡一种学问要成为科学,总要先有相当的发展,然后归纳所研究的成绩才能成为专门的学问。"[②]认真研读现代文学文体的创生与发展,确实是这样一个辩证发展过程。历经数千年文化延续与累积,中国传统文化早已经凝固于华夏大地,古典文学的根已深深扎入华夏文化土壤。也正因为其根之深,必然会凝固定型,既不会主动汲取外来营养,更不让外来之力晃动以呼吸更多新鲜空气,顽固僵化已成为古典文学的常态与生命线。这种情形下,改革与变动就成为一种历史必然。自清朝末年至近代以来,随着市民人数增多,渐进形成一个新的社会阶层,即"士"与市民结合的士+市民新阶层。随着士+市民新阶层不断壮大,必然会有本阶层的政治需求、社会需求与文化需求,种种需求必然要用文学艺术去实现,实现的桥梁或者平台只能是大众传媒。

---

① 余上沅.晨报与戏剧[N].晨报副刊(晨报四周年纪念专号),1922-12-01.
② 梁启超.中国历史研究法[M].上海:上海古籍出版社,1998:306.

第五章 《晨报副刊》与现代文学文体

基于此,创办报纸就成为近代文人的首选。关于这点只需看下面一组实例就可证明,以晚清四大谴责小说为例,《官场现形记》最初发表于《繁华报》、《老残游记》最初发表于《绣像小说》、《孽海花》最初刊登的媒体是《小说林》、《二十年目睹之怪现状》最初刊登在《小说丛报》。

概念总是在开掘中完善,理论总是在辨识中充实,对事物的认识总是在不断的实践过程中得以拓展。面对已日暮西山、无可挽救的清王朝残破现状,士+市民新阶层有着越来越多的失望和愤慨,并将这种不满与愤慨通过文学作品得以宣泄。龚自珍的《尊隐》代表了当时"士"的共同心思,"日之将夕,悲风骤至,人思灯烛,惨惨目光,吸引暮气,与梦为邻。"新旧更替、社会巨变成为19世纪末、20世纪初不可逆转的时代潮流。一个全新的文学就是在世道将变时开始了他生命的萌芽。纵观五四新文化运动中创生的现代文学,其中一个鲜明特点就是与现实社会新闻事件、政治现象、百姓生活紧密联系,以至于可以这样认定,历史上没有一次社会大变动不被反映到当时的文学中。这一特定文学现象无疑是时代背景、文化思潮和各种政治主张交互作用的产物。"天下兴亡,匹夫有责!"每一个有社会责任感的知识分子都会在民族危难的时候自觉用手中的笔投入变革社会的伟大斗争中,爱国主题成为文学传播的最强音。

从社会学视域分析,每一个朝代政权更替,几乎都会左右着文学创作的倾向性,中国近现代社会的政治变革亦是如此,只要作品真实反映社会现实,反映社会矛盾与斗争,为民族复兴而呐喊,就会带上或多或少社会政治因素。因而,文学承担揭露黑暗、传播光明的职能则是其顺应时代潮流的必然现象。

随着清朝被推翻,中国人民迎来了春天。但是,好景不长,袁世凯称帝、张勋复辟,一个又一个历史逆流把中国再次带入浓厚帝制阴影的黑暗中。但是,中国人民向来是不屈服于任何反动势力的,五四新文化运动给中国人民带来了新的希望。大众传媒、新闻文学义不容辞地承担起传播职责,新闻作为最先响应五四新文化运动号召的新文化运动中的战士,积极投入到这场史无前例的伟大运动中。

随着时间推移,经历了文学革命的洗礼,各类新文学文体不仅成为早期副刊文字的特定形式,更是五四新文化运动的产物,成为新文化运动的重要组成部分。新闻文体小说、杂感、报告文学等新文学文体应运而生,各种新文体文学作品不仅吸引着文人阶层,而且获得了广大百姓的认可。

综上所述,大众传媒是文学走入社会大众的主要途径和桥梁,是文学作品得以展现其意义、发挥审美功能的平台。从副刊自身看,五四新文化运动时期的副刊并不是单纯的新闻报纸,也不是纯粹的文学报刊,而是融汇了两者特点,将新闻性和文艺性结合在一起,开创了新闻文学的新样式。

副刊的创生发展与新文化运动息息相关,副刊的创生促进了新文学体裁,特别是传统散文、小说的变革与演化,新闻写作和文学创作成为同根生的兄弟,新闻与文学的联姻促成五四新文化大家庭特有的相亲相爱局面,一身兼二职的作家亦编辑记者队伍的形成,使得新闻学和文学在文学理念与文体形式上相互借鉴,相得益彰。

通过对《晨报副刊》刊登的新文体文学作品的分析可以看出,无论新闻文体小说还是杂感或者报告文学,各类新文学作品争先恐后以文体革命并文学革命响应五四新文化运动,为现代文学的创生发展立下了功绩。新闻小说、杂感、报告文学、话剧等新颖文体形式借助于大众传媒在中国现代文坛生根发芽、开花结果,并对当代文学尤其是电影文学的创生发展打下了扎实基础。

本书研究亦是发现一个现象,《晨报副刊》历任主编均立志要将《晨报副刊》办成一个"公开、平等"的公共话语地带,坚持多元化办报思想,各种不同意见、不同观点通过《晨报副刊》畅所欲言交流争论,《晨报副刊》展现出一种恢宏气度与海纳百川的编辑风格。像《晨报》及《晨报副刊》主编陈博生、刘勉己、徐志摩等新月社成员尽管与创造社同仁新文学主张不同,时常会在《晨报副刊》刊登批评创造社作家作品,此举并激怒了创造社主将成仿吾等人进行激烈反抗,但是《晨报副刊》仍然刊登了多位创造社作家的作品。

第五章 《晨报副刊》与现代文学文体

　　从新闻传媒史视域审视,不仅现代文学第一个十年大众传媒发挥出了非常重要的新文学传播作用,随后在20世纪三四十年代,进步报纸、杂志顶住了国民党政府的干预和试图把控媒介的压力,承继着五四新文化运动传统,以其独具的传媒影响力继往开来推动着现代文学不断前行。可以认定,现代传媒对新文学的创生和发展有着无可替代的传播学意义与推动作用,本书的研究更加证明大众传媒对于新文学的不可缺少的"在场"参与。认真读完厚厚十数卷《晨报副刊》影印本则会由衷感慨,《晨报副刊》就是在今天,仍在向世人展示着"山上数峰他亦青"的传媒身姿。

余 论

  20世纪初,对社会大众产生影响力最大的传媒工具首推报刊。从1815年8月5日第一份中文期刊《察世俗每月统记传》由英国传教士马礼逊在马六甲创办,到1915年9月15日《青年杂志》(即《新青年》)在上海创办,时间刚巧轮转了一百年。历经百年发展,报刊由于信息传递快捷、易于保存及价位低廉等优点成为大众喜爱的传播媒介。20世纪20年代,由于主编建设新文学的迫切愿望以及报纸自身的媒介特点使得报刊成为宣传新文化的主阵地,开始对新文学积极的媒体功能响应,本书以《晨报副刊》为例,认真梳理《晨报副刊》刊发的各类文章得出的结论是,文学研究会对于新文学建设提出的观点既有不同于其他文学流派较为激进的一面,也有不少有益的乃至建设性的意见,各文学流派的不同观点对新文学的发展均起到了相当的推动作用。社会政治环境变革促成报刊大量兴办,可从中深入观察一个时代的文学史。

  本书从《晨报副刊》与现代文学发生学视域研究得出的另一结论是,思想启蒙与文学启蒙是《晨报副刊》一直努力去做的事情,也是该副刊历任编辑的传媒思想认知基点,正是在报刊渡航引进作用下,一批批知识分子通过媒介传播接受了新思想,完成了思想启蒙与文化启蒙双重转变,成为现代文学中坚力量。

  与现代文学创生同步创办的《晨报副刊》在它存在于新闻传播史和新文学史的十年间,不但使得新文化运动主将如鲁迅、李大钊、郭沫若

余 论

等人在新文化战场驰骋前行,而且扶植了一批又一批文学新人使其成为现代文学后续发展的骨干。《晨报副刊》除了把媒体自身传媒作用力充分发挥,更对新文学在中国的前行发展发挥出巨大的渡航引进、摇旗呐喊的作用。

本书运用实证研究法对《晨报副刊》作家发文量进行了量化分析研究。对《晨报副刊》刊发的各类文章进行分类统计,建立指标体系,摘取样本作家作品数,运用 SPSS 软件与大数据相关软件,通过因子分析、多元线性回归分析、矩阵数据分析等实证研究法得出重要作家作品与媒介传播量化结果,借助量化结果佐证《晨报副刊》现代文学史的传媒功绩,这是颇具现实意义的文学与传媒研究领域的创新探索。

几十年来,已有一批学者把研究视角投向现代文学发生期发挥出巨大传媒作用的报纸媒介,从不同视角切入、研究、探索大众传媒对现代文学的传播意义与影响。研究探索新文学思想和新文化运动引导下具有进步思想的传媒人编辑出版报纸副刊时的编辑方针和对新文学全力传播的传媒理念,不少成果研究分量厚重扎实,对于大众传媒与现代文学研究有着非常重要的基础积蓄,这是本书研究过程中感悟较深的结论之一。

《晨报副刊》作为一份报纸副刊,能在五四新文化运动中异军突起、横空出世,做出如此大的传媒功绩,其本身就是一个极有价值的研究选题,这一选题涉及社会学、政治学、新闻传播学、文学、文艺学、近现代史等多个学科领域,其研究范畴绝不是一本书就能穷尽的。

本书撰写之外,仍有以下问题有待继续深入研究探讨:

首先,《晨报副刊》是从属于《晨报》的一份副刊或子报,其母报《晨报》主编、编辑的传媒理念与副刊主编的传媒理念不可能时时一致同步;《晨报》报馆老板、股东、报社负责人和副刊主编的编辑方针也不可能时时相同,尽管一般情况下《晨报》编辑、主编和报馆老板宣称不会干涉副刊主编的编辑业务,但是真能做到吗?答案是否定的。正如本书前面章节分析的,研究系首领汤化龙急电召回在日本的李大钊要他负

203

责筹办《晨钟报》,但是不到一个月就因为李大钊的编辑思想与研究系的媒介导向不符将他解职。孙伏园做《晨报副刊》主编四年将该副刊办成京城影响力最大的刊物,为报馆创收了不菲经济效益,但还是因传媒理念与报馆负责人不符被迫离职。上述种种现象深层次原因或本质现象有哪些,则是必须耗费很大精力结合近现代史、新闻史继续深入研究方可解开的答案。

其次,《时事新报》、《时事新报》副刊《学灯》和《晨报》、《晨报副刊》都是研究系创办的报纸,是研究系的喉舌,研究系的政治指导思想一直是主张改良而怯于改革,但是研究系创办的《时事新报》副刊《学灯》和《晨报副刊》则占据了五四新文化运动中因传播新文化而产生了巨大社会影响力的四大副刊两个位置,研究系的政治主张是改良,但是对封建旧文学取改革而不是改良的五四新文化运动却是持支持态度而不是反对或消极对待。研究系为何呈现出政治改良、文化改革之二律背反？亦是一个须深入研究方可回答的问题。

再次,借助大数据、统计学软件等现代先进科学技术手段对现代文学开展实证研究,通过数据验证文学发展与传媒作用有何种概率学比重意义,以此进行纯文本研究无法开展的作家媒介发文量横向比较量化研究是非常有意义的实证研究选题,如对鲁迅、胡适、周作人、郭沫若、沈从文等现代文学名家《晨报副刊》发文量与其他报刊发文量大数据软件分析与横向比较研究。如对《时事新报》副刊《学灯》、《民国日报》副刊《觉悟》、《晨报副刊》、《京报副刊》这四大副刊新文学作品发文量横向数据分析研究。对上述报刊刊登的各类文章进行分类统计,建立指标体系,摘取样本作家作品数,借助 SPSS 软件与大数据相关软件,通过因子分析法、多元线性回归分析法、层次分析法等实证分析研究,挖掘作家作品与媒介传播相关因子量化结果与传播效能,归结作家从媒介层面如何依托于传媒平台传播新文学作品,以及为了适应报刊媒体特点对文本进行何种新闻化变革的实证检验等,均是非常有学术价值的研究选题。但是,这将涉及对四大副刊极为繁重的数据挖掘与史料爬梳,必将又是一座更加艰巨的学术艰峰。但这绝对不是放弃的理由,应是再思考、再探索与再研究的新起点。

最后,一个更加诱人的学术思考就是整合多方研究力量,借助大数据及云计算等现代先进科学技术手段,积极筹备建立"1917—1949年报纸媒介与现代文学作品暨作家数据库",为现代文学研究做贡献。

参考文献

国外著作文献

[1] 西伯特,彼得森,施拉姆. 传媒的四种理论[M]. 戴鑫,译. 北京:中国人民大学出版社,2008.

[2] 拉斯韦尔. 社会传播的结构与功能[M]. 何道宽,译. 北京:中国传媒大学出版社,2013.

[3] 斯特劳斯. 结构人类学[M]. 张祖建,译. 北京:中国人民大学出版社,2007.

[4] 麦克卢汉. 理解媒介[M]. 何道宽,译. 北京:译林出版社,2011.

[5] 哈贝马斯. 公共领域的结构转型[M]. 曹卫东,译. 北京:学林出版社,1991.

[6] 波普诺. 社会学[M]. 李强,等,译. 北京:中国人民大学出版社,1999.

[7] 斯威伍德. 大众文化的神话[M]. 冯建三,译. 北京:生活·读书·新知三联书店,2003.

[8] 韦勒克. 比较文学译文集[M]. 沈于,译. 北京:北京大学出版社,1982.

[9] 夏志清. 中国现代小说史[M]. 刘绍铭,等,译. 香港:中文大学出版社,2001.

[10] 科伦,朴明贞.去西方化媒介研究[M].卢家银,等,译.北京:清华大学出版社,2011.

[11] 布卢姆.影响的焦虑[M].徐文博,译.南京:江苏教育出版社,2005.

[12] 维特根斯坦.逻辑哲学论[M].贺绍甲,译.北京:商务印书馆,2013.

[13] 海德格尔.存在与时间[M].陈嘉映,王庆杰,译.北京:生活·读书·新知三联书店,2006.

[14] 费尔曼.生命哲学[M].李健鸣,译.北京:华夏出版社,2000.

[15] 尼采.尼采生存哲学[M].杨恒达,等,译.北京:九州出版社,2003.

[16] 丹纳.艺术哲学[M].傅雷,译.天津:天津社会科学院出版社,2007.

[17] 黑格尔.美学[M].朱光潜,译.北京:商务印书馆,2008.

[18] 别尔嘉耶夫.文化的哲学[M].于培才,译.上海:上海人民出版社,2007.

[19] 白瑞华.中国近代报刊史[M].苏世军,译.北京:中央编译出版社,2013.

国内著作文献

[1] 司马长风.中国新文学史[M].香港:昭明出版社,1978.

[2] 鲁迅.鲁迅全集[M].北京:人民文学出版社,1991.

[3] 唐弢.中国现代文学史[M].北京:人民文学出版社,1979.

[4] 钱理群,温儒敏,吴福辉.中国现代文学三十年[M].北京:北京大学出版社,1998.

[5] 中共中央马列著作编译局研究室.五四时期期刊介绍(第1—3卷)[M].北京:生活·读书·新知三联书店,1979.

[6] 张国良.现代大众传播学[M].成都:四川人民出版社,1998.

[7] 杨保军.新闻理论研究引论[M].北京:中国人民大学出版社,2009.

[8] 佘树森.中国现当代散文研究[M].北京:北京大学出版社,1993.

[9] 李白坚. 中国新闻文学史[M]. 上海:上海大学出版社,2004.
[10] 戈公振. 中国报学史[M]. 北京:中国新闻出版社,1985.
[11] 陈平原. "新文化"的崛起与流播[M]. 北京:北京大学出版社,2015.
[12] 吕晓英. 孙伏园评传[M]. 北京:中国社会科学出版社,2011.
[13] 王烨. 新文学与现代传媒[M]. 北京:学林出版社,2008.
[14] 刘勇,李怡. 中国现代文学编年史(第1—10卷)[M]. 北京:文化艺术出版社,2015.
[15] 姜华. 现代思潮与新闻文化[M]. 香港:香港中和出版有限公司,2014.
[16] 余斌. 周作人传[M]. 北京:人民文学出版社,2017.
[17] 邵华强. 徐志摩研究资料[M]. 北京:知识产权出版社,2011.
[18] 孙伏园,孙伏熙. 孙氏兄弟谈鲁迅[M]. 北京:新星出版社,2006.
[19] 张涛甫. 报纸副刊与中国知识分子的现代转型[M]. 南宁:广西师范大学出版社,2007.
[20] 严家其. 中国现代小说流派史[M]. 北京:人民文学出版社,1989.
[21] 卓南生. 中国近代报业发展史[M]. 北京:中国社会科学出版社,2002.
[22] 王富仁. 中国反封建思想革命的一面镜子——《呐喊》《彷徨》综论[M]. 北京:北京师范大学出版社,2000.
[23] 陈漱渝. 鲁迅正传[M]. 南京:江苏文艺出版社,2010.
[24] 朱栋霖,吴义勤,朱晓进. 中国现代文学史(上、下)[M]. 北京:北京大学出版社,2018.
[25] 袁行霈. 中国文学史[M]. 北京:高等教育出版社,1999.
[26] 胡怀琛. 新诗概说[M]. 北京:商务印书馆,1923.
[27] 田露. 20年代北京的文化空间 1919—1927年北京报纸副刊研究[M]. 北京:社会科学文献出版社,2015.
[28] 王文化. 中国报纸的副刊[M]. 北京:中国文史出版社,1988.
[29] 王瑶. 中国文学研究现代化进程[M]. 北京:北京大学出版社,1998.

[30] 程光炜. 大众媒介与中国现当代文学[M]. 北京：人民文学出版社，2005.

[31] 刘淑玲.《大公报》与中国现代文学[M]. 石家庄：河北教育出版社，2004.

[32] 中国李大钊研究会. 李大钊全集[M]. 北京：人民出版社，2006.

[33] 张允侯. 五四时期的社团（第1—4卷）[M]. 北京：生活·读书·新知三联书店，1979.

[34] 张宝明. 多维视野下的《新青年》研究[M]. 北京：商务印书馆，2007.

[35] 许向东. 数据新闻可视化[M]. 北京：中国人民大学出版社，2018.

[36] 冯并. 中国文艺副刊史[M]. 北京：华文出版社，2001.

[37] 罗贤梁. 报纸副刊学[M]. 北京：百花洲文艺出版社，1991.

[38] 王文彬. 中国报纸的副刊[M]. 北京：中国文史出版社，1988.

[39] 谢庆立. 中国早期报纸副刊编辑形态的演变[M]. 北京：学苑出版社，2008.

[40] 姚福申，管志华. 中国报纸副刊学[M]. 上海：上海人民出版社，2007.

[41] 郭武群. 打开历史的尘封——民国报纸文艺副刊研究[M]. 北京：百花文艺出版社，2007.

[42] 闾晓波. 中国早期现代化中的媒介[M]. 上海：三联书店，1993.

[43] 周海波. 现代传媒视野中的中国现代文学[M]. 北京：中华书局，2008.

[44] 张书学. 中国现代史学思潮研究[M]. 长沙：湖南教育出版社，1998.

[45] 汪晖，陈燕谷. 文化与公共性[M]. 北京：生活·读书·新知三联书店，2005.

[46] 李楠. 晚清、民国时期上海小报研究——种综合的文化、文学考察[M]. 北京：人民文学出版社，2005.

[47] 北京师范大学中文系现代文学教学改革小组. 中国现代文学史参考资料[M]. 北京：高等教育出版社，1959.

国内论文文献

[1] 孙桂荣. 文学研究的当代性与大数据时代的实证学风[J]. 湘潭大学学报，2018(2).

[2] 丁帆. 追问"五四精神"——《五四运动史》《启蒙运动》《启蒙观念史》[J]. 文艺争鸣，2019(5).

[3] 陈漱渝. 从孙伏园的编辑工作谈起[J]. 中国出版，1979(10).

[4] 汪树东. 论中国现代文学中的反现代性书写[J]. 文艺评论，2018(2).

[5] 张福贵. 当代中国文学研究话语体系的建构[J]. 中国社会科学，2019(10).

[6] 徐杰. 大数据时代的新媒体文学研究[J]. 中州学刊，2015(3).

[7] 王晓明. 一份杂志和一个"社团"——重评五四传统[J]. 上海文学，1993(4).

[8] 杨义. 海派研究的方法论极其当代价值[J]. 海南师范学院学报，2001(5).

[9] 王本朝. 拓新文学的研究路径[N]. 社会科学报，2019-05-30.

[10] 黄念然，杨瑞峰. 报刊体"文学话"与中国现代文学观念的普及[J]. 云南社会科学，2018(1).

[11] 董小玉，侯宗平. 民国时期商务印书馆文学出版的特色[J]. 出版发行研究，2018(2).

[12] 张涛甫. 李大钊改革《晨报副刊》的贡献[J]. 学术界，2002(4).

[13] 张芹.《晨报》附刊与"五四"新文学运动[J]. 江汉论坛，2003(9).

[14] 刘卫国. 实证学风在中国现代文学研究中的兴衰[J]. 中山大学学报，2011(1).

[15] 赵楠，吴晓东.《晨报副刊》与沈从文的早期创作[J]. 华中师范大学学报，2013(2).

[16] 王富仁. 传播学与中国现代文学研究[J]. 读书，2004(05).

[17] 张文. 二十世纪初女性启蒙文学的兴起——以《晨报副刊》为线索[J]. 人间，2016(5).

[18] 史建国. 中国现代文学报刊研究的回顾与反思[J]. 首都师范大学学报，2018(4).

[19] 张武军. 文学革命到革命文学的另一种叙述——中国青年党视野下的革命与文学[J]. 文学评论，2018(2).

[20] 方维保. 民国文化中心与现代文学生成关系论纲——中国现代文学史的空间叙述[J]. 海南师范大学学报，2017(6).

[21] 李遇春. 走向实证的中国当代文学批评[J]. 文学教育，2012(7).

[22] 杨剑龙. 二十世纪中国文学整体观的回眸与思考[J]. 中国高校社会科学，2018(5).

[23] 吴小美，樊亚萍. 理性启蒙中的《晨报》副刊——《晨报》副刊研究之二[J]. 兰州大学学报，1999(4).

[24] 高玉. 中国现代文学接受史的困境及可能性[J]. 江汉论坛，2018(10).

[25] 李欣莲. 关于中国现代文学发展产生的几点思考[J]. 青年文学家，2018(26).

[26] 王迅. 文学编辑与中国现代文学的发生[J]. 中国编辑，2018(7).

[27] 徐鹏绪. 鲁迅与《中国新文学大系》的编辑出版——兼论"大系"在中国现代文学出版史上的地位[J]. 鲁迅研究月刊，2018(6).

[28] 刘勇. 五四新文学的跨文化品格[J]. 扬州大学学报，2018(2).

[29] 张光芒. 论中国现代文学学术史的建构及可行性[J]. 当代文坛，2018(4).

[30] 龙其林. 论中国文学图像史料学的建构[J]. 南方文坛，2018(3).

[31] 李浴洋. 经典重读与文学史新编——2017年中国现代文学研究著作述评[J]. 中国图书评论，2018(1).

[32] 黄念然，杨瑞峰. 报刊体"文学话"与中国现代文学观念的普及[J]. 云南社会科学，2018(1).

[33] 黄修己. 中国现代文学的起点在何时？[J]. 中山大学学报，2019(5).

[34] 王宪明，杨琥. 五四时期李大钊传播马克思主义的第二阵地——

《晨报副刊》传播马克思主义的贡献与意义[J]. 安徽大学学报，2011(4).

[35] 张雪洁. 五四时期《晨报副刊》的办刊特色及其启示[J]. 理论探索，2012(4).

[36] 黄春霞，汤棋. 比较文学视野下《晨报副刊》的编辑特色[J]. 编辑之友，2013(12).

[37] 王龙洋. 现代传媒生态下的文学转型研究[J]. 青海社会科学，2014(2).

[38] 史皓怡. 从传媒书写看《新文学史稿》和《中国现代文学三十年》之区别[J]. 现代语文，2013(2).

[39] 汤哲声. 论现代大众传媒对中国现代文学创作机制的影响[J]. 江苏社会科学，2007(5).

[40] 范伯群. 关于中国现代文学作家论和作家评传的问题[J]. 苏州大学学报，2018(6).

[41] 李永东. 中国现代文学的中国话语建构[J]. 山东社会科学，2019(1).

[42] 陈占宏. 五四后新文化运动的发展与报刊舆论的兴起、革新[J]. 南都学报，2019(4).

[43] 李韶华. 论大众传媒对文学传播的促进作用[J]. 中国报业，2016(2).

[44] 程国君. "新月"诗派的诗歌语言美追求[J]. 陕西师范大学学报，2005(5).

[45] 马少刚，樊亚平. 《晨报》副刊办刊特色探索——兼论其对当今报纸副刊的启示[J]. 西北第二民族学院学报，2003(4).

[46] 杨瑞峰. 报刊体"文学话"与现代文学共同体的建构[J]. 海南师范大学学报，2019(6).

[47] 李怡. 边缘性、地方性与中国现代文献学的着力方向[J]. 四川大学学报，2019(6).